철학으로 읽는 옛집

철학으로 읽는 옛집

조선의 성리학자들은 왜 건축에 중독되었는가? 글 함성호 | 사진 유동영

열림원

서문

처마 밑에서

유난히 깔끔하셨던 어머니는 아침저녁, 하루에 두 번 집 안을 청소하셨다. 그냥 바닥만 쓸고 닦는 게 아니라 집 안을 발칵 뒤집어놓는 그야말로 대청소였다. 그 난리를 하루에 두 번이나 하셨으니 어머니의 노고도 노고지만, 그 시절 먹고 놀고 생각하는 게 다 말썽의 원인인 우리 형제들로서도 고역이 이만저만이 아니었다. 아침에 눈을 뜨자마자 밥을 먹기도 전에 우리는 밖으로 쫓겨났다. 그리고 아침 청소가 끝난 다음에야 어머니는 한 명씩 형제들의 옷에 묻어 있는(있다고 여겨지는) 먼지를 일일이 다 털어내고 집 안에 들였다. 이 세러모니에는 가부장인 아버지도 예외는 아니었다. 그러고 나서야 아침을 먹었다. 그러곤 해가 진다. 해가 질 무렵 또 한 번의 대청소가 시작된다. 이때는 쫓겨날 필요는 없다. 왜냐하면 저녁에 집에 붙어 있는 바보스러운 어린이는 없기 때문이다. 그러나 저녁은 먹어야 한다. 저녁을 먹기 위해 집으로 들어가면, 그것도 어머니가 목 놓아 부르는 소리에 이끌려 가면, 예의 먼지떨이 공세가 한바탕 시작되고 나서야 저녁을 먹을 수 있었다.

저녁에야 그렇다 치고, 그러면 우리 형제들은 아침이면 어디에 있었는가? 아침은 어느 가정이나 다 바쁘다. 같이 놀 친구들은 일어나지도 않았고, 가게들도 문을 열려면 한참 있어야 하는 시간. 우리 형제는 처마 밑에서 놀았다. 더운 여름날에는 아직 서늘한 북쪽 처마에서 놀았고, 추운 겨울에는 따뜻한 동쪽 처마에서 고드름을 따 먹으며 놀았다. 고드름을 따 칼싸움도 했고, 당수로 고드름 격파 놀이도 했다. 시원한 맛에 우두둑우두둑 씹어 먹기도 했다. 비 오는 여름이면 막새기와에서 빗물이 장막처럼 처마에 드리웠고, 떨어지는 낙수는 보고 또 보고, 하염없이 보고 있어도 싫증이 나지 않았다. 지금 생각하면 어떻게 그 좁은 마당에서 동네 아이들이 다 모여 놀았을까도 싶지만 처마가 있는 우리 집의 작은 마당은 우리 동네 아이들의 공식 놀이터이기도 했다. 땅따먹기, 술래잡기, 비사치기를 하다가 비가 오면 우리는 처마 밑으로 숨어들었다. 거기서 한동안은 비가 피해 가길 기다리며 낙수를 튕기는 장난도 했지만, 쉽게 그칠 비가 아니면 거기서 다시 딱지치기, 팔씨름 등 비교적 행동이 크지 않은 놀이를 하며 하루를 보냈다.

그러다 우리 동네에 이상한 집이 하나 지어지기 시작했다. 나무로 구조재를 짜고 지붕을 얹고 나중에 벽을 치는 방식이 아닌, 다짜고짜 벽을 치고 지붕은 엿가락 굵기의 쇠봉으로 잇고 거기에 시멘트를 부으면서 집 모양이 갖춰지는 이상한 집이었다. 지붕도 박공이 아니라 평평했다. 이상하긴 했지만 위에 올라가 놀기에는 좋아 보였다. 우리는 모두 그 집이 완성되기를 기다렸다. 우리는 그 집을 '옥상집'이라고 불렀다. 마당도 넓었다. 드디어 동네 공식 지정 놀이터가 우리 집 마당에서 '옥상집'으로 옮겨 가는 순간이었다. 그러나 하나도 아쉬울 건 없었다. 나도 그 집에서 놀고 싶은 마음은 다른 애들과 마찬가지였으니까. 드디어 '옥상집'의 담이 둘러쳐졌다. 담이 둘러쳐졌다는 것은 집이 다 지어졌다는 걸 의미했다. 우리는 '옥상집' 아들을 꼬여서 '옥상집'에 놀러 갔다. 구슬과 딱지를 가득 주머니에 넣고서.

드디어 '옥상집'의 대문이 열리고 우리는 마당에 들어섰다. 그러나 이게 웬일인가? '옥상집'에 마당은 없었다. 마당 대신 잔디가 가득 심어지고 소나무와 단풍나무가 심어진 정원이 있었을 뿐이었다. 이런 이상한 마당에서는 땅따먹기도 못하고, 딱지치기조차 제대로 할 수 없다. 우리는 당황했다. 그래서 옥상으로 올라갔다. 딱지를 칠 때의 느낌도 마당에 비해서 참으로 강퍅했다. 그러나 새로웠다. 우리는 한동안 '옥상집'의 옥상에서 놀며 야금야금 정원을 자연스럽게 마당화해갔다. 정원은 처음에는 그럴듯했지만 시간이 갈수록 관리가 소홀해졌고, 잔디가 죽고 다시 마당의 거친 맨땅이 드러났다. '옥상집'에서 우리의 무대는 날이 갈수록 넓어졌다.

그러나 문제는 비가 오거나 폭설이 내리거나 햇빛이 너무 뜨거운 날들이었다. 건물은 높고, 처마가 거의 없는 '옥상집'에서는 비나 눈이나 해를 피할 뒤란이 없었다. 그래서 우리들은 평소에는 '옥상집' 마당과 옥상에서 놀다가 비나 눈이나 해를 피할 때면 우리 집 처마에서 옮겨 와 놀곤 했다. 우리 집은 마당도 '옥상집'에 비해 좁고 옥상도 없었지만 훌륭한 처마가 있었다. 나는 어렸을 때 그것이 늘 자랑스러웠다.

그러나 내가 어렸을 때 긴 처마를 드리우고 나와 우리 형제와 우리 동네 아이들을 품어주던 그 집은 지금 간데없다. 하긴 요즘이야 눈을 씻고 주위를 둘러보아도 그런 넉넉한 처마를 가진 집은 어디에도 없다. 옆집의 처마들이 서로 포개져 자연스럽게 비를 맞지 않고도 이웃을 드나들던 그런 풍경은 이제 추억의 사진첩에서나 볼 수 있을 뿐이다. 글쎄, 생각해보면 조선 시대 육의전의 모습도 그런 처마가 줄줄이 이어져 있고, 그 밑으로 물품들이 진열되어 있는 풍경이 아니었을까? 우리 재래식 시장이 그렇듯이 말이다. 재래식 시장은 거기다가 한술 더 떠서 처마와 처마 사이를 천막으로 치고 손님들을 비와 햇빛으로부터 보호하고 있다. 그 차양 아래로 환한 빛을 받으며 이리저리 물건들을 고르시던 어머니의 꽃무늬 월남치마 자락이 생각난다.

그러나 이러한 상가 풍경은 비단 우리만의 모습은 아니다. 서양이 근대를 기획하면서 가장 야심적으로 도시를 통일된 모습으로 형성하려 한 것이 바로 이 처마 밑 풍경이다. 그 결과 만들어진 아케이드는 근대적인 가로의 새로운 풍경이었다. 아케이드는 1층 상가를 가로에서 뒤로 물러나게 만들어 자연스럽게 상가의 2층 부분이 가로의 지붕이 되어주는 형식을 말한다. 이 아케이드, 즉 가로 회랑에는 땅 주인의 소유권을 인정하지 않는다. 따라서 이 부분은 철저하게 공적인 영역이 된다. 1층 상가의 주인이 좌판을 펼치지도 못하며 권리도 주장할 수 없다. 간혹 카페에서 이 부분에 테이블을 펼치기도 하는데 실질적으로 아케이드는 거리의 것이다. 특히 적도에 위치한 동남아시아에서는 하루에 한 번씩 내리는 스콜을 피하는 데에 가로 회랑은 아주 요긴한 피난처가 된다. 스콜은 길어야 30분 정도 잠깐 내리는 국지성 호우이다. 하루에 한 번씩 내리는 스콜에 대비해 우산을 갖고 다니는 사람이 거의 없는 것도(베냐민은 상품자본주의의 신전이라고 비난하지만) 다 이 가로 회랑 덕분이다. 사람들은 스콜이 내리면 우리가 소나기를 남의 집 처마에서 피하듯이 가로 회랑에서 유리 너머에 진열된 상품을 구경하며 스콜을 피한다. 건물 주인은 자신의 땅을 가로로 내주면서 동시에 자신의 상품을 보다 효과적으로 전시할 수 있고, 적도의 뜨거운 햇빛을 피하며 사람들은 아케이드 밑에서 노닥대기도 한다.

우리의 사랑방은 아케이드보다 더 적극적으로 가로의 외부와 조우한다. 우리 전통 가옥의 사랑방은 대개 가로에 면해 배치된다. 바깥주인의 사교를 위한 공간이기 때문에 외부인을 함부로 안으로 들여서도 안 되는 이유도 있지만, 외부를 향해 열려 있어 바깥주인의 사회적 지위를 은근히 내보이는 구실도 하기 때문이다. 이 사랑방에는 보다 적극적으로는 내부 공간 말고도 커다란 마루가 따로 존재하며, 그렇지 않으면 적어도 가로에 면한 긴 툇마루 정도는 다 갖고 있다. 아케이드와 달리 이 공간은 전통 건축의 깊은 처마에 덮여 있어 언제나 길 가던 행인들의 대피 장소가 되어주며, 주요한 사회적 이슈가 토론되던, 가정집에 부속된 공공 영역이었다.

그 옛날 처마 하나로 건축이 대중과 이렇듯 많은 얘기를 나누던 시절이 있었다. 나는 이 책에서 그런 얘기를 하고 싶었다. 그 집과, 그 집을 지었던 사람의 생각과, 무엇보다도 그 사람의 이야기를. 2002년부터 2007년까지 우리의 옛집들, 그중에서도 성리학자들이 직접 지은 집들을 골라 답사 여행을 다녔다. 조선 시대를 산 많은 학자들이 있었지만 그 사람들이 모두 직접 집을 지은 것은 아니기에 대상을 선정하는 것 자체가 어려움이었다. 어렵게 자료를 조사해 대상을 선정하고 나니 이번에는 그들의 학문에 대한 연구가 턱없이 부족했다. 다행히 한글로 번역이 되어 있는 경우도 있었지만 많은 경우는 원서를 탐독해야 할 경우가 대부분이었다. 나는 모자란 한문 실력을 보충하기 위해 내 사무실에 '맹꽁이 서당'을 열었다. 잘 아는 출판사에 근무하던 혜관 고동균 선생을 훈장으로 모시고 주자의 『논어집주』를 탐독하길 3년, 게으른 선비가 책장만 넘긴다고 했던가? 나는 3년 동안 절반도 읽지 못한 책을 집어 들고 내 우둔함을 탓해야 했다. 우둔한 제자를 한심하게는 여겨도 포기하지는 않았던 혜관 선생에게 이 자리를 빌려 감사하고 싶다. 아울러 맹꽁이 서당 학우들인 장유당, 벽곡, 무회에게도 고마움을 전하고 싶다. 그들은 내 답사 여행의 동반자였고, 또 다른 가르침이 되어주었다. 그리고 항상 술도 못 마시면서 귀찮은 술자리를 지켜준 사진작가 미도 유동영 씨에게도 감사한다. 그는 언제나 성실하게 내 답사 여행을 지켜주었다. 그리고 변함없이 맹꽁이 서당의 뒤풀이에 맛있는 안주와 맥주로, 돼먹지 않은 공부에 쥐가 난 우리의 머리를 맑게 해주신 '보난자'의 이기원 사장님에게도 이 자리를 빌려 감사하고 싶다. 옛집을 찾고, 그 집을 지은 사람의 생애를 살펴보며, 그들의 철학을 공부했던 지난 6~7년간의 작업은 나에게는 행운이었다. 그 행운을 권한 '열림원'에게 감사한다. 그리고 지금도 연구실에서 옛사람의 글을 연구하고 번역하고 있을 이름도 얼굴도 모르는 무수한 학자들에게 진심 어린 감사를 드리고 싶다. 그들이 아니었다면 이 책은 아예 시작할 수도 없었을 것이다. 답사를 다니다가 옛 서적들이 종가의 서고에서 먼지를 덮어쓰고 있는 모습을 종종 보았다. 옛집이 훼손되고 있는 것보다 나는 그 책들이 번역되지 않고 묵혀 있다는 사실이 더 가슴 아팠다. 고전의 번역을 통해 '부흥'은 이루어진다. 이슬람은 그리스어를 번역하며 그들의 부흥을 이뤘고, 유럽은 이슬람의 번역을 통해 동방의 빛을 맞아 르네상스를 열었다. 단순한 연대기적 사료가 역사는 아니다. 고전이 없는 역사는 역사를 자기 것으로 만들 수 없다. 우리의 고전은 우리가 읽을 수 없는 문자로 적혀 있다. 우리는 우리의 과거와 문자에 의해서 격리되었다. 답사를 다니면서 나는 그 사실을 뼈아프게 경험했다. 이 기록은 또한 그 뼈아픈 경험의 고백이기도 하다.

정발산 소소재素昭齋에서
함성호

차례

서문 | 처마 밑에서 · 005

시로 지어진 건축 독락당 獨樂堂 · 015

은유와 상징의 집 양동良洞마을과 향단香壇 · · · · · · · · · · · 043

칼빛, 방울 소리 산천재山天齋 · 073

철학의 정원 도산서당陶山書堂 · 103

해상의 도학자 고산孤山 윤선도 · 133

이곳에서 노래 부르고, 이곳에서 곡하리라 다산초당茶山草堂 · · · · · 171

한 현실주의자의 포석 김장생의 임이정臨履亭 · · · · · · · · · · · · · 205

암중모색巖中摸索의 집 팔괘정, 우암고택, 암서재, 남간정사 · · · · · · · · · · 235

다각적 추론의 집 윤증고택 · 287

주석 · 324
참고 문헌 · 328
찾아보기 · 330

시로 지어진 건축

독락당 獨樂堂

건축과 시는 무슨 관계에 있나요?

나는 이 질문을 10년 넘게 받아오고 있다. 처음에는 열심히 설명하다가 이제는 화가 나려고 한다. 그러다가 그래도 성의 있게 대답해야지 다짐한 것이, 다시 얼마 전이다. 마치 호리병 속의 거인처럼 마음이 오락가락한다. 그러다 독락당을 다녀와서 나는 정말, 설계도가 시詩인 건축을 발견했다는 흥분으로 이언적이라는 인물에 한동안 사로잡혀 있었다. 그리고 다시 안강으로 내려가 그가 지은 건축을 샅샅이 뒤지고 다녔다, 기보다는, 살펴보기 전에 내가 세워놓은 가설들을 확인하고 수정하는 작업을 먼저 했다(는 편이 맞을 것이다). 아마도 회재 이언적은 내가 아는 한 조선 시대를 통틀어 가장 독특한 건축가이자 조선 철학을 리理 중심으로 파악한 선구적 성리학자 중에 하나일 것이다. 독락당은 바로 조선 중종 때의 학자이자 정치가인 회재 이언적의 대표작이다. 흔히 독락당 하면 어떤 집 전체를 얘기하는 줄 알지만 사실 독락당은 옥산에 있는 이언적의 사랑채 이름이다.

우리 집의 이름은 언제나 사랑채의 이름이 그 집의 당호가 된다.

올가을 나는 이 홀로 즐기는 집의 아름다운 정자, 계정에 서 있었다. 아마도 내가 본 가장 아름다운 정자 중에 하나일 것이다. 초가을의 햇빛 속에서 독락당 마당에 서 있던, 회재가 심었다는 5백 년 묵은 향나무에 난 작은 끌개 자국을 나는 기억하고 있다. 얼마 전까지 이 집에서는 이 살아있는 향나무를 조금씩 깎아서 제사 때 향으로 사르었다고 하니, 나무의 기억을 태워 죽은 사람들을 추억하는구나 싶었다. 누군가를 기릴 때마다 우리는 향을 사른다. 기억을 불러오는 것일까? 어쩌면 향은 그리움의 몸인지도 모른다는 생각을 하며, 초추의 햇볕이 이끄는 대로 독락당 마당을 넘어갔다. 맞은편에 '양진암'이란 편액이 걸려 있다. 어눌하면서도 힘이 고루 실려 있는 저것은 퇴계의 글씨다. 문득 엉뚱하게 남명 생각이 났다.

회재, 남명, 퇴계

회재晦齋 이언적李彦迪은 1491년생이다. 그러니까 남명이나 퇴계보다는 꼭 열 살 연상이다. 남명과 동갑내기이면서 당대의 라이벌이며 서로 상이한 세계관을 가졌던 퇴계 이황의 정신적 스승이기도 한 회재는, 이황이 남명에게 당한 봉변(처사라는 칭호를 거절당했던)도 먼저 겪었다. 사연인즉 이렇다.

회재가 경상감사로 재직할 때 회재는 당시 43세였던 남명을 한번 만나길 원한다. 당시 경상도는 당대 유림의 본거지인 만큼 여느 감사와는 격이 달랐다. 어쩌면 그만큼 운신하기 힘든 자리였을 수도 있었을 것이다. 왜냐하면 기라성 같은 대학자들이 구름처럼 모여 사는 지역이니 감사라고 해서 함부로 했다가는 정치적 생명은 물론이고 유학자로서의 운신도 장담하기 어려웠을 것이기 때문이다. 그러나 이언적이 누구인가? 남명보다는 나이도 연상이거니와 약관의 27세 때 손숙돈과 조한보 사이에 벌어졌던 무극태극에 대한 논쟁을 일거에 평정하면서, 일약 당대 성리학계의 스타로 떠올랐던 대학자가 아닌가.

회재는 이 성공적인 논쟁을 통해 정주계 성리학을 조선 유학의 주류로 만들어버린다. 나중에 퇴계는 이 논쟁을 두고 "이단의 사설을 물리치고 성리학의 본원을 바로 세웠다"고 평가하며 회재를 깊이 흠모하게 된다. 그러나 훨씬 후에 벌어진 퇴계와 기대승 사이의 사단칠정논쟁도 쓸데없는 정력 낭비라고 생각했던 남명은, 회재의 『태극문변』도 탐탁지 않게 생각했던지 한번 만나길 청하는 대선배 이언적의 요구를 점잖게, 그러나 단호하게 묵살해버린다.

> "어찌 거자擧子의 신분으로 감사를 찾아갈 수 있겠습니까? 다만 생각해보면 (어떤) 옛사람은 네 조정에 걸쳐 벼슬을 하였지만 조정에 있었던 것은 겨우 40일뿐이었습니다. 저는 공께서 벼슬을 물러나 고향으로 돌아갈 날이 멀지 않으리라 생각합니다. 그때 제가 각건角巾을 쓰고 안강리에 있는 댁으로 찾아가 뵈어도 늦지 않을 것입니다."

교묘한 수사학이다. '거자'란 말로 자신을 한껏 낮추면서도 이언적의 세속적 지위를 비웃고, 당신도 '각건'을 쓰지 않고서는 나를 만날 수 없다고 은근히 도발하고 있다. 그러나 역시 이언적도 당대의 명유였던 만큼 그런 남명의 태도를 지조로 생각하여 사심 없이 조정에 천거한다. 그러나 남명은 거기서도 사심을 느낀 모양이다. 이언적이 자신을 천거한 일에 대해 좀 신경질적으로 반응하고 있기 때문이다.

> "복고復古(이언적의 자)가 일찍이 나를 유일로 조정에 천거한 일이 있다. 그때 나는 생각하기를 그와 더불어 하룻밤도 다정히 보낸 적이 없으니, 복고가 실로 나에 대해서 잘 알지도 못할 것인데 어찌 나의 선악을 알겠는가? 남의 선악을 알지도 못하면서 다른 이의 이야기만 듣고서 문득 임금에게 천거하였다. 남의 얘기만 듣고서 나를 칭찬하였다면 훗날 반드시 다른 사람의 이야기만 듣고서 나를 비판할 것이다."

틀린 얘기는 아니지만, 만나자는 제의를 자신이 거절한 마당에 회재의 진의도 모르는 상태에서, 더군다나 아직 일어나지도 않은 일을 추측해서 비판한다는 것은 사석에서나 할 수 있는 얘기이지, 준엄한 문장을 빌려 적을 일은 아니다. 회재의 제자들은 남명의 이 글로 인해 남명학파에 좋지 않은 감정을 가지게 된다. 이 글은 남명의 「해관서문답解關西問答」에 수록되어 있는데 앞에 '해'자가 붙어 있는 만큼 『관서문답關西問答』이란 책에 대한 풀이로 이루어져 있다. 『관서문답』은 바로 이언적이 말년에 평북 강계로 유배되었을 때 거기서 아들인 이전인이 아버지와 나눈 대화를 정리한 책이다. 이 책을 두고 남명과 퇴계 두 사람의 입장이 또 갈라진다.

남명은 「해관서문답」에서 회재 이언적을 비판하고, 퇴계는 이전인과 더불어 회재의 복권 운동에 적극적으로 참여한다. 동갑내기인 두 사람, 퇴계와 남명은 회재 이언적이라는 선배의 학문과 처세를 두고도 그 세계관이 분명히 갈리고 있는 것이다.

　낙동강을 기준으로, 안동을 중심으로 한 경상좌도와 진주를 중심으로 한 경상우도로 나뉘는 조선 유학의 갈등은 사실, 이언적에 대한 퇴계와 남명의 입장 차이에서 발생한 것이라 해도 과언이 아니다. 그만큼 이언적이 조선 유학사에서 차지하는 위치는 크다. 어쩌면 그도 본격적인 학자는 아닐지도 모른다.[1] 하지만 최초로 주자를 우리의 입장에서 정리했다는 점에서 유학을 통치의 수단으로만 생각했던 그전의 유학자들과 분명히 구별된다. 그것이 퇴계가 그를 추종했던 이유이고, 이후의 조선 유학을 정주계 성리학 일변도로 만든 원흉(?)으로 남명이 그를 곱지 않게 봤던 것도 같은 이유였다.

세상은 나를 버렸으나

회재 이언적의 스승은 그의 외삼촌인 우재愚齋 손중돈孫仲暾이었다. 남명이 "안강리에 있는 댁으로 찾아가 뵈어도 늦지 않을 것입니다"라고 했던, 이언적의 집은, 경부고속도로를 타다가 영천 IC로 빠져서 포항 쪽으로 가다보면 국도변 오른쪽 골짜기로 빠져드는 '물勿'자 형국의 산세가 나오는 안강읍 양동良洞이다. 이언적은 이곳 양동의 월성 손씨 종가인 서백당書百堂에서 태어났다. 손중돈은 김종직의 제자로 3조의 판서를 두루 역임하고 영남 사림의 태두로 추앙받았던 인물이다. 손중돈도 역시 서백당에서 태어났다. 외삼촌과 조카가 같은 방에서 태어난 것을 강조하는 데에는, 여기에 재미있는 풍수 일화가 얽혀 있기 때문이다.

양동의 산세는 풍수지리에서 말하는 이른바 '물勿' 자 형국의 명당이다. 드넓은 안강평야와 형산강을 앞에 두고 '물勿' 자의 두 번째 획이 꺾어지는 요소에 월성 손씨의 종가가 자리하고 있다. 손씨의 입향조이면서 손중돈의 아버지이자 이언적의 외할아버지인 손소孫昭가 이곳에 집을 지을 때 터를 잡아준 풍수는 이 집의 사랑채인 서백당에서 세 명의 현자가 나올 것이라고 예언했다고 한다. 과연 예언대로 외삼촌(손중돈)과 조카(이언적)가 나란히 조선 18현에 오르고 문묘에 배향되는 영광을 누렸다(나머지 한 명은 아직 나오지 않았다고 한다). 그러고 보니 손중돈의 아버지 손소는 풍덕 류씨의 사위였고, 이언적의 아버지 이번李蕃은 손소의 사위였다. 한마을에 사위의 성씨가 지속적으로 유입되는 것이다. 요즘으로 말하자면 처가살이를 하러 온다는 것인데, 당시에는 당연한 일이었다. 요즘은 처가살이가 능력 없는 남자의 특권(?)이지만 당시에는 '장가든다' 는 요즘 말에도 남아 있듯이 남자가 결혼을 하면 처가로 살러 갔다. 시집살이도 힘들지만 처가살이도 힘들다. 장모는 딸 고생 안 시키는 사위를 예뻐 하지만 장인은 딸 고생도 그렇지만 능력 있고 똑똑한 사위를 예뻐 한다. 한마디로 말 통하는 사위가 좋은 것이다. 처가살이라도 능력 있는 사위는 장인과의 관계는 걱정 없지만 아무래도 장모와의 관계는 좀 껄끄러운 점이 없지 않았을 것이다. 그러니 처가살이에 무슨 고부 갈등이 있었겠는가? 오히려 어미와 딸의 숙명적인(?) 애증 관계를 이용해 사위가 나름대로 어부지리를 얻을 수 있었을 것이다. 고부 갈등 같은 얘기는 아마 임진왜란과 병자호란을 겪은 조선 중·후기의 일일 것이다.

    나는 독락당을 가기 전에 이 마을 양동에 먼저 들렀다. 늦여름의 날씨에 드넓은 안강평야의 논은 푸르게 고요했고, 평야를 흐르는 형산강은 한국의 하천으로는 드물게 영일만을 향해 북으로 흐르고 있었다. 마을을 흐르는 양동천은 형산강과는 반대로 북동에서 남으로 흘러, 내명당수는 외명당수의 역방향으로 흘러야 좋다는 풍수지리의 요건을 착실히 따르고 있었다. 그러나 명당은 없다. 굳이 풍수를 들먹이지 않더라도 유유히 흐르는 저 형산강은 안강평야의 젖줄이 되어주었을 것이고, 역방향으로 흐르는 내명당수는 생활하수를 자정해 외명당수에 흘려보내는 데 적합했을 것이며, 포항과 감포가 지척에 있어 해산물도 풍부했을 것이다. 실제로 월성 손씨 종가에는 독특한 해산물 요리법이 전해 내려온다고 하니, 이 터에 자리 잡은 사람들이 대대손손 아쉬움 없이 살았을 것은 자명한 일이다. 양동마을이 오늘날에도 그 원형을 잃지 않고 보존되어오는 것도, 지금의 자손들 역시, 경제적으로 큰 어려움이 없기에 굳이 원형을 훼손해가며 개발할 필요성을 못 느끼기 때문이 아닐까.

    이언적은 이 젖과 꿀이 흐르는 양동의 서백당에서 태어나 자라 외삼촌 우재 손중돈의 귀여움을 독차지하며 그의 임지마다 따라다니며 외삼촌의 가르침을 받는다. 회재의 학문적 배경은 이때 형성된 것이리라. 하나밖에 없는 여동생의 자식이고, 더군다나 총명하기 이를 데 없는 어린 조카를 손중돈이 얼마나 아꼈겠는가는 쉬이 상상이 가고도 남는다. 대체로 어렸을 때는 친조카보다는 외조카가 더 귀여운 법이다. 형의 자식은 어쩐지 형수의 자식 같지만 매형의 자식은 여지없이 누나의 자식이다. 나중에 성장하면 그 관계는 정반대가 되지만, 어쩌랴, 어리고 귀여운 때 더 정이 가는 게 외척이다. 이언적 역시 그런 외삼촌의 기대에 부응해 24세에 문과에 급제해 종9품으로 관직에 등용되자마자 왕을 도울 훌륭한 인재라는 평을 받는다. 그의 이름 중에 가운데 있는 '언彦' 자는 중종이 직접 내린 이름이었다. 왕으로부터도 두터운 신임을 받았음이 분명하다. 게다가 그에게는 또 막강한 정치적 후원자인 외삼촌이 뒤를 봐주고 있었으니, 이보다 더 좋을 수는 없었을 것이다.

그러나 그런 이언적에게도 정치적 시련이 온다. 중종 25년 김안로의 등용을 반대하다가 심언광 등 김안로 일파의 탄핵을 받아 벼슬길에서 쫓겨나 고향으로 내려온다. 그의 나이 마흔이었으니, 예나 지금이나 마흔이라는 나이는 꽤나 불안한 나이인가 보다. 가정과 일 사이에서 방황하고, 일을 하는 데 있어서도 신념을 시험받는 나이가 불혹이라는 나이다. 불혹은 말처럼 흔들림 없는 편안한 때가 아니라, 흔들림 없는 편견을 가져야 할 나이라고 해석하는 게 더 타당하다. 직장에서도, 집에서도 자리가 없는 나이다. 술자리에서 집에 안 들어가고 끝까지 남아 있는 사람들은 시인이거나 40대들이다. 더군다나 이언적이 정계에서 밀려난 때가 그의 강력한 정치적 후원자인 외삼촌 손중돈이 세상을 떠난 직후였으니, 요즘 말로 하면 라인이 떨어진 이언적이 반대파들에 의해 숙청당했던 것이다.

승승장구하던 이언적에게는 아마도 엄청난 충격이었을 것이고, (그게 다는 아니겠지만) 외삼촌이 없는 자신의 존재가 얼마나 미약한 것인지 절감했을 것이다. 패배감과 세상에 대한 원망, 울분을 안고 고향에 돌아온 이언적이 지은 집. 그 집이 바로 독락당獨樂堂이다.

조선 유학의 이중성

독락당이 있는 자옥산 기슭은 양동에서 서쪽으로 15킬로미터 정도 떨어져 있다. 이언적이 낙향하기 전에 이미 아버지 이번의 정자가 있었고, 그 후 이언적의 둘째 부인인 석씨 부인에 의해 숨방채(청지기와 마구간이 있는 행랑채)와 안채가 지어져 있었다. 그러니까 이언적은 낙향 후에 아버지의 정자를 보수하여 계정溪亭을 만들었고(이 정자에 걸려 있는 편액의 글씨는 한석봉이 쓴 것이다), 거기에 양진암을 증축하고 독락당을 지어 지금과 같은 모습을 완성했다.

이번과 그 아들 이언적이 양동과는 좀 떨어진 이곳 자옥산 기슭에 그들만의 별채를 지어놓고 즐긴 것은 순전히 처가의 등쌀(?)을 피하고자 한 의도가 강하다. 아버지 이번은 그야말로 별 볼일 없는 한량으로 막대한 재산가인 장인 손소와 중앙 정계의 실력자인 손위 처남 손중돈의 위세에 기죽어 지냈을 것이고, 그 아들 이언적은 외삼촌이 그를 아껴주긴 했지만, 아버지 이번이 일찍 죽어 외가의 그늘에서 성장한 피해 의식이 있었을 것이다. 거기다 외삼촌이 죽자마자 중앙 정계에서 밀려난 그를 두고 손씨들이 그의 독자적인 정치적 입지를 의심하였을 것은 뻔한 일이다. 더군다나 후처까지 봤으니 아무리 똑똑한 사위라도 이 밉살스런 행동을 처가 입장에서는 쉬 용서하기 힘든 일이다. 그래서 이언적 일가는 일찍이 양동을 떠나 자옥산에 그 터를 잡았다. 남자는 죽을 때까지 철이 들지 않는 동물이라고 한다. 죽을 때까지 깊은 장롱 속을 필요로 한다는 것이다. 그런 의미에서 이곳 자옥산 기슭은 아버지와 아들에게 대대로 편안한 피난처 구실을 했을 것이다.

그러나 이 자옥산 독락당에서 7년을 보낸 이언적은 다시 등용되어 경상감사를 임명받은 후 보란 듯이 손씨가 득세하고 있는 양동의 초입에 향단을 짓는다. 당당하게 손씨의 본거지에 여강 이씨의 터를 잡은 것이다.

그렇듯이 독락당은 이언적이 나이 40에 절치부심하던 가장 불우한 시절을 보냈던 집이다. 그러나 그는 자신의 불우를 자연과 시와 철학으로 승화시켜 조선 역사상 가장 아름다운 집 중에 하나를 완성한다. 그것은, 나는 세상으로부터 버림받았다는 냉철한 자기 인식에서 출발해, '나는 없다'라는 자기부정으로 이어지면서 시작된다. 엘리트 코스를 착실히 밟다가 하루아침에 몰락한 이언적의 심중은 참으로 복잡했을 것이다. 처음엔 분노했다가 그다음엔 모든 것이 허무하게 보였을 것이다. 자신이 누린 권세, 학문적인 권위, 외가의 명성 같은 것이 한꺼번에 아무것도 아닌 것으로 생각되었음은 자명하다.

원래 성리학은 선진 유학이 가지고 있는 형이상학적인 단점을 보완하며 이루어졌고, 아무리 성리학이 불교를 배척하며 이루어졌다고 해도 어쩔 수 없이 불교와 도교가 정리해놓은 형이상학에 지대한 영향을 받았다. 심지어 그 우주관은 상당 부분 불가나 도가에서 차용했다. 특히 선불교의 영향은 주자학과 양명학의 대립이 시사해주듯이 소위 신유가의 이념적 대립으로 발전하기까지 한다. 그래서 조선의 성리학자들은 현상을 리기적理氣的으로 추적하려는 동시에, 실제적 반성에 있어서는 불교의 무無 사상에 더 가까워진다. 이러한 학문적 입장과 생활의 태도 사이에서 보이는 이중성은 사실 주자 일변도인 조선 성리학의 자체 모순이 아닐 수 없다.

조선 성리학을 주자 일변도로 물들인 실질적인 주체였던 이언적 역시 세파의 격랑 속에 휩쓸리면서 인생의 허무함에 대해 깊이 생각했음이 틀림없다. 독락당의 인지헌仁智軒 쪽에 붙여서 이어 지은 양진암養眞庵이 그것을 증명하고 있다. 유학자의 집에 절의 암자에나 지을 법한 당호가 붙어 있는 것은 좀 이상하지 않은가? 그것이 이상한 이유는 많은 사람들이 이 '암庵' 자에 집착해서 이언적과 불교의 관계를 밝히려 했던 탓이지만, 그것은 글자의 근원을 따지다보니 걸음이 엉킨 경우다. '정사精舍'와 마찬가지로 '암庵' 역시 불교에서 공부하던 방을 말하는 것이다. 이것이 유가에서도 그대로 통용된 것일 뿐이다. 불교적 색채는 바래고 '공부하는 곳'이란 의미만 남은 것이다. 우리는 흔히 '혼났다'라는 말을 한다. 그렇다고 그렇게 말하는 사람을 보고, 혼의 존재를 믿는 사람이라고 생각하지 않는 것과 같다. 양진암은, 회재가 여기서 불교를 공부했든 유학을 공부했든 틀림없는 공부방이긴 공부방인 것이다. 회재는 이 방에서 공부했다.

독락당 근처에는 걸어서 5분 거리의 정혜사지가 있다. 지금은 탑만 남아 있지만 탑의 규모로 보아 작은 절은 아니었던 것 같다. 독락당에 있는 양진암은 이름이 알려지지 않은 이 절의 스님을 위해 지은 방이다. 그러나 이 방은 처음부터 있었던 것은 아니다. 양진암과 계정은 붙어 있지만 자세히 보면 증축했다는 것을 금방 알 수 있다. 계정의 처마가 양진암과 이어져 있지 않고 독립적으로 마감이 되어 있기 때문이다. 이는 이언적이 독락당에서 세속의 명리와 담을 쌓고 지내면서 자연스럽게 불교와 친해졌다는 것을 증명한다. 세상에 버림받고서야 인생의 무상함을 느낀 그에게, 어렸을 때는 그냥 공부하러 드나들던 절이 새로운 의미로 다가왔을 것이다. 그래서 그는 이곳 자옥산에서 불교의 논리에 지대한 관심을 가졌을 것이고, 이때 불교의 공 사상과 무 사상을 깊이 있게 공부했음이 틀림없다. 당시 정혜사의 중의 책들과 글씨가 이곳에 가득했다는 것으로 미루어 이언적이 그 책들을 다만 구경거리로 삼지는 않았음은 자명하다.

추정이지만, 아마 외삼촌 손중돈 이후 이언적의 사상에 가장 깊은 영향을 끼친 인물이 있다면 바로 정혜사의 중이었을 것이다. 그리고 나중에 얘기하겠지만 회재는 이 시절 정혜사의 중에게서 도선 이후 절집에서 이어져오던 자생 풍수와 중국 풍수도 배웠던 것이 분명하다. 왜냐하면 그가 7년 뒤 다시 정계에 복직하여 양동에 지은 향단은 독락당과는 비교가 되지 않을 정도로 철저하게 가택 풍수(중국 풍수)와 지형 풍수(자생 풍수)에 영향을 받아 지어졌기 때문이다.

세상에 버림받고 자옥산 기슭에서 안식을 찾은 이언적에게 불교의 무 사상은 그의 학문적 흥미를 크게 자극했다. 앞서도 얘기했지만 중국에서는 당唐에 이르면 사람들은 형이상학적 문제, 즉 도덕적 문제를 초월한 (당시의 표현으로) 성性과 명命의 문제에 관심이 기울어진다. 마찬가지로 유학에서 끊임없이 주장하는 요, 순, 우, 문왕, 무왕, 주공, 공자, 맹자로 이어지는 도통론은, 부처로부터 이심전심의 비법으로 마지막 혜능에게까지 이어졌다는 법통론에 강한 영향을 받은 것이다. 또 우주론적 유가 철학의

계정은 물이 많지 않은 초여름이나 색 바랜 잎들이 떨어지기 전인 초가을이 좋다.
물이 많으면 못을 이루어 소란하고 잎이 지면 담 넘어 바깥세상이 치고 들어 부담스럽다.

창시자인 주돈이의 『태극도설』 역시 宋송 초의 도사道士 진단의 『무극도無極道』에 영향을 받아 그려진 것이고 보면, 이언적이 불가에 심취한 것은 어쩌면 당연하다 할 수 있다. 개인적인 의견이지만 조선의 제대로 된 성리학자 치고 불교나 도교에 심취하지 않은 이는 없다고 생각한다. 존재라는 이 피할 수 없는 이유에 대해 성리학은 설명하고 있지 않기 때문이다.

이언적은 이 집에서 정혜사의 중과 같이 신분의 벽을 넘어 학문과 사상을, 자연과 존재의 의미에 대해 긴 이야기를 나누며 성리학의 구멍을 메워나갔을 것이다. 그러나 준엄한 유학자로서 이언적은 당시 가장 미천한 신분의 중과 한방에 같이 있을 수는 없었다. 그래서 이언적은 양진암을 짓는다. 자신의 호를 주희晦菴의 학문을 따른다는 의미에서 회재晦齋라고 지은 그가 불가의 사람과 한방에 앉을 수는 없는 까닭이었다. 그래서 양진암은 인지헌과 붙어 있으면서도 별채이다.

때때로 책에서 길을 찾지 못할 때, 이언적은 정혜사에 사람을 보내 중을 초청했을 것이고, 그가 올 때까지 계정에 앉아 물고기가 노니는 모습을 보며 기다렸을 것이다. 이윽고 그가 오면 이언적은 계정에서 인지헌으로 들어가 그를 맞고 중은 양진암에 앉아 고담준론을 펼쳤을 것이다. 이 인지헌과 양진암을 별채로 만드는 상징적 칸막이가 바로, 열면 하나의 공간이 되고 닫으면 별개의 공간이 되는 우리 미닫이 문의 기능이다. 또한 본바탕의 참된 인성을 기른다는 양진암이란 당호는 인지헌이란 당호와 함께 유학의 인과 불가의 자비가 서로 다른 것이 아님을 말해주고 있다. 양진암과 인지헌은 이렇듯 제도적 상징으로서 신분의 구분을 나타낸다는 의미에서 둘이고, 학문적 입장으로서의 소통이며 철학적 문제에 있어서 궁극적 합일을

회재의 후손들은 그들의 선조들이 그러했던 것처럼
조상을 기리기 위해 이 나무에서 채취한 향을 피워 올린다.

지향하는 공간이라는 의미에서 다시 하나가 된다. 지금 우리는 그들이 각각 인지헌과 양진암에 앉아 무슨 얘기를 나누었는지 알 길이 없지만, 이미닫이 문으로 구획된 별개의 공간에서 불가의 제자와 유가의 제자가, 흔들리는 숲의 음악과 자계紫溪의 물소리를 들으며 나눈 이야기는 바람이 들었을 것이고, 관어대를 노니는 물고기들이 기억하고 있을 것이다.

  이언적은 젊었을 적, 태극이란 만물의 근원이자 모든 변화의 원인이며 영원불변한 것이고, 그렇기 때문에 태극은 노자가 말하듯 무에서 나와 유로 들어간다는 주장이나 불가에서 말하는 공空과는 다른 것이라고 명쾌하게 주장했다. 퇴계는 이 『태극문변』에 감탄하여 이언적의 추종자가 되었지만, 추측하건대 당사자인 이언적은 독락당에서의 은거 후 그 세계를 떠났다고 생각된다. 그 후 그가 다른 성리학자들과 달리 심心의 문제에 대해 리기론적인 해석도 하지 않고, 명확한 정의도 내리지 않고 있는 이유가 거기에 있다.

시로 지어진 건축, 건축으로 쓰인 시

자, 그럼 이제 다시 처음으로 돌아가자. 회재 이언적이 비통한 심경을 안고 양동으로 돌아왔을 때로. 그리고 자옥산에 자신이 머물 터를 잡을 때로.
  이미 말했듯이 그가 정계에서 밀려나서 낙향했을 때 이 자옥산에는 아버지의 정자가 있었고, 둘째 부인인 석씨 부인이 그녀만의 독자적인 재력으로 숨방채와 안채를 건축해놓았을 때다. 세상에 대한 원망과 미움으로 가득 찬 그에게 이 아름다운 자옥산 계곡의 풍광은 하나의 구원이었으리라. 그리고 그런 그에게 하나의 영감으로 떠오른 시 한 편과 한 인물이 있었다.

낚시 드리워 고기 잡고, 소매 걷어 약초 뜯노라. 도랑 치고 꽃에 물 주며, 도끼 들고 대 자른다. 세수하여 땀 식히고, 산에 올라 주위를 바라본다. 이리저리 바람 쐬며 거니니 내 마음이 흡족하다.

投竿取魚, 衽采藥, 決渠灌花, 操斧剖竹, 濯熱水, 臨高縱目, 逍遙徜佯, 惟意所適

북송 때의 정치가 사마광司馬光의 「독락원기獨樂園記」에 나오는 글이다. 시의 형식을 따른 것은 아니지만 시적 정취가 물씬한 것은 선비의 유유자적한 생활을 노래하고 있기 때문일 것이다. 건축가 이언적의 독락당은 이 한 편의 시를 있는 그대로 현실화하면서 이루어졌다. 그리고 흥미롭게도 이언적은 자신보다 4백 년 앞서 살다 간 사마광의 생애와 자신을 동일시했던 것 같다. 왜냐하면 사마광도 20세에 진사가 되어 한림학사, 어사중승이 되어 생애 초반에는 출세 가도를 달렸지만, 왕안석이라는 새로운 인재가 혁신 정책을 단행하자 이에 반대하다 추밀부사를 사퇴하고 52세에 지방으로 물러났다. 그러다가 왕안석의 혁신 정책을 싫어한 태후가 섭정이 되자 다시 중앙 정계에 복귀, 왕안석이 입법한 정책들을 하나하나 폐지하다가 죽었다. 권력에 대한 권력의 대치는 인민의 삶과는 무관하게 이데올로기에 사로잡히게 된다. 그러나 그가 죽은 후 왕안석의 신법당이 다시 세를 얻자 사마광은 격하되었다가 북송 말에 다시 복권된다. 사마광은 그렇게 죽어서까지 부침을 거듭한 인물이다.

이언적이 사마광이라는 인물에 먼저 이끌렸는지, 이 시를 읽고 인물을 추모하게 되었는지 그 선후는 분명치 않지만, 분명히 자신의 처지를 4백 년 전의 인물에서 보았고, 불우한 시절을 슬기롭게 헤쳐나갈 전례를 발견한 것은 분명하다. 어쨌든 이언적은 이 시를 설계도로 하여 독락당을 구축해 들어간다.

한국의 전통 건축에서 건축은 인공적인 구축물뿐만이 아닌 구축물과 자연을 포함하고 있는 개념이다. 그런 의미에서 독락당의 가장 중요한 건축적 요소는 독락당의 동편을 휘감고 흐르는 자계천이다. 이 집은 자계천과 자계천을 바라보는 아름다운 정자 계정溪亭의 관계에서부터 시작한다. 그리고 계정에서 양진암이 이어지며 양진암과 계정에 의해 생성된 마당을 사이에 두고 독락당이 나타나며, 독락당 마당은 다시 멀리 남쪽의 무학산舞鶴山으로 연결되어(독락당 마루에 서면 노비들이 거처했던 공수간의 지붕 너머로 무학산이 보인다. 이 공수간은 원래 초가지붕이었던 것을 기와로 보수했다) 화개산華蓋山, 도덕산道德山, 자옥산紫玉山으로, 소위 사산四山을 이루며 돌아 다시 독락당 담과 공수간 담 사이의 비좁은 길을 통해 자계천으로 이어진다. 그리고 자계천의 남쪽에서부터 차례로 세심대洗心臺, 관어대觀魚臺와 영귀대詠歸臺, 탁영대濯纓臺, 징심대澄心臺로 불리는 바위들로 이루어진 오대五臺가 형성되고 있다.

특히 관어대는 계정을 받치고 있는 바위인데 관어대 건너편의 영귀대는 계정의 바닥 높이와 비슷하다. 만약 우리가 계정을 관어대의 확장이라 독락당 풍경의 백미는 옥계천玉溪川과 이를 아우르고 있는 계정이다.
대문을 열고 들어섰을 때 느끼는 폐쇄성과 이곳 계정에서 대하는 흐름과 소통은 너무도 대조적이다.

고 생각한다면 영귀대는 계정의 확장인 셈이 되고, 반대로 우리가 만약 영귀대에 앉아 있다면 계정은 영귀대의 확장이고 계정은 다시 관어대로, 자연으로 환원되는, 자연과 건축의 절묘한 상징적 순환을 보여주고 있다. 우리 고건축의 자연관이 무엇인지 독락당에 가면 느낄 수 있다. 숲과 바위와 물이 어떻게 건축이 되는지 말이다.

사산오대四山五臺라고 일컫는 이 집 주변의 산과 냇가의 바위들은, 건축가가 거기에 이름을 붙이자마자 그대로 정원이 되고 자연의 정자가 되며 병풍이 된다. 사산 중에서 자옥산만 빼고 나머지는 모두 이언적이 직접 명명한 것이며, 고고하고 깨끗하게 살겠다는 의지 표명이다. 홀로 즐긴다는 '독락당'이라는 당호 역시 그렇고, 독락당 뒤편의 약초밭 역시 "소매 걷어 약초 뜯노라杠采藥"하는 구절을 그대로 재현해낸 것이다.

'독락獨樂'이라는 말은 유가에서는 부정적인 인식을 갖고 있는 말이다. 그 근거로 『맹자』「양혜왕」'상편'에서 독락獨樂(홀로 즐김)은 여인락與人樂(여럿이 같이 즐김)보다 못하다고 가치하위를 재단했다. 그러나 사마광은 세상 사람들이 버린 곳에 가서 얻는 즐거움은 나누고 싶어도 나눌 수 없어, 어쩔 수 없이 홀로 즐길 수밖에 없다고 해명한다. 이언적은 이 말을 자신을 내친 인사들에게 그대로 돌려주고 싶었을 것이다. 단지 '사람들이 버린 곳'이 아니라 '사람들이 나를 버렸으므로' 자연히 같이 즐길 사람이 없으니 홀로 즐길 뿐이라고.

그래서 이 집의 대문은 아주 폐쇄적으로 설계되었다. 원래 이 집의 솟을삼문은 없었던 것이다. 그러고 보면 이 집의 대문은 존재하지 않는다. 대문이 없이 중문만 있는 셈이다. 왜 그럴까? 건축가 이언적은 담을 쌓고 대문을 만들어서 이 집의 한계를 스스로 좁히는 것이 싫었을 것이다. 따라서 집의 경계를 사산四山으로 확장하고, 대문을 없앴다(이러한 고도의 '상징적 건축'과 독락당 담장에 뚫린 살창을 통해 자계천의 냇물이 보이도록 만든 '건축적 수법'이 결합해 이 집을 '자연'스럽게 만든다). 그리고 중문을 두 개로 만든다. 중문이 두 개인 것은 이언적 건축의 특징이다.

양진암과 인지헌의 구분과 통합이 말해주듯이 이언적은 늘 공간의 성격을 분명하게 구분하고 있으면서도 기능적으로는 아주 밀접하게 연관시킨다. 리선기후理先氣後의 입장에 충실하면서도 리와 기는 서로 섞이지 않고 떨어지지도 않는다는 주희의 정통을 잇는 회재의 사상이 건축적 태도에서도 그대로 적용된 실례이다. 즉 주인의 공간과 하인들의 공간을 분명히 구분하면서도 아랫사람들이 늘 주인의 수족이 될 수 있게 너무 멀지 않게 계획한다. 그러다보니 실질적인 대문을 숨방채와 일직선상에서 연결해내는 보통의 방법은 내부와 외부를 너무 직선적으로 연결하는 단점이 발생하기 마련이다. 그것을 보완하기 위해 보통의 집들은 대문과 중문을 엇갈려놓는 것이 보통인데 이 집의 대문은 아예 숨방채와 직각으로 꺾여서 위치한다. 그러니까 외부에서 사람을 맞아들여야 하는 대문이 바깥에서는 보이지 않게 되어 있는 것이다. 거기에는 사산과 오대를 자신의 영역으로 끌어들이려는 강한 의도가 존재하며, 동시에 그 의도는 이 집을 사산오대의, 자연의 영역으로 마음껏 확장시켜놓는다.

안채로 통하는 대문과 독락당으로 통하는 문이 서로 'ㄷ'자로 엇나게 마주 보고 있으면서 지극히 폐쇄적인 공간을 만드는 것도 같은 이유다. 그러나 그렇게 함으로써 이 집은 안채와 독락당으로 드나드는 문경청재라 쓰인 건물 오른쪽으로 붙은 대문을 들어서면 세 개의 통로가 보인다.
왼쪽은 회재의 종손이 살고 있는 안채, 오른쪽 첫 번째는 계정으로, 오른쪽 두 번째 문이 비로소 독락당으로 통한다.

외에 자연으로 드나드는 보이지 않는 문 하나를 더 갖게 된다. 그것이 독락당 담장과 공수간 담장 사이로 난 자계천의 광경을 준비하는 비좁은 길이다. 1688년 계정에 올랐던 정시한은 이 자계천의 광경을 이렇게 적어놓았다.

"정자는 솔숲 사이 너럭바위 위에 있는데, 고요하고 깨끗하며 그윽하고 빼어나 거의 티끌세상에 있지 않다. 정자에 올라 난간에 의지하여 계곡을 바라보니 못물은 맑고 깊으며 소나무, 대나무가 주위를 감싸고 있다. 관어대, 영귀대는 널찍하며 반듯반듯 층을 이루어 하늘의 조화로 이루어졌건만 마치 사람의 손에서 나온 듯하다."

그러나 그것은 정말 사람이 만든 것이었다. 단지 사람의 손이 아닌 사람의 언어가 만들었다는 것이 다르지만 말이다. 그렇듯이 건축은 언어에서 시작한다. 저 위대한 기독의 신의 건축도 말씀에서 시작되었듯이 인간의 건축도 마찬가지이다. 자계천에 널린 단지, 응회암 덩어리인 사물에 이름을 붙인 사람. 그것을 '관어대'라고 부르고 '영귀대'라고 부른 사람. 불교에 심취한 유학자. 그가 바로 이 집(자연)을 시로 지은 건축가인 것이다.

어떤 이가 남진南鎭 땅에서 바위 위에 핀 꽃을 보고, "저 꽃은 스스로 피고 스스로 떨어지니 우리 마음과 무슨 상관이 있겠는가?" 하고 질문했을 때, 왕수인은 "당신이 이 꽃을 보지 못했을 때는 이 꽃은 당신과 함께 고요했다. 그러나 당신이 와서 이 꽃을 보았을 때, 이 꽃은 빛깔이 분명하게 되었다. 이 꽃은 당신의 마음 바깥에 있는 것이 아니다"고 말했다. 김춘수 시인은 이렇게 노래했다.

> 내가 그의 이름을 불러주기 전에는
> 그는 다만
> 하나의 몸짓에 지나지 않았다
>
> 내가 그의 이름을 불러주었을 때
> 그는 나에게로 와서
> 꽃이 되었다
>
> 「꽃」 중에서

건축은 당신이 꽃을 보았을 때, 이루어진다.

은유와 상징의 집

양동良洞마을과 향단香壇

보이지 않는 집

향단 香壇은 한국 건축의 수수께끼이다. 지금까지 향단에 대한 수많은 논의가 그것을 증명한다. 많은 사람들이 향단을 설명했지만 어딘가 미진한 구석이 계속 남아 있다는 것은 그만큼 향단이라는 건물이 다른 전통 건축의 공간과 달리 우리의 기본적인 지식과 상식으로는 잘 납득이 가지 않는 부분이 있다는 말일 것이다. "거기엔 뭔가 특별한 것이 있다." 나는 그런 생각을 가지고 다시 안강읍을 찾았다. 그리고 이번 답사에서 나는 꼭 향단을 보여주고 싶은 사람이 있었다. 그는 내 건축주로, 설계 때부터 완공을 앞두고 있는 지금까지 자기가 살 집에 대해 일관되게 독특한 주문을 했다. "나는 세상을 보지만, 세상은 나를 못 보게 해주시오." 나는 이 말을 처음에는 상징적으로 이해했다. 그와의 작업은 땅을 고를 때부터 내가 깊숙이 개입해서 매입까지 결정했던 터라 나는 그의 주문을 십분 고려했다고 믿어 의심치 않았다. 그래서 남산의 북사면에 자리해 서울의 사대문 안이 한눈에 바라다보이는 높은 위치에 있지만, 주변의 산세와 집들로 대지에서 반경 25미터 안에 들어오기 전까지는 전혀 그 집의 존재를 알 수 없는 내밀한 땅을 필동에 골랐다. 그리고 나는 그의 주문을 일부러 의식의 한쪽으로 밀어 넣고 땅과 지어질 집에 대한 관계에만 골몰하며 설계를 진행해나갔다. 건축주의 주문은 그에 합당한 땅을 잡은 것으로 해결되었다고 믿었기 때문이었다. 그러나 그는 자신의 주문이 반영되어 있지 않고 있다고 끊임없이 불만을 토로했고, 나는 그의 말을 이해할 수가 없었다. 그도 내가 왜 자신의 주문을 설계에 반영하고 있지 않은지 답답한 눈치였다. 그러다 나는 내가 그의 주문을 전적으로 곡해했다는 것을 알았다. 그가 주문한 "나는 세상을 보지만, 세상은 나를 못 보게 해주시오"라는 말은 실은 '나는 세상(사람들)을 보지만, 세상(사람들)은 나를 못 보게 해' 달라는 것이었다. 괄호의 말이 생략되었던 것이다.

그리고 내가 그의 진의를 정확히 알고 난 다음부터 나는 그와 세계관과 삶의 태도에 대해, 그리고 집에 대해 일대 접전을 벌여야 했다. 나는 그런 집은 감옥이라고 생각했기 때문이었다. 간수의 풍경이 죄수들이듯이 죄수들의 풍경 또한 간수가 될 수 있다. 그러나 그는 건축가가 그 쌍방의 관계를 해체해서 보여주지 못한다고 내 능력을 타박했다. 딴은 맞는 말이었지만, 나는 관계의 고리를 끊는 그런 일방적인 관계를 받아들일 수가 없었다. 그러나 그와의 대화가 오래되고, 점점 깊어질수록 나는 조금씩 그를 이해하게 되었다. 그러나 그 이해가 그의 주문을 진정으로 받아들이게 되었다는 것은 아니다. 그와 나는 8년 전에 기자와 취재원으로 처음 만났다.

지금은 그만두었지만 그는 오랜 기자 생활에 지쳐 있었다. 지친 정도가 아니라 그에게 세상은 상처였다. 나는 그가 자신의 상처와 얘기를 나누어야 한다고 생각했다. '나는 세상을 보지만' 이라는 전제가 그 가능성을 그가 아직 놓지 않고 있는 증거라고 나는 생각했다. 나는 그의 폐쇄성과 이언적의 폐쇄성 사이에 어떤 관계가 있는지 알고 싶었다. 그래서 이번 답사에 같이 갈 것을 권했고, 그는 흔쾌히 응하고 운전까지 맡아주마, 했다.

우리가 양동에 도착한 것은 다 늦은 저녁이었다. 아주머니 두 분이서 동네 초입에 모닥불을 밝히고 무슨 얘기인지 두런두런거리는 모습이 바쁜 일 없어 보여, 우리도 무심히 간단한 요기를 할 수 있는 밥집을 물었다. 한 아주머니가 선선히 먼 데 희미한 불빛을 가리키면서 거기 가면 '요깃거리'가 있을 거라고 알려준다. 내친김에 거기서 잘 수도 있냐고 물으니, 두 분이 서로 눈빛을 맞추더니 한 분이 자기네 집에서 자고 가라 한다. 어디냐고 물으니 몸을 돌려 바로 윗집을 가리키는데 이향정二香亭이다. 우리는 마치 큰 횡재라도 한 것 같았다. 이향정에서 잘 수 있다니. 지금이야 양동마을 곳곳에 민박집이 있지만 당시엔 한 군데도 없었다. 우리는 조금 들떴다. 마을 초입에서 바라보면 완만한 원형으로 쌓은 담장이 얼른 눈에 띄는 집이 이향정이다.

이 집은 조선 숙종 21년(1695)경에 건립되었으며 당호는 온양군수를 지낸 이향정二香亭 이범중李範中의 호를 따서 이향정이라 하였다. 평면은 'ㄱ'자형의 안채와 일자형의 사랑채, 아래채가 인접하여 배치되어 튼 'ㅁ'자형을 이루고 있다. 마당을 사이에 두고 안채와 사랑채를 대각적으로 배치한 점은 중부지방이나 서울 지방의 대가들이 지니는 평면 배치와 양식적으로 일치한다. 이렇게 잘 지은 고가에서 하룻밤 묵을 수 있는 기회가 어디 흔한가? 우리는 행여 이향정 안주인의 마음이 변할까 얼른 아주머니를 앞세워 다짜고짜 이향정의 안채에 짐을 풀었다. 안채에는 이 고가에 적응하지 못한 가전제품을 비롯한 잡다한 짐들이 여기저기 튀어나와 어수선하기 짝이 없었다. 알고 보니 지금 주인은 서울에서 살다가 이곳으로 이사 온 지 몇 개월 안 된다고 한다. 어쨌든 하룻밤을 지낼 수 있는 집을, 그것도 제대로 된 유서 깊은 고가를 찾았으니 그다음 순서야 배를 채우고 취하는 일밖에 없다.

이향정을 나와 밥을 판다는 불빛을 찾았을 때 우리는 그 집을 에워싸고 있는 숲의 교묘한 가림막에 감탄했다. 우향다옥이라고 불리는 그 집은 바로 길가에 있으면서도 완전히 숨어 있었다. 우리는 그 숲에 들러 밥을 먹고 술을 취하도록 마시고, 밤늦어서야 비틀비틀 동네를 걸어 이향정의 안채에 눕자마자 곯아떨어졌다. 아침에 일어나니 방은 두 사람이 누우면 딱 맞는 작은 방이었다. 그렇지만 좁게 느껴지지는 않았다(왜냐하면 우리 한옥의 공간적 계획은 창문을 뚫는 방법에 있기 때문이다. 작은 방이 작지 않게 느껴지는 건 창문이 외부를 경영하고 있기 때문이다. 앞에서 설명한 계정과 영귀대의 관계를 상기해보라). 작지만 좁지 않은 방. 그것이 우리 고가의 방 맛이다.

풍수를 지킨다는 것

우리는 아침에 일어나자마자 우향다옥으로 가서, 거기서 마신 술 거기서 깨자고 작정한 사람들처럼 어제 남긴 술로 아침을 먹으며 해정解酊했다. 취기가 아직 남아 있었지만 향단을 보기 전에 먼저 양동 일대를 이리저리 거닐며 양동의 '물勿'자 형국을 충분히 음미했다. 안동의 하회마을은 양동에 비하면 대단히 평면적이다. 하회마을이 이집트 벽화라면, 양동마을은 이집트 벽화의 평면성에 영향을 받은 피카소의 입체파 그림이다. 높은 산마루와 깊은 산골짜기 곳곳에 자리 잡은 집들은 그 자체로 활력이 느껴졌다. 산을 돌고 골짜기를 지나 능선을 넘어 보석처럼 박혀 있는 집들은 풍수를 떠나서, 자연과 인위가 하나인 아름다움이 무엇인지 보여주고 있었다. 영민한 건축사가 김봉렬은,

"마을의 살림집들은 작은 규모의 초가집과 중규모 이상의 기와집으로 대별된다. 이들이 모여 있는 형상을 유심히 살피면, 초가집들은 산 밑 골짜기에, 기와집들은 대부분 구릉 위에 자리 잡고 있음을 이내 알 수 있다. 기와집 가운데서도 큰 규모일수록 더 높은 곳에 자리 잡고 있음도 눈에 띈다. 예외는 있지만, 과거의 초가집들은 대부분 타성바지가 살았던 소작인 계층의 주택이거나 노비층의 집이었다. 따라서 구릉 위 고지대에는 손, 이 두 가문의 양반층들이, 골짜기 아래 저지대에는 타성바지들의 하층민들이 자리를 잡아서, 상하 계층의 위계가 '아래, 위'라는 지형적인 위계로 나타난다."

고, 신분 사회에서의 마을 구조로 분석하고 있다. 하지만 양동마을이 지닌 계급의 위계가 만든 지형적 위계는, 낮고 높고에 관계없이 산이란

산은 죄다 밀어붙이고 시작하는 오늘날의 단지계획이나 도시계획에서 필히 반성해야 할 부분이 아닐 수 없다. 산 위의 양반집까지 물을 져다 나르는 산 아래 노비들의 심정을 헤아리는 것도 기특한 일이지만, 옛것에서 새것을 도출해내는 일은 비판만으로는 이룰 수 없다. 거기에는 반드시 비판의 극복이 이루어져야 하고, 분석만이 아닌 해석이 따라야 한다. 양동마을에서 하층민들의 노고를 읽어내는 것도 중요하지만 거기서 지금 우리가 필요한 것이 무엇인가를 아는 것이 더 중요할 수 있다.

풍수라는 것도 그렇다. 요즘의 우리는 풍수를 발복의 수단으로 삼고 있지만 사실 풍수는 말 그대로 바람과 물을 얻는 방법이고, 또 그것을 지킨다는 뜻이다. 나무를 심는 것에 그치지 않고 지속적으로 가꾸고 보살펴야 좋은 수세를 얻듯이 풍수지리의 의미도 단지 좋은 땅을 선택하는 데 그치는 것이 아니라 그 좋은 땅을 자자손손 지켜나가는 데 있다. 요즘 우리는 땅, 즉 자연을 지켜나가는 의미로써의 풍수를 간과하고 있다. 그래서 풍수가 가진 '자연스러운' 성격을 잃어버리고 한낱 술법으로만 풍수를 알고 있다.

양동을 오늘날의 양동으로 만든 것은 세태에 맞춰 변화할 필요 없는 양동마을의 부富가 원인이라고 할 수도 있지만, 뭐니 뭐니 해도 가장 큰 원인은 원래의 풍수를 지키고자 애썼던 마을 사람들의 노력이 그만큼 지속적이었다는 뜻도 된다. 풍수를 지켰기 때문에, 부를 가져다준다는 '물勿'자 형국의 땅이 계속 마을을 부유하게 했는지, 아니면 부자 마을이기 때문에 풍수를 지켜나갈 수 있었는지 그 선후는 불분명하지만, 나는 전자에 생각이 미치고 있고, 또 그것이 오늘날에도 유효한 가치를 발휘할 수 있다고 믿는다. 사실, 양동마을 내부는 드넓은 평야를 끼고 있는 마을 외부에 비할 때, '물勿'자 형국의 길상吉相 지세라는 것을 제외하면 특별히 내세울 것이 없다. 주산인 설창산과 안산인 성주산 사이의 거리가 주산과 안산이라고 말하기 쑥스러울 정도로 너무 가까이 있고, 그로 인해 깔고 앉은 자리가 너무 협소하다. 그런 곳에서 골짜기 바닥에 주거지를 정한다면 일조량도 모자라고, 배수는 그런대로 해결되겠지만 습도 조절에 심각한 문제가 생길 것이다. 그래서 양동에 터를 잡은 사람들은 비록 물을 얻기는 어렵지만(물은 김봉렬의 말대로 골짜기에 사는 하인들이 길러다 날랐으므로 반천이 뚜렷한 당시로서는 문제가 되지 않았다) 산등성이에 집을 짓는 방법을 택했다. 물론 거기에는 '물勿'자의 지맥을 통해 인물이 난다는 풍수설도 막강하게 작용했을 것이다. 이렇게 대종가는 산등성의 높고 넓은 터에, 그리고 파종가는 그다음에, 가장 낮은 골짜기에는 외거노비들의 집들이 자리하여, 당시의 신분제도를 떠나 오늘날의 시각에서 보면 더할 나위 없이 훌륭한 마스터플랜이 이루어지게 되었다.

하지만 이 양동마을에도 근대의 바람은 여지없이 몰아쳐왔다. 1938년 일제 강점기에 경주와 포항을 잇는 동해 남부선 부설 계획이 세워지면서 양동의 주산과 안산 사이를 흐르는 양동천을 따라 철도가 지나가도록 설계되었다. 그렇지 않아도 협소한 마을 터가 두 동강이 날 지경이었으니 마을이 발칵 뒤집힌 것은 당연한 일이었다. 그러나 무작정 반대는 설득력이 없었다. 그래서 마을 사람들이 생각해낸 게 역시 풍수로 대응한다는 것이었다. '물勿'자의 지형에 철로가 지나가면 '물勿'자의 아랫부분에 획이 하나 더해져서 '혈血'자가 되어 마을에 큰 재난을 가져온다는 것이다. 자연을 문자의 상징으로 전환하여 삶에 침투시킨 재치에 무릎을 치지 않을 수 없다. 그러나 그것은 단지 미봉책만은 아니었을 것이다. 정말 당시의 사람들은 그렇게 자연을 텍스트화하여 읽을 줄 알았던 것이다. 결국 철도는 마을 앞을 우회해서 빠져나가도록 노선이 변경되었고, 양동은 양동의 풍수를 고스란히 지킬 수 있었으니, 혹 잘못되었으면 하고 생각하면, 저절로 아찔해진다.

　이 텍스트화 작업은 그 후 또 한 번 양동에 적용된다. 지금 양동 입구에 있는 초등학교는 동향이지만, 일제 강점기에 지어질 당시에는 남향이었다. 남향으로 앉혀진 건물을 동향으로 바꿔 앉힌 것이다. 거기에는 두 가지 풍수상의 이유가 있다. 첫째는, 앞의 예가 또 한 번 적용된 것인데, 전체적으로 서향을 취하고 있는 동네에 학교 건물이 남향을 하고 있어 이 역시 '혈血' 자 형국이라는 것이다. 이번에는 자연이 아닌 집을 텍스트화하여 전체적인 마을의 조화를 꾀한 것이다. 둘째는, 예로부터 양동마을은 경주에서 북류해오는 형산강 물을 맞이하는 제1 관문인데, 학교 건물이 그토록 아름답게 굽이쳐오는 길격吉格의 조수를 바라보지 못하도록 하고 있으니 마땅히 그 좌향을 바꾸어야 한다는 것이었다. 집은 자연의 흐름에 순응해야 한다는 논리이다. 그래서 양동초등학교는 동향으로 다시 지어졌다. 그리고 양동마을에서 일어나고 있는 이 모든 자연의 상징화 작업 이전에 이미 양동에는 이언적의 향단이, 너무도 극명해서 부자연스러울 정도로, 은유와 상징으로, 집을 텍스트화하고 있었다.

향단과 이언적

독락당에서 7년 동안의 고독을 씹고 이언적은 드디어 다시 관직에 나간다. 자신을 내친 김안로가 드디어 중종의 제2 계비인 문정왕후를 폐위시키려다 오히려 중종의 밀령을 받은 윤안인尹安仁과 양연梁淵에 의해 실각했기 때문이었다. 그러고 보니 송순도 김안로가 내친 인물이다. 송순이 김안로가 집권할 때 향리에 내려가 지은 집이 면앙정이니, 김안로는 본의 아니게 우리 건축사의 유명한 두 집, 독락당과 면앙정을 간접적으로 건축한 공로자(?)인 셈이다.

이언적의 부침은 김안로와 대윤, 소윤이라고 일컫는 윤임, 윤원형 일파의 쟁투와 연관되어 있다. 김안로는 이 대윤과 소윤의 싸움을 종식시키고 이들이 가지고 있는 권력을 해체하기 위해 등용된 인물이다. 그러나 고양이에게 생선 맡긴 격이 되어버렸다. 김안로는 원래 정권욕의 화신으로 한번 권력을 잡자 전횡을 일삼았다. 1519년 기묘사화로 조광조趙光祖 일파가 몰락한 뒤 발탁된 이후 아들 희禧가 중종의 부마駙馬가 되자, 이를 계기로 권력을 남용하다가 영의정 남곤南袞, 심정沈貞, 이항 등의 탄핵을 받고 경기도 풍덕에 유배되었다. 그 후 남곤이 죽자 1530년 유배 중이면서도 대사헌 김근사金謹思와 대사간 권예를 움직여 심정의 탄핵에 성공하고, 이듬해 유배에서 풀려나 정계에 복귀했다. 동궁(인종)의 보호를 구실로 실권을 장악하여 허항許沆, 채무택蔡無擇, 황사우黃士佑 등과 함께 정적이나 뜻에 맞지 않는 자를 축출하는 옥사獄事를 여러 차례 일으켰다. 정광필鄭光弼, 나세찬羅世纘, 이행李荇, 최명창崔命昌, 박소朴紹 등 많은 인물들이 이들에 의하여 유배당하거나 사사되었으며, 경빈敬嬪 박씨朴氏와 복성군 미嵋 등 종친도 죽음을 당하였고, 또한 왕실의 외척인 윤원로 尹元老, 윤원형 尹元衡도 실각당하였다. 이언적이 안강에 내려와 독락당을 건축한 것이 이때이다.

말하자면 가장 불우할 때 지은 집이 독락당이고, 다시 복권되어 경상감사를 제수받고 금의환향하여 지은 집이 향단이다. 이언적에게 있어 향단은 양동의 외가에게 자신의 건재함을 보이고 향후의 자손들에게 여강 이씨의 자존심으로 존재해야 했다. 단지 경상감사로 재직하면서 노쇠한 어머니와 그 어머니를 모시고 살 동생에게 지어준 집이라는 소박한 의미로만 이 집을 읽기에는 이언적의 절치부심한 끝의 회심이 너무도 절절히 배어 있다. 그런데 참으로 이상한 것이 한 시절의 불우가 표현된 집(독락당)은 너무도 여유롭고 완완한데 비해 화려한 시절의 집(향단)은 지극히 폐쇄적이며 오히려 우울하다. 물론 그 입지가 다른 데서 오는 차이도 있겠지만, 그렇다 하더라도 향단은 감옥이다. 다시 김봉렬의 입장을 인용하면 이렇다.

> "향단의 구성은 매우 복잡하지만, 모든 건물은 하나로 연결돼 있다. 몸채는 '일日'자형이고 그 앞에 긴 행랑을 연결함으로써 전체적으로 '파巴' 자형의 평면을 이룬다. 몸채는 두 개의 중정이 있다. 하나는 안채부에 딸린 마당이고, 서쪽의 것은 안 행랑부에 딸린 노천 부엌용 중정이다. 이 역시 일반 살림집에는 전혀 나타나지 않는 희귀한 예다. (······)
> 이 집은 도무지 이해할 수 없는 점들이 많다. 사랑채와 안채의 연결은

어떻게 되는가. 조직적으로 구성된 하인들의 공간, 부엌 마당에 비해 무언가 불완전한 안주인의 마당. 특히 안방과 건넌방을 엇갈리게 배열한 안채 부분의 구성은 쉽게 납득하기 어렵다."

그러면서 김봉렬은 이 납득이 가지 않는 향단의 평면에서 시어머니의 감시와 며느리의 한숨 소리를 듣는다고 말한다. 왜냐하면,

"며느리가 기거하는 건넌방은 부엌 마당으로만 통하게 돼 있고, 안방 시어머니의 감시를 늘 감수하도록 설계되었다. 남편이 있는 사랑방에 접근하려면 이중 삼중의 감시망을 피해서만 가능하"

기, 때문이다. 김봉렬의 이 감수성 가득한 지적은 향단의 폐쇄성을 잘 드러내주고 있다. 그러나 독락당의 서정을 일궈냈던 이언적의 감수성은 다 어디로 갔단 말인가? 향단은 과연 화려한 감옥이었을까? 정말 그랬을까?

조선 전기의 여성의 지위

김봉렬도 말했듯이 향단은 "납득이 가진 않는……", "이해가 가지 않는……" 공간을 구성하고 있다. 많은 사람들이 향단을 보고 당황해한다. 우선 지나치게 폐쇄적이다. 자금자금한 공간들이 답답하게 비좁은 통로로, 그것도 옹색하게 연결되어 있다. "구성은 매우 복잡하지만, 모든 건

행랑채 대문을 들어서거나 사랑채로 드는 문으로 올라서
행랑채 쪽 좁은 길을 지나면 마주하는 안채용 부엌이자 중정中庭이다.
목조를 떠받치는 여러 기둥과 중정을 에워싼 벽과 문으로 인해 눈은 한곳에 집중하지 못하고 혼란스럽다.

물은 하나로 연결돼 있다"고 한 김봉렬의 말처럼 이 집은 그렇게 축약해서 설명할 수 있다. 그러나 단지 고부간의 갈등으로 향단의 공간구성을 재단한 김봉렬의 시각에는 교정이 필요하다.

  우리는 흔히 조선 시대는 철저히 남성 중심의 사회이기 때문에 여성들은 차별이라는 굴레를 쓰고 억압받는 삶을 살았으리라고 생각한다. 그러나 조선 전기의 여성들은 남녀 차별 없이 재산을 상속받고 당당하게 그 재산권을 행사했다. 그러다가 조선 후기에 와서 여성은 남성 중심의 가부장제 속에서 독립된 인격체가 아니라 남성의 생활을 뒷받침해주는 내조자로 굳어갔다. 흔히 이 변화를 임진왜란과 병자호란을 거친 후 혼란해진 사회의 기강을 바로잡기 위해 성리학적 윤리를 강화했기 때문이라고 설명한다. 그러나 『삼봉집』에서도 볼 수 있듯이 정도전은 여자가 친정에 살게 되면 친정 부모의 힘을 믿고 남편을 경멸하거나 교만해져 남편과 반목하게 된다고 했듯이 조선왕조 초기부터 여성의 권리는 꾸준히 지배 이데올로기로부터 도전받아왔다. 한 사회의 가치나 풍속은 하루아침에 바뀌지 않는다. 그리고 조선왕조에서 여성의 권리가 꾸준히 도전받아왔다는 것은 그만큼 여성의 사회적 지위가 의외로 탄탄했음을 반증한다. 성리학을 통치 이념으로 채택한 조선왕조는 모든 생활 풍습도 성리학적인 윤리에 따라 바꾸려고 했다. 혼례도 예외는 아니었다. 세종 17년 처가살이 풍습을 바꾸기 위해 왕실은 숙신옹주의 결혼을 신랑 집에서 치르게 하고 옹주를 시집에서 살게 했다. 그렇듯이 조선왕조는 왕조 초기부터 가부장제의 정착과 여성에 대한 규제를 시행해왔고, 그것이 조선 후기에 이르러서야 비로소 생활화되었던 것이다. 그러나 사대부들에게 모범을 보이고자 왕실에서 계속 친영 혼례를 하는데도 불구하고 시집살이가 정착되는 데에는 약 2백 년의 세월이 걸리게 된다. 그러니까 향단이 지어진 시기의 여성의 지위는 김봉렬의 지적처럼 그렇게 한심한 것이 아니었다는 얘기이다.

 율곡이 외가에서 자란 얘기는 너무도 유명한 것이고, 사임당의 경우도 결혼 생활 30년 중에서 20년을 친정에서 보냈고 마흔이 다 된 나이에 시댁으로 내려갔다. 재산상속도 『경국대전』에 명기되어 있듯이 조선 시대의 재산 분배는 평분平分, 즉 아들딸 구별 없이 똑같이 나누는 것이었다. 제사를 지내는 풍습도 현재와 사뭇 달랐다.

 현재에도 이언적의 후손들이 독락당에서 지내는 제사는 장남이 제사를 독점해서 지내는 것이 아니라 형제끼리 돌아가면서 지내고 있다고 한다. 독락당의 분절표를 보면 그것이 자세히 나와 있다. 과거에 제사를 지낸 기록인 『봉선록』을 보면 제사를 모신 사람이 모두 다르다. 이렇게 돌아가면서 제사를 지내는 것을 윤회 봉사라 한다. 또 특이하게도 계정댁은 현내댁과는 달리 매년 특정 제사만을 고정해서 맡고 있다. 이것을 또 분할 봉사라 한다. 독락당 마당에 심어진 끝에 팬 향나무는 그것을 온몸으로 증명한다. 이와 같이 조선 시대의 제사는 아들이나 장자의 전유물이 아니었다. 여성들도 똑같이 제사에 참여함으로써 자식으로서의 의무를 수행했던 것이다. 이런 당시의 풍습을 염두에 두고 볼 때 향단의 공간구성을 두고 '여성의 한숨 소리'라 한 것은 정치한 분석이라고 볼 수 없다. 그러니까 오늘날 우리가 알고 있는 여성 비하적인 유교 윤리는 어떤 특정한 계층에 의해 만들어지고 강화된 것이다. 그것 때문에 여성도 여성이지

부엌에 있는 2층 다락은 큰살림을 하는 사찰에서 주로 가지는 구조인데,
부엌이 중정과 맞닿아 있어 안살림을 위한 전용공간이 부족해 세간살이 정리를 위한 공간이 필요했을 것이다.

만, 오늘날 얼마나 많은 남성들의 한숨 소리가 술집에서 토로되고 있는가 생각할 때 절로 억울해지지 않을 수 없다. 처가살이에, 제사도 두루 돌아가며 지낼 수 있다면, 재산상속을 반반으로 나누는 거야 무슨 큰일이겠는가? 오히려 경사다.

이언적의 풍수지리

그렇다면 향단이 보여주고 있는 이 기묘한 공간구성은 어디서 나왔는가? 우리는 다시 저 독락당 시절의 이언적에게로 돌아가야 한다. 양진암과 인지헌으로. 이언적이 정혜사의 중을 양진암에 앉히고 자신은 인지헌에 앉아서 나눈 얘기는 확인할 길 없지만 필시 불교의 교리에 대해 심도 깊은 이야기가 오고 갔을 거라고 짐작하는 것은 어려운 일이 아니다. 만약 이언적이 불교에 관심이 없었다면, 왜 당시의 가장 비천한 계급 중의 하나인 중을 위해 방까지 따로 만들었겠는가? 그리고 나는 거기에서 이언적은 풍수지리에 대한 식견도 표피적으로나마 넓혔을 거라고 생각한다. 왜 표피적이냐면 우선은, 이전에도 그랬지만 이후의 이언적의 사유에도 풍수에 관해 추적할 수 있는 아무런 자료가 없기 때문이고, 더욱이 향단은 풍수적으로 그렇게 썩 훌륭한 집은 아니기 때문이다. 향단이 자리한 땅은 대저택이 들어서기에는 산의 평면에서 볼 때 등고선의 굴곡이 너무 급하게 돌아가고 있다. 산봉우리에서 평지로 타고 흐르는 능선도 완만한 것은 아니다.[2] 그러나 역시 이언적은 독락당에서 보여준 탁월한 건축의 기교를 향단에서도 유감없이 보여준다.

먼저 이언적은 이 땅을 고르고, 서에서 동으로 흐르는 주된 능선을 남으로 꺾어서 밋밋한 능선에 파격을 주고 싶었을 것이다.[3] 그렇다면 맞배면이 외부에서 보이는 것은 과도하고, 그렇다고 단일한 박공면이 불쑥 얼굴을 들고 서 있는 것은 땅의 성격이 허락하지도 않거니와 야트막한 산들과 조화되지도 않을 것이다. 생각하건대 이언적은 아마 그 정도에서 땅과 집에 대한 고민을 접고 이 집이 어떤 집이어야 하는지에 대해 고민하기 시작했을 것이다. 그리고 집의 성격에 대해 고민하던 중에 자연스럽게 땅의 문제와 집의 문제를 동시에 생각하게 되었을 것이다. 바로 이 부분에서 이언적은 저 독락당 시절의 배움을 떠올렸을 것으로 추정된다.

흔히 우리는 가택 풍수상으로 향단은 '日' 자형 평면에 긴 행랑이 앞에 자리하면서 결국은 '巴' 자에 해당하는 평면을 가지고 있다고 안다. 그러나 향단은 전체적으로 '用' 자형 평면이다. 아마 의아해할 것이다. 실제로 향단은 '巴' 자가 설득력이 있어 보인다. 그러나 '巴' 자로는 향단의 세 개의 박공면이 해석이 안 된다. 평면적으로는 합당하지만 입체적으로는 확연치 않다. 그렇다면 '用' 자 형국은 어떻게 향단을 설명할 수 있는가?

우리 건축은 상징을 통해 공간을 무한으로 확장하는 특색이 있다. 거대한 돌산 꼭대기에 부처의 얼굴 하나를 조각해 산 전체를 정토로 상징화시킨다든가, 돌계단의 난간에 구름 문양을 조각해 문 안과 문밖을 피안과 차안으로 나눈다든가, 하는 방법들이 그것이다. 그런 의미에서 향단의 세 개의 박공은 보이는 부분에서 끝나 있는 것이 아니라 '勿' 자 형국의 산세를 지나 안강평야로 무한히 확장하고 있다고 보아야 한다. 독락당에서 담을 없애고 독락당의 공간을 사산으로 확대시킨 것과 같은 수법이다. 그래서 향단의 세 개의 박공은 '用' 자에서 아래로 삐쳐 나온 세 개의 획이며 동시에 북서에서 남동으로 흐르는 산세를 남으로 방향을 다시 잡아 흐르게 하는 상징적인 산세를 구현한다. 이런 상징적인 산세를 집에 적용한 이유는 당연히 마을 초입에서 느낄 수 있는 강한 인상을 노렸던 것이리라. 그렇다면 왜 하필 '用' 자인가? '用' 자는 '일日' 과 '월月' 을 합친 글자이다. '日', '月' 은 글자를 조합하면 명당明堂이 되고 글자를 합쳐놓으면 '용用' 자가 되는데 '용用' 자는 '쓰이다' 는 글자의 뜻이 말해주듯이 세력勢도 얻고 있어, '용用' 자 형국의 집은 소위, 형과 세를 두루 갖춘 가상이다. 『삼국유사』에 나오듯이 석탈해가 남이 살던 집에 몰래 숯을 묻어두고 자기 집이라고 우겨 빼앗은 월성 터가 바로 잘 알려진 '用' 자 형국의 명당이다.

그러니까 회재는 참 이상하게 자생 풍수를 변용한 것이다. 원래 자생 풍수에서 좋지 않은 터를 잡는 이유는 거기에 건축으로 보호하고자 하는 의미가 크다. 티베트 불교나 남방불교에서 전염병이 돌거나 마을에 큰 우환이 있을 때 큰스님이 스스로 미라가 되어 자신을 부적으로 삼는 경우가 있는데, 이것이 우리나라에서는 건축적으로 쓰여 자생 풍수의 모습으로 나타난다. 그러니까 자생 풍수의 가장 큰 의미는 대사회적인 보시라는 의미가 크다. 당연히 좋지 않은 터에 집을 짓자니 여러 가지 건축적인 장치가 발달했다. 이언적은 험한 땅에서 적응하는 방법을 자생 풍수에서 가져오고, 거기다가 자신의 건축적 욕망을 구현했다. 그것이 바로 가상학이고, 이것은 좌향을 중시하는, 이른바 이론 풍수라고 하는 중국 풍수다. 터

세 개의 박공이 무한히 확장할 때 향단의 평면은 巴가 아닌 用이 된다.

는 자생 풍수로, 집은 중국 풍수로 적용했던 것이다.

이언적은 자신이 정계에 복직한 마당에 다시 또 쓰라린 인생의 맛을 보고 싶지 않았을 것이고, 그런 염원으로 유자의 몸으로, 미혹하는 학문이라는 풍수의 가상학을 자신의 집에 과감하게 적용했을 것이다. 그래서 향단의 공간은 '用'자형이라는 큰 덩어리를 전제하고 거기에 세부적인 기능들을 짜 맞춘 집이 된 것이다. 순서는 이렇다. '用'자형의 가상을 정하고 거기에 따르는 터와의 불협화음을 자생 풍수의 방법으로 극복한 것이다. 이는 당시로서는 대단한 파격이었다. 세종 때 생활하수로 오염된 청계천을 두고 내명당수가 흐려지면 국운이 쇠퇴한다는 풍수적 관점에서 지금의 옥인동 근처에 거대한 못을 파서 생활하수를 모아 자연 정수를 한 후 청계천으로 흘리자는 대단히 획기적인 안이 나왔다. 그러나 이 안은 풍수 같은 미신을 믿고 그런 거대한 토목 사업을 시작하는 것은 백성들을 괴롭히는 일이라는 반론에 부딪친다. 그 결과 내명당수 운운하는 대신들은 모두 유자의 신분으로 백성들을 미혹한다는 이유로 철퇴를 맞았다. 그만큼 풍수는, 주자성리학이 유효한 정치 이데올로기로 작용하고 있던 시대의 이단이었다. 조선 유학의 주리론의 선구자였던 이언적이 그런 풍수를 자신의 회심의 건축 사업의 주요 개념으로 삼았다는 것 자체가 파격이었고, 또 그래서 '用'자 형태를 미리 만들고 그 안에 실들을 맞춰 넣는 건축 방법도 우리 건축에서는 전에 없던 일이었다. 향단은 우리 건축에서 그런 파격을 이루고 있는 집이다.

향단의 중심인 안채이다. 중정 건너편에 사랑채가 있다.

안채와 달리 사랑채로만 본다면 행랑채의 정면성과 더불어 또 하나의 정면성을 가진다. 독락당이 안채와 별개로 독립적인 것과 비슷하다. 안채와 분리된 사랑채와 행랑채는 관 업무를 보기 위한 향단만의 독특한 건축물인 것이다.

은유와 상징의 집

독락당에 이어 이언적의 두 번째 작품인 향단은 한국 건축에서는 유일하게 조각하듯이 건축된 특이한 예이다. 사실 한국 건축은 서양 건축처럼 돌을 쌓아 올리거나 벽돌을 쌓아서 빈 공간을 만들어내는 것이 아니라 기다란 목재를 가로세로로 엮어서 공간을 만들어낸다. 서양의 건축이 공간을 구성한다면, 한국은 공간을 직조織造해낸다고 하는 편이 더 적확하다. 그래서 한국 건축에서는 공간의 성격과 그 구분이 모호해지는 것이다. 따라서 건축을 하나의 오브제로 파악하는 서양 건축의 소조성과 조각성의 특질에서 한국 건축은 벗어나 있다. 건축의 소조성塑造性이란 진흙을 덧붙여서 형상을 만지듯이, 공간을 만들어나가는 방법이고, 조각성彫刻性이란 돌을 깎아내듯이, 파들어가듯이 하여 공간을 만들어나가는 서양 건축의 두 가지 큰 갈래를 말한다(흔히 우리가 미술에서 '조각'이라고 말할 때는 이 두 가지 개념을 섞어서 사용한다. 그러나 엄밀하게 얘기하면 조소彫塑라고 불러야 마땅하다). 그래서 서양 건축에 있어서 형태는 그대로 세계를 인식하는 방법의 차이를 드러낸다. 이는 오브제 자체보다는 대상들 사이의 관계 맺음에 전력하고 있는 한국 건축의 입장과 사뭇 다르다. 한국 건축에 있어서 대상은 관계 속에 놓일 때 그 의미가 나타난다. 내가 말하는 관계라는 것이 성리학에서 얘기하는 리理이든, 기氣이든 한국 건축에서의 '관계'라는 개념은 모든 대상들의 의미를 드러내는 중요한 동인이다.

한국 건축은 그 관계 속에서 은유와 상징을 직조해낸다. 향단의 공간이 우리에게 불편함을 주는 것은 그 직조를 너무 숨 가쁘게 짜나가고 있기 때문이다. '用' 자의 평면을 이미 상정하고 공간을 짜나가는 조소적 건축 방법을 채택함으로써 향단의 씨줄과 날줄은 사람을 압박한다. 거기에는 경사지에 자리했다는 점도 빼놓을 수 없는 이유로 작용한다. 이언적은 이 경사지를 행랑채와 안채를 시각적으로 완벽하게 차단하는 데 있어 극단적인 수법을 보여준다. 향단의 행랑채와 안채는 안채의 마루높이까지 합하면 약 2미터의 고저 차를 갖고 있다. 더군다나 2미터의 고저 차를 지나는 통로는 고작 두 사람이 지나다니기도 빠듯한 폭이다. 그래서 행랑에 난 대문을 열면 절벽이 눈앞에 나타나고 중문이 그 위에 있는데 이상한 것은 중문으로 접근하는 길이 없다. 그러니까 향단의 안채는 공중에 놓여 있는 것과 마찬가지이다. 안채가 공중에 놓여 있으니 자연히 내려오는 길이 없다. 그러나 과연 길이 없을까?

　이 집의 미로를 푸는 열쇠는 독락당에 있다. 독락당은 사랑채로 들어가는 문과 행랑 마당으로 들어가는 문이 'ㄷ' 자로 나누어져 있다. 그러면 이제 다시 향단의 대문을 보자 향단의 대문은 독락당의 'ㄷ' 자 대문을 'ㅣ' 자로 펼쳐놓았다. 대문으로 들어가자마자 오른쪽으로 한 바퀴 돌면 사랑채로 가는 문이 있고, 직각으로 진행하면 행랑채의 대문이 나온다. 독락당의 사랑채와 계정이 안채와 완전히 분리되어 있듯이 향단의 사랑채도 안채와 완전히 분리되어 있다. 그러니까 향단에 있어서 행랑채에 난 대문은 상징적인 문에 불과하다. 이 집의 주 출입구는 사랑채로 올라가는 좁은 계단이지, 우리가 흔히 상식적으로 생각하듯 행랑채의 대문이 아니다. 향단에 있어서 행랑채는 살림집의 행랑이 아니었던 것이다.

　향단은 어머니와 동생을 위해 지은 집으로 널리 알려져 있지만 사실 이언적은 거기에 관청의 기능을 하나 더 추가했다. 경상감사로서의 직무를 고향 동리에서도 볼 수 있게끔 살림집에 특이하게도 관청의 기능까지 고려해서 설계했던 것이다. 물론 향단에서 볼 수 있었던 업무는 대개 공식적인 것은 아니었을 것이다. 그러나 그렇다 하더라도 본청의 사람들이 꾸준히 드나들었을 것이고, 향단의 행랑채는 그래서 살림집에 딸린 기능이기보다는 주로 관청의 기능까지 담당했던 사랑채를 위한 기능이었다고 보아야 한다. 그래서 향단의 사랑채의 입면은 또 하나의 정면성을 가지게 되는 것이다. 그러고 보면 길의 흐름상 향단은 관 업무를 위한 행랑채와 부엌의 기능이 하나로 묶이고, 안채를 중심으로 한 길이 존재하며, 사랑채와 관청의 기능이 또 하나로 묶일 수 있는 세 가지 길을 갖고 있다. 향단의 안채는 사랑채의 마당으로 드나드는 특이한 집인 것이다.

앞에서 얘기한 행랑채와 안채의 과격한 고저 차는 관 업무를 위한 행랑채의 분주함에서 안채를 보호한다. 같이 동행한 필동 건축주는 "대청마루에서 시어머니와 며느리가 같이 고스톱을 쳐도 행랑채를 오가는 사람들은 전혀 모르겠네요"라는 말로 간단히 그 공간을 정리했다. 김봉렬이 말한 '며느리의 한숨 소리'를 이렇게도 달리 읽을 수 있다. 나는 슬쩍 그를 떠보았다. "이 집이 마음에 드세요?" 그는 고개를 저었다. 너무 강한 상징성 때문에 은유가 가진 인식의 확장을 잃어버린 것은 아닐까? 나는 향단을 나오면서 땅을 읽는다는 것은 정말 어려운 일이라는 생각이 새삼스럽게 들었다. 문맥을 깨뜨리면서도 격을 갖추기가 저렇게 어렵구나, 라는……

모든 면에서 파격을 이룬 이언적의 향단과 같은 예는 한국 건축사에서 이전에도 이후에도 그 예를 찾아보기 어렵다. 그러나 이언적의 일생은 유자의 신분으로 집에 '用'자형 평면을 구사하면서까지 회심을 꿈꾸었던 그의 바람대로 이루어지지 않았다. 또다시 그의 풍운이 시작된 것이다. 인종이 죽자 12세밖에 안 된 경원대군이 왕위를 이으면서 8년 동안 모후 문정왕후의 수렴청정을 받아야 했다. 문정왕후가 수렴청정으로 왕권을 대신하게 되자 조정의 대세는 윤원형 일파에게 돌아갔다. 김안로에게 배척당한 지 실로 십수 년 만의 복원이었다. 그는 중종 시대부터 장경왕후의 오빠 윤임 일파와 왕위 계승권을 둘러싸고 치열한 다툼을 벌이고 있었다. 이언적이 독락당에서의 은거를 끝내고 경상감사가 되었을 때가 윤임이 득세한 때였다. 그러나 명종이 즉위하고 문정왕후가 수렴청정을 하게 되자 사태는 반전되었다. 윤원형은 명종이 즉위하자마자 곧바로 윤임 세력의 제거 작업에 착수했다. 윤원형은 윤임, 유관, 유인숙 등을 사사하고 사림 세력들을 유배시켰다. 이것이 바로 명종 즉위년인 1545년에 일어난 을사사화이다. 그리고 다시 윤원형은 을사사화 때 미처 제거하지 못한 정적들을 제거하기 위해 다시 양재역벽서사건을 일으켜 또다시 사림 세력 20여 명을 유배시켰다. 참으로 가혹한 정치 보복이다. 이때 이언적도 강계로 유배를 당하여 거기서 파란 많은 일생을 마감한다. 향년 64세였다.

칼빛 방울 소리
산천재山天齋

　남명南冥 조식曺植(1501~1572)을 만나러 가는 길이다. 그동안 두 번이나 지리산행을 시도했지만 그때마다 폭우와 태풍으로 인해 번번이 돌아서야 했다. 유난히 태풍이 잦았던 올해 여름은 나의 지리산행을 쉽게 허락하지 않았다. 그러더니 문득, 가을이다. 투명한 햇빛이다. 가을의 길은 거의 유혹이다. 우거진 나무들 사이로 구부러져 있는 길은 맑은 물에 풀어진 한 방울의 잉크처럼 알려지지 않는 영원으로 간다. 가을의 빛은 숲을 더 정교하게 만들고, 사람들의 얼굴을 아름답게 만든다. 하다못해 서울의 산들을 가리고 있는 저 흉측한 빌딩들마저 가을의 빛은 마치 자연의 모습처럼 보이게 하는 놀라운 힘을 가지고 있다. 도시의 하늘 위로 우뚝우뚝 솟아 있는 저 빌딩들은 거대한 주상절리처럼 강렬한 가을빛으로 인해 완전히 다른 몸을 입고 있다. 더욱 구체적이면서 추상화되고 있었다.

　빛은 건축의 영혼이다. 그때 나는 그렇게 중얼거리고 있었다. '진주라 천 리 길'이라고 했던가? 정말 그랬다. 9백 킬로미터 정도였으니까 딱 천 리가 되는, 나무들은 저희들의 몸을 물들이고, 길은 소실점으로 사라지고 있었다.

산천재가 있는 덕산에 가려면 산청과 안의를 지나쳐야 한다. 산청과 안의라는 지명에는 희한한 일화가 있다. 원래 산청과 안의의 원지명은 산음山陰과 안음安陰이었다. 그런데 어떻게 된 일인지 이 지방에서 일곱 살 된 계집아이가 아이를 낳는 이변이 발생하게 된다. 그것이 영조 43년이라고 『한국 지명 총람』에는 기록되어 있다. 실제로 『이조실록』에도 같은 내용이 적혀 있으니 사실은 사실인 모양이다. 이런 해괴한 일을 그냥 넘길 옛사람들이 아니다. 지금 같으면 의학계의 비상한 관심이 집중되었겠지만 당시에는 왕명으로 이름을 바꾸도록 지시한다. 지명에 붙어 있는 '음陰' 자가 이런 변괴를 가져왔다고 생각한 것이다. 그래서 산청山淸과 안의安義로 이름을 바꾸었으니 지금 생각해보면 전혀 엉뚱한 대책처럼 보이지만 여기에는 간과할 수 없는 까닭이 자리하고 있다.

일곱 살 어린애가 아이를 낳은 변괴를 '청淸'과 '의義' 자로 치유하려고 했다는 것은 다분히 주술적인 의미가 있는 방책이다. 그러나 격물格物을 중시했던 당시의 성리학적 엘리트들이 순전히 주술적 의미로써의 이름 바꾸기를 했을 리는 없다. 우리가 우리의 문화를 이해하는 여러 흔한 오류 중에 한 가지가 바로 이런 샤머니즘적 이해다. 그렇다면 우리뿐만이 아니라 세계 전역에 퍼져 있는 샤머니즘과 우리의 그것이 서로 갈라지는 다른 점은 무엇인가?

우리의 자연관은 다 알다시피 자연을 유기적으로 인식하여 하나의 생명체로 이해한다. 그러나 우리에게 있어 자연은 인간과 한 몸을 이루는 그런 유기체는 아니다. 흔히 인간과 자연의 동일화로 오해하는 우리 자연관의 신비적 관점은 수정되어야 한다. 어쩌면 우리의 자연관은 오히려 자연을 정복의 대상으로 삼는 데 있어 불행하게도(?) 서양의 그것과 흡사하다. 그리고 어떻게 정복하느냐의 문제에서 다행하게도 서양의 그것과 크게 달라진다. 쉽게 말하면 자연을 건드리지 않고 자연을 이용하는 방법이다. 손 안 대고 코 푸는 격이라고나 할까? 따라서 서양 건축에서는 철저히 오브제로서의 건축이 중요해진다. 그래서 서양 건축에는 로마네스크니, 고딕이니, 로코코니, 바로크니 하는 양식사적인 건축의 변화가 비교적 뚜렷하게 구분될 수가 있는 것이다. 반면에 우리 건축은 사실 양식사적인 구분이 되지 않는다. 다포니, 주심포니, 익공이니, 수서니, 앙서니 하는 양식의 구분은 하고 있지만, 엄밀히 말해서 그것들을 양식사로 분류하기에는 일정한 무리가 따르는 게 사실이다. 그것들이 어떤 사회경제사적인 의미를 갖고 이루어진 것이 아니고, 심지어는 시대 구분 없이 통시대적으로 쓰이고 있다. 일정한 양식의 변천과 사회경제사적 의미를 연관시킬 수 없다는 것은 서구적인 시각에서는 분명 난점이다. 그러나 그것이 바로 한국 건축사뿐만이 아니라 한국사, 더 나아가서는 철학을 포함한 한국학의 특수성임을 인식해야 한다. 서구의 시각으로는 도저히 풀리지 않는 수수께끼가 있다.

건축, 철학의 몸

이 여행을 시작하면서 나에게는 일단, 그 수수께끼에 대해서 해답을 내려야 한다는 강박증이 있다는 사실을 고백하지 않을 수 없다. 왜냐하면 이 여행은 그 해답을 찾아가는 과정이기도 하지만 더 정확히는 그 해답을 증명하는 과정이기 때문이다. 그렇다면 내가 가지고 있는 해답은 무엇인가? 더 정확히는 가설은 무엇인가? 그것은 바로, 한국 건축사는 양식사가 아니라 정신사로 읽어야 한다는 것이다. 즉, 한국 건축사는 당대의 지배 이념과 밀접한 관계 속에서 변화한다는 것이다. 그럼 그 변화는 우리 건축물의 어디에서 나타나고 있는가? 나는 분명 양식적인 변화에서는 찾아볼 수 없다고 단언했다. 그 말은 건물 자체에서는 찾아볼 수 없다는 말이 된다. 이게 무슨 말인가? 건축의 역사를 건물에서 읽을 수 없다니. 그렇다. 앞에서도 얘기했지만 서양 건축은 건물 자체가 하나의 오브제가 된다. 그래서 마치 서양 미술사가 각 시대의 작품을 텍스트로 쓰듯 건축물 자체가 중요한 텍스트가 된다. 그리고 그 건물이 들어서는 자연을 이용하는 방법에 있어서도 다분히 인간의 논리를 자연에 강력하게 투사하게 된다.

근대건축의 장을 열어놓은 프랑스의 거장 르코르뷔지에에 의해 서양 건축의 모범 답안으로 제시된 그리스의 파르테논을 봐도, 작열하는 지중해의 햇빛을 한 몸에 받으며 흰 대리석으로 아테네의 가장 높은 언덕에 장엄하게 서 있다. 그렇듯이 서양의 도시들은 모두 자연과 인공의 확연한 구분을 가지고 그 대비를 강조한다. 그것은 중국의 경우도 마찬가지이다. 도시라는 것이 어차피 많은 인구를 수용해야 한다는 당위를 가질 때 그렇게 보이는 것은 아주 상식적인 일인 것이다. 그러나 우리 건축은 그렇지 않다. 상식적이지 않다. 한국의 건축은 항상 자연 속에 묻혀 있고 싶어 한다. 조건이 그렇지 못할 때는 일부러 나무를 심어 그렇게 보이도록 하고, 심지어는 돌을 쌓아 그렇게 만들기도 한다. 도시도 마찬가지다. 항상 주변의 산들을 덮고 있어야 안심을 한다. 그것이 풍수고, 우리 자생 풍수의 대문을 들어서 정면으로 보이는 것은 산천재가 아닌 지리산과 천왕봉이다.
동으로 동재와 대문으로 경계를 지었지만 서로는 지리산과 천왕봉까지 품는 큰 집이 산천재이다.

비보裨補적 의미이다. 어떻게 하면 자연을 닮느냐 하는 것이 한국 건축의 풍수다. 왜냐하면 동양철학에서 자연은 그 자체로 안정(자연스러움)을 이루고 있다고 생각되기 때문이다.

근자에 많은 풍수 논쟁이 있었고, 그 열기도 이제는 한풀 꺾인 감도 있지만, 사실 건축에 있어서 일반인들이 생각하는 명당은 미안하지만 존재하지 않는다. 후손들에게 복을 주고, 그 자리를 타고 앉기만 하면 무조건 심히 창대해지는 그런 자리는 없다. 나는 술법 풍수도 반대하지만 지세를 의생물화하는 형국론形局論에 대해서도 반대한다. 산과 들의 모양을 두고 봉황이 하늘에서 내려와 날개를 휘감은 형상이라느니 하는 등등의 형국론은, 마치, 흘러가는 구름을 보며 저것은 토끼다, 아니다, 가위다, 하는 식의 의미 없는 장난에 지나지 않는다는 것이 내 생각이다. 몇 년 전부터 전원주택 붐이 일면서 사무실을 찾아와 설계를 의뢰하는 분들이 가장 많이 하는 주문이 '전망 좋게' 해달라는 것이다. 말하자면 '전망 좋은 방'을 원하는 것인데, 그래서 그분들과 함께 잡아놓은 땅을 보러 가면 역시 볕 잘 들고, 전망이 탁 트인 야산이나 논 아니면 밭인 게 대부분이다. 그러나 죄송하지만 이런 땅은 음택에 적당한 땅이다. 그런 땅에 양택을 지으려면 오히려 탁 트인 전망을 적당히 가려줄 필요가 있다. 탁 트인 전망은 하루 이틀 보기에는 좋지만 그 집에서 평생을 살 작정이라면 그 좋은 전망이 나중에는 허虛하게 느껴져 푸근한 맛을 잃게 되어 도리어 몸과 마음에 해가 된다. 그것은 차만 타면 잠을 자는 사람도 조수석에 앉으면 쉽게 잠을 청하기 어려운 것과 같은 이치다. 왜냐하면 눈에 보이는 게 너무 많기 때문이다. 외부의 풍경이 너무 많으면 내면의 풍경을 잃게 된다.

그 탁 트인 전망을 편하게 방 안에서 즐기려고 하는 현대인들의 무지가 '전망 좋은 방'을 양산한다. 그것이 주택이라면 방의 성격에 따라, 그리고 그것이 콘도미니엄이라면 그 건물의 용도에 따라 물론, 전망을 강조할 수는 있다. 그러나 그 열고 닫음에 있어서 그 자리의 지형과 지세를 깊이 있게 읽을 필요가 있다. 그다음에 전망은 마당의 어느 부분에서, 아니면 실내의 어느 부분에서 강조하면 되는 것이다. 그것은 도심에서도 마찬가지이다. 단지 도심에서는 전원의 산세가 주변의 집들로 바뀔 따름이다. 이것은 흔히 콘텍스트context라고 얘기되는 서양 건축의 방법과도 비교가 되지만 서양의 그것이 건물의 재료와 색, 그리고 형태라는, 요소에 지나치게 경도되어 있는 반면 우리의 풍수는 보다 입체적으로 건물보다는 건물이 자리한 주변과 관계를 맺는다는 점에서 서양의 그것과 미묘하게 갈라진다. 그러니까 우리 건축은 명당을 골라 집을 앉히는 것이 아니라 그저 필요한 곳을 택해 자연의 모자람을 건축적으로 보충해서 결국 자연과 강하게 결구된다. 그럼으로 해서 건축이 자연을 망치는 것이 아니라 오히려 건축이 자연을 보補하게 한다. 자연과 인공의 대치라는, 인류가 문명을 이루기 시작하면서 부터 갖고 있는 영원한 숙제를 우리 전통 건축은 이렇게 극적으로 극복한다.

자연과 건축의 결구

그리고 여기에 앞서 얘기한 수수께끼의 해답이 있다. 나는 분명 한국 건축사는 양식사로 풀 수 없는 난제가 있다고 했다. 그 난제를 풀기 위하여 우리는 양식의 변천사라는 서구적인 잣대를 버리고, 건물의 배치에 주목해야 한다. 해답은 이것이다. 사실 우리의 전통 건축을, 건물을 이루는 요소로 치환해서 뜯어보면 거의가 다 비슷비슷하다. 이 건물이 저거 같고 저 건물이 이거 같다. 단지 장인의 솜씨에 의해서 그 수공예적인 품격이 차이 나는 정도일 뿐이다. 뿐이다라고 얘기했지만 그 솜씨라는 것도 나 같은 무딘 이가 감히 재단할 수 있는 성질의 것은 아니다. 누구는 무량수전의 배홀림기둥을 붙잡고 울었다지만 나는 울 정도의 혜안은 없어서 단지 무릎에 힘이 빠지는 절망감 같은 것을 느꼈다. 왜냐하면 나도 건축가이기 때문에. 시쳇말로 나도 한 예술 한다고 자부하는 놈인데, 도저히 그런 완벽함은 상상도 해보지 못한 것이었으므로. 도저히 뛰어넘을 수 없을 것 같은 벽을 느꼈다. 무지하게도 생전 처음으로. 열등감조차 느끼지 못하게 하는 그…… 완벽! 완벽! 완벽!

이야기가 샛길로 샜지만, 무량수전 얘기는 나중에 또 하기로 하고, 아무튼 우리 건축은 건물을 이루고 있는 요소보다는 건물과 건물의 관계와 건물과 자연의 관계 속에서 사적 맥락을 짚어야 한다. 건물 하나의 요소보다는 건물들이 자리하고 있는 복잡성을, 그 복잡성이 드러내고 있는 자연관을 추적해야 한다는 것이다. 자연을 즉자적으로 인식하는 기본적인 인식은 우리 건축에 면면히 흐르는 공통분모지만 자연을 이용하는 방법에 있어서는 시대별로 조금씩 차이가 있다. 당연히 그 차이는 당대의 정신사를 이루는 다양한 사상사와 그 흐름을 같이한다. 자연과 문명의 극적 일치가 철학적 건축, 혹은 철학의 몸으로써의 건축이라는 세계 건축사에도 유례없는 예를 남긴 것이다.

그러나 분명 이 황홀한 여행에는 많은 장애가 존재한다. 그중에 가장 치명적인 것이 우리 전통 건축물들이 거의가 목재였다는 것이다. 이 땅이 수많은 외침에 시달렸다는, 다 아는 사실대로 그 전란 속에 많은 건물들이 소실되어 15세기 이전의 반가(고려 때는 장원이었겠지만)는 추적하기 어렵다는 한계가 있다. 그래서 이 여행은 사대부의 집들을 중심으로 살필 수밖에 없고, 그나마 분단 상황으로 인해 내가 가장 존경해 마지않는 화담의 유적을 비롯한 황해도 일대를 둘러볼 수 없다는 것 또한 유감일 수밖에 없다. 그러나 조선 시대는 우리 사상사에서 가장 인본주의적인 사고가 승한 성리학적 바탕 위에 성립되었던 시기이고, 그로 인해 가장 밀접하게 건축이 철학에 복무했던 절정기였다.

남명을 찾아가는 가을빛 속에서 떠오르는 여러 번잡한 생각들이, 국도 위에서, 달리는 차에 치어 포가 되어버린 산짐승들의 주검을 보는 순간 하얗게 사라져버린다. 우리의 국토를 거미줄처럼 종횡단하는 도로망도 중요하지만 저 죽어가는 생명들도 같이 생각해야 하지 않을까? 그 생명들을 위한 길을 만드는 작업을 고려해야 할 때다. 인간을 위한 녹색운동은 그들이 암만 자연을 걱정한다 하더라도 생태계에 아무 도움이 안 된다. 댐을 반대하는 것보다 저것들을 먼저 살려야 하지 않을까? 인간의 길을 만들기 위해 동물과 식물의 길은 무지막지하게 잘라버리는 저 무지. 우리는 인간의 미래뿐만이 아니라 다른 생물의 미래까지도 생각해야 한다는 『기생수』의 만화가 이와아키 히토시의 메시지가 불현듯 생각났다. 산청까지 가는 국도 위에서 벌써 여덟 마리째다.

대문을 들어서면 산천재와 동재는 모두 우측으로 치우쳐 있고,
담 없는 왼쪽으로 덕천강이, 정면으로는 지리산이 보인다.

산천재 가는 길에

남쪽으로 계속 해를 바라보며 길을 달렸더니 제일 먼저 몸보다 눈이 쉬 피로해진다. 남명 조식이 그의 만년인 58세에 정착한 산천재를 찾아가는 이번 답사는 나와 파트너십으로 일하고 있는 임형남 소장이 동행했다. 마침 임 소장이 설계하는 주택 일이 지리산 초입인 청내골에 진행 중이라서 그 현장 상황도 살필 겸 같이 나서게 된 것이다. 그러나 미안하기 짝이 없는 노릇이었다. 왜냐하면 나는 얼마 전까지 운전면허가 없었기 때문에 전적으로 운전은 임 소장이 맡았기 때문이다. 말이 나왔으니 말이지 운전면허가 없다는 사실은 20세기를 사는 생활인으로서 많은 편견(?)을 받고 산다는 말과 같은 의미를 가진다. 직장에서는 귀찮은 혹 취급을 받아야 하고(왜냐하면 출장 가는 일이 있을 경우, 꼭 동행할 필요가 없음에도 불구하고 이번처럼 운전면허 소지자를 대동하고 다녀야 하기 때문이다. 따라서 나는 다른 사람의 업무를 방해하는 훼방꾼이 되어버린다), 가정에서는 면허 소지자인 아내의 불평과 불만을 고스란히 감수해야 하며(특히 명절 같은 경우 귀향 인파들 속에서 아내는 운전자의 피곤함과 며느리로서의 차례 준비 등 가사 노동자의 피곤함이 한꺼번에 겹치게 된다), 친구들에게는 자신들을 운전자로 마구 부려먹는 아무 생각 없는 놈쯤으로 인식되기 일쑤이다. 더군다나 문제는, 이 모든 편견들이 사실은 모두 정당한 견해들이라는 것이다. 솔직히 말하면, 나는 어느 정도는, 운전면허가 없다는 이유로 주위의 사람들을 선배, 후배, 가족, 친구 할 것 없이 괴롭혀온 게 사실이다. 그들은 시도 때도 없는 내 요구에 고맙게도 자신들의 차를 끌고 나왔고, 기름값도 자신들이 지불했으며, 운전 중에도 운전자의 피곤함은 아랑곳하지 않고 잠만 자는 내 무례함을 참아주었다.

그런데 내가 결혼하면서부터 나의 모든 무례에 아내가 교정을 가하기 시작했다. 남의 차를 얻어 타는 내 버릇은 지금까지도 여전하지만, 아내의 말인즉 면허가 없는 것은 어쩔 수 없지만 적어도 차를 얻어 타는 사람으로서, 운전자의 피곤함 정도는 배려할 줄 알아야 한다는 거였다. 맞는 말이었다. 그러고 나서 떨어진 아내의 요구는 절대 운전석 옆에서 자지 말라는 거였다. 그러나 그건 정말 어려운 일이었다. 나는 어려서부터 차멀미를 심하게 했고, 자라서는 멀미 대신에 차만 타면 기절해서 자는 버릇이 있었기 때문이었다. 그래서 일부러 집과 직장이 한 시간 반 이상 떨어진 곳을 선호한 경우도 있었으니, 모두 다 야근이 많은 설계 일에서 오는 모자란 잠을 차 안에서 보충하겠다는 나름대로의 계산이었던 것이다. 집이 가까워봤자 집에서 자는 시간은 아무래도 일정하기 마련이고, 특히 차 안에서 밀려오는 나른한 잠은 정말 꿀맛이기 때문이었다.

한번은 비가 오는 자유로를 달릴 때였다. 차 안에 습기가 차서 아내가 휴지로 차의 앞 유리를 닦아달라고 했다. 내가 보기에도 시계가 엉망인지라 나는 휴지를 뽑아 들고 열심히 앞 유리를 닦았다. 닦고 나니 비 오는 자유로의 풍경이 깨끗하게 드러나면서 기분도 좋아졌다. 그때 아내의 호통 소리가 들렸다. 운전자가 잘 볼 수 있게 닦아야지 자기 앞에 유리만 잘 닦으면 뭐하냐는 것이었다. 그런 일은 수시로 있었다. 좋은 경치에 대한 감탄도 아내의 눈치를 봐야 했고, 차 안에서 이루어질 수 있는 온갖 심부름을 다 해야 했다. 그러면서 나는 운전자와 동승자는 다 같이 자동차 안

남명이 심은 매화라 해서 남명매라 불리는 꽃이 피는 3월,
덕천강과 지리산까지도 산천재로 안았던 남명의 호연지기가 유독 더 크게 느껴지는 때다.

전을 위해 노력해야 한다는 것을 깨달았다. 자동차의 안전은 핸들을 잡은 사람의 힘만으로 이루어지는 것이 아니라는 걸 깨닫는 순간, 동시에 자동차에 대한 진정한 공포가 밀려왔다. 면허가 있다는 것은 곧, 자동차를 운전할 경우가 생긴다는 것이고, 그것은 사고의 경우도 따를 수 있다는 말이 아닌가? 소유하지 않는 자유가 있다면 나는 운전면허를 가지지 않겠다고 마음먹었다. 그러나 운전의 행위도 가장으로서의 책임 중에 하나라면, 마냥 아내에게 그 책임을 전가하는 것도 옳은 일은 아니었다. 그래서 물론 지금은 면허를 가지고 있지만 겨우 일산 시내에서 운전하는 정도일 뿐, 이런 장거리에는 아직 익숙하지 못하다. 그러나 임 소장은 졸린 기색 하나 없이 의연하다. 내가 감탄하자, 자신은 이제까지 낮잠을 자본 적이 없다고 하니 그 또한 놀라운 일이다. 어떻게 그럴 수 있느냐고 하자, 자신의 큰딸도 그렇단다. 때와 장소를 불문하고 머리만 닿을 곳이 있으면 잠들어버리는 나 같은 사람으로서는 상상도 할 수 없는 일이다.

그러니까 나에게 있어 차를 타고 하는 여행은 과정이 사라져버린 목적지와 목적지의 기억밖에 없는 것이다. 점과 점의 기억밖에 없는 여행은 과정으로써의 장소에 대한 스크래치가 이루어지지 않음으로 오래 기억되지 않는다. 문명의 이기가 발달할수록 빠른 교통수단이 그런 스크래치를 없애는 것은 불행한 일이다. 아마도 가장 빠른 교통수단이 말이었던 남명의 시대에는 그런 장소의 스크래치가 무수히 일어났을 것이다. 더군다나 그 시대의 유람은 기생을 앞세우며 악사까지 동원되었다고 하니 그 느림은 이루 말할 수 없었을 것이다. 그럼에도 불구하고 남명 조식은 생전에 지리산을 열두 번씩이나 올랐고, 말년에는 아예 지리산 천왕봉이 바라보이는 덕산의 덕천강가에 산천재를 짓고 후학들을 가르쳤다.

칼빛, 방울 소리

덕산이 가까워지자 마을의 집들이 아주 특이한 모습을 하고 있다. 집들의 옥상마다 기둥만 세우고 그 위에 지붕을 얹은 구조물들이 즐비하게 눈에 띄었다. 그 모양도 자세히 보니 아주 다양하다. 나무 기둥인 것, 쇠파이프인 것도 있고 어떤 것은 아예 유리로 이루어져 있는 것도 있다. 사방이 유리로 덮여 있는 것은 창틀들이 흡사 해체주의 건축의 작품처럼 비정형적으로 조금씩 어긋나서 잇대어 있다. 저게 무엇이냐고 물으니 몇 번 와본 경험이 있는 임 소장이 감을 말리기 위한 용도라고 설명한다. 지금은 텅 비어 있지만 깊은 가을이면 곶감을 만들기 위해 걸어놓은 감들로 마을 집들의 옥상이 빨갛게 깎은 감들로 장관을 이룬다고 한다. 과연 그럴 것 같았다.

  산천재는 그런 집들이 모여 있는 길가에 있었다. 좀 특이한 위치였다. 대부분의 반가들은 마을 깊숙이 자리 잡고 있는 게 보통이고 서원들도 이렇게 한길가에 있는 경우는 드물었다. 정자라면 모를까? 남명은 화담과 함께 처사형 사림의 대표적 인물이다. 남명과 화담이 살았던 16세기는 사화의 시대였다. 화담이 10세 되던 해인 연산군 4년(1498)에 김종직 문하의 수많은 사림들이 해를 입은 무오사화가 일어났고 남명이 4세 된 연산군 10년(1504)에는 갑자사화가 일어났으니 어린 시절부터 죽을 때까지

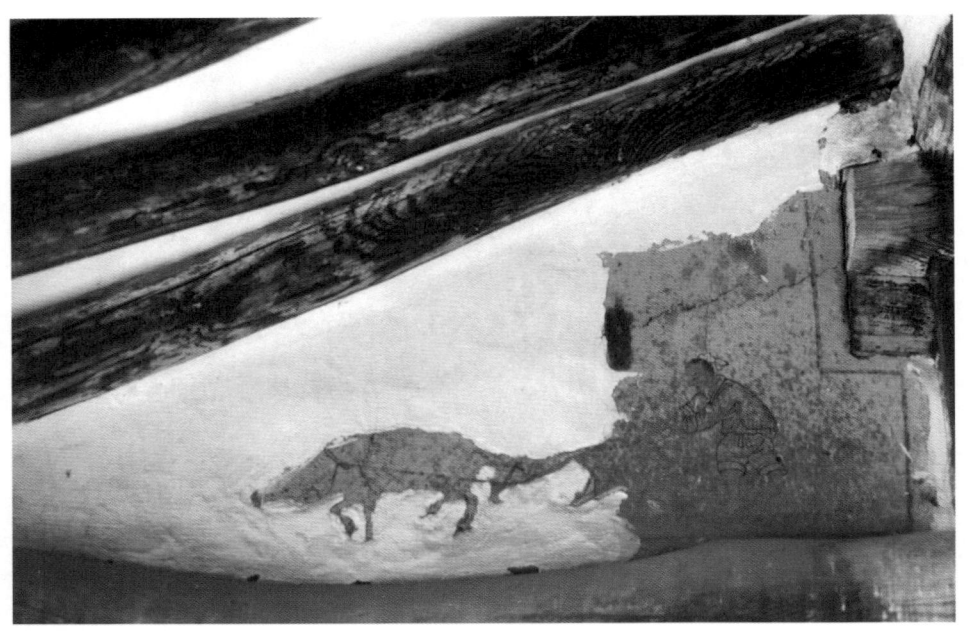

산천재 마루 위 벽에는 중국 요임금이 권하는 왕의 자리도 마다하고 산속에 들어가 지냈다는
허유의 고사가 그림으로 그려져 있다.

두 사람은 피의 혁명기를 보냈다고 해도 과언이 아니다. 이런 혼돈의 시기에 자연히 그 혼탁을 벗어나 은둔을 택했던 이들이 나타났는데, 그들이 바로 처사형 사림이라고 불리는 이들이다. 그러나 아무나 처사라는 호칭을 받을 수 있는 것은 아니었다. 그 예로 남명과 같이 1501년생으로 동갑내기이자 영원한 라이벌이었던 퇴계 이황이 남명에게, 자신의 무덤에 은사隱士라는 칭호를 써달라고 부탁했지만 남명은 단호히 거절했다. 한마디로 퇴계의 행적은 처사에 어울리지 않는다는 것이었다. 같은 시대를 살았던 동갑내기로서 두 사람의 행적은 너무나 대조된다. 퇴계는 현실을 긍정적으로 받아들여 관직에 여러 번 출사했고, 그 학문적 입장도 달랐다. 남명은 퇴계의 탁상공론을 싫어했고, 퇴계는 남명이 노장에 경도된 것이 아닌가 하는 의심을 끝까지 버리지 못했다. 아마도 남명이 퇴계의 비문을 거절했던 것은 끝까지 처사로의 삶을 살았던 자신의 결정적인 자존을 표명했던 것이리라. 그만큼 처사라는 호칭은 평생을 학문을 위해 전념한 이들의 월계수와 같은 것이었다. 퇴계의 비문을 남명이 단호하게 거절한 예에서도 짐작할 수 있지만 남명 조식은 매우 단호하고 강직한 성품을 지녔다. 그러나 남명이 처음부터 처사적인 삶을 살았던 것은 아니다. 오히려 남명은 꾸준히 과거를 보러 다녔다. 그러나 여러 번 낙방을 경험하는 와중에 기묘사화와 을사사화가 일어나 좋은 선배와 지인들이 몰살당하는 것을 지켜보며 출사의 뜻을 버리게 된다. 오직 일신의 영달만을 위해서 정적을 주살하는 현실의 참담함 앞에 조정에 나아가서 관직을 얻는 것이 아무 의미 없어 보였던 것이다.

한번 뜻을 세우자 그는 아주 단호하게 자신을 다그쳐나간다. 그가 갖고 다녔던 성성자라는 방울과 패검은 이런 남명의 각오를 잘 말해주는 신표와 같은 것이었다. 그는 아마도 자신의 그러한 뜻이 흔들릴 때마다 방울소리와 칼빛으로 마음을 다잡았을 것이다. 학문을 닦아 관직에 나가는 것을 사대부의 당연한 구실로 알았던 당시에, 출사를 포기한다는 것은 인생 낙오자로 전락한다는 것을 뜻했다. 화담이 처사가 된 데에는 그 학문의 선풍에서도 알 수 있듯이 학문하는 과정에서 아주 자연스럽게 이루어졌다면 남명은 앞서도 얘기했듯이 거듭 과거에 낙방한 경력이 있어 오해의 소지가 컸을 것이다. 남명은 그런 외부의 시선에 흔들릴 수 있는 스스로를 채찍질할 필요가 있지 않았을까? 남명이 을묘사직소에서 명종을 '고아'라 칭하고 문정왕후를 '과부'로 표현했던 과격함은 그 기질 탓도 있었겠지만 당대의 가치관과의 피나는 대결 구도 속에서 무장된 인식의 철저함이 그대로 나타난 것이라 할 수 있을 것이다. 수양으로서의 경敬과 실천으로서의 의義를 강조했던 남명의 학풍은 기대승과 퇴계 사이에 펼쳐진 사단칠정논쟁을 공리공론이라 생각할 정도로 실천적 측면을 강조했다. 그가 노장에 경도되었던 것도 노장의 실천적 측면을 누구보다 철저히 인식한 이유로 생각된다. 다시 말하자면 허균이 사회 개혁과 정치적 승리를 연장선상에서 파악했다면, 남명의 경우는 먼저 자신의 주변부터 이상적인 것으로 만들어나갔다. 이는 소국과민 小國寡民으로 대표되는 노자의 정치적 이상과도 일치한다. 실제로 그는 그의 성리학적인 깨달음을 표현한 신명사도의 그림대로 삼가에 뇌룡정을 건축했다. 이렇듯 남명은 자신의 제자와 문우, 그리고 자신이 살았던 지역을 자신의 이상에 맞게 개혁해나갔다. 임진왜란을 맞아 그의 문하에서 유난히 많은 의병장들이 나왔던 것은 우연이 아니었다.

남명, 노장, 지리산

성리학 이외의 학문은 모두 사문난적으로 매도당했던 당시의 분위기에 밀려 남명이 비록 노장의 후학이라고 직접 천명하지는 않았기로서니 성리학의 시대도 아닌 지금도 그의 노장적 깊이가 제대로 연구되지 않는다는 것은 아무래도 불만이다. 개인적인 생각이지만 남명은 노장의 가장 깊이 있는 학문적 계승자요, 그 실천적 측면을 간파한 천재적인 인사였다. 퇴계가 그를,

> "남명은 비록 리학理學으로 자부하고 있지만, 그는 다만 하나의 기이한 선비로 그의 이론이나 식견은 항상 신기한 것을 숭상해서 세상을 놀라게 하는 주장에 힘쓰니 어찌 참으로 도리를 아는 사람이라 하겠는가?"

하고 비난했지만, 그것은 성리학의 시대에나 설득력을 가진 말이고, 자유로운 학문을 구가하는 요즘에도 성리학 중심의 논지가 계속해서 유지되어야 한다는 것은 어불성설이다. 나는 비록 건축을 하는 사람이지만 알다시피 얼마나 많은 조선의 학자들이 자신의 학문적 바탕을 숨겨왔는지 전공자들은 더 잘 알 것이다. 이것들이 추적되지 않고는 조선 후기 철학계의 역동성은 모두 수입된 사조로 보는 폐단이 작용하게 된다. 남명의

경우만 하더라도 남명南冥이라는 그의 호號는 『장자』 「내편」에서 따온 말이고, 삼가三嘉의 뇌룡정雷龍亭이나 계복당鷄伏堂이라는 당호도 노자의 용어이며, 당대의 학자들 사이에서도 남명이 노장에 경도되었다는 것은 비밀도 아니었다.

산천재는 남명의 그런 노장적 사상을 가장 잘 보여주는 예이다. 우선 산천재의 가장 특이한 점은, 대문을 들어서면 응당 보여야 할 건물들이 모두 우측으로 치우쳐서 있다는 것이다. 워낙 간단한 건물인 탓도 있겠지만 중심 건물인 산천재와 동재가 진입의 정면성에서 완전히 비껴 있다는 것은 아무래도 의심쩍다.

산천재는 유유히 흐르는 덕천강을 바라보며 앉아 있고 동재는 그런 산천재와 직각을 이루며 지리산을 향해 앉아 있다. 조선의 집들은 대개 진입의 정면성에서 약간 비껴 앉거나 완전히 비껴 앉은 경우라도 중간에 그 매개를 두며, 정면성을 취하더라도 오른쪽이나 왼쪽으로 살짝 물러나 있다. 조선의 건축이 중국의 자금성이나 서양의 경우처럼 강한 인상을 주는 건물이 드문 것도 바로 거기서 연유한다. 우리 건축의 이러한 엇배치는, 첫째로는 산지 지형에 따른 적응일 수 있겠고, 두 번째는 외부로부터의 폐쇄성과 내부의 개방성에 따른 자연스러운 결과일 수 있는 것이다. 얇은 창호지 하나로 구분되어 있는 내부 공간을 외부로부터 보호하자면 자연히 축을 틀어서 공간적인 변형을 통해 외부의 시선을 흘려보내야 할 필요가 있었던 것이다. 그러나 아무리 그렇다 하더라도 산천재는 좀 정도가 심했다. 아예 휑한 것이 가슴을 텅 비우게 만들 정도로 건물은 마당을 확, 비워버리고 틀어 앉아 있다. 바로 이 이상한 배치에 남명과 지리산의 관계가, 남명과 노장의 관계가, 남명의 성리학적 태도가 구축되어 있다.

일단 이 집의 배치를 알려면 삼신산 중에 하나인 지리산에 대해서 알아야 한다. 지리산은 예부터 삼산오악 중에 하나로 신령한 산으로 알려져왔다. 남명이 이런 지리산을 연모했다는 것은 어찌 보면 그래서 당연한 일인 것처럼 보이지만 그렇지 않다. 남명은 지리산을 하나의 노장적 세계를 상징하는 산으로 여겼던 것 같다. 알다시피 지리산에는 비경이 없다. 마치 국그릇을 엎어놓은 것처럼 아무 특징 없이 밋밋하고 넓기만 한 산이다. 그러나 좀 더 깊이 산의 골짜기를 오르다보면, 아, 하는 절경은 없지만 무언지 새록새록 정이 가는 산이 지리산이다. 아마 남명도 이런 지리산의 정취를 남달리 사랑했을 것이다. 그러나 그런 남다른 사랑만으로 지리산을 열두 번씩이나 올랐다는 것은 어딘지 석연치 않다. 그런 단순한 이유 때문에 남명이 지리산을 오르지 않았다는 증거는 그가 남긴 시편들에서도 얼마든지 찾아볼 수 있다.

    청컨대 무거운 종을 보오
    크게 두드리지 않으면 소리가 없다오
    두류산과 꼭 닮아서
    하늘이 울어도 울리지 않는다오

    請看千石鐘
    非大扣無聲
    爭似頭流山

天鳴猶不鳴

더군다나 지리산의 지명에 보이는 삼신동三神洞이나 청학동靑鶴洞이라는 명칭에서도 알 수 있듯이 지리산은 그 생김새와 감춰진 골짜기들로 도가적인 풍모를 지니고 있는 산이다. 또한 두류산은 방장산으로도 불리는데 그 이름에서 보듯이 산 전체가 도가적인 옷을 입고 있다. 아마도 남명은 지리산의 이러한 내밀한 풍경, 겉에서 보기에는 그저 그런 듯한데 안으로 들어가면 들어갈수록 기기묘묘한 골짜기를 감춘 이곳이야말로 노자의 곡신불사谷神不死 시위현빈是謂玄牝의 현현이라고 생각한 것이 분명하다. 말하자면 노장적 세계의 상징으로서의 지리산을 염두에 두었다는 말이고, 그것은 남명이 산천재를 터 잡기 전에 그 땅을 어떻게 읽고 있었는가를 단적으로 나타내준다. 요샛말로 하자면 사이트 분석과 그 분석을 바탕으로 개념이 설정된 것이다.

지리산을 마당에 앉힌 집

그래서 산천재의 배치는 철저히 이 개념에 따르고 있다. 말하자면 대문을 들어서면서 바로 보이는 지리산 천왕봉이라는 이 단호한 정면성, 진입과 건물의 정면성이 아닌 진입과 산의 정면성을 위해 건물은 한 걸음 뒤로 물러서 있게 된 것이다. 다시 말하지만 조선의 건축을 얘기할 때 잊어서는 안 되는 것이 이 자연과 건물이 한 몸을 이루는 통합적 인식이다. 산천재는 산천재와 동재만 있는 것이 아니라 지리산과 산천재, 동재로 이루어져 있는 것이다. 남명은 산천재를 지리산 전체와 연결하고 그 상징성을 천왕봉에 두었던 것이다. 따라서 산천재는 지리산과 노장적 세계 상호 간의 은유에 바탕하고 있다.

산천재는 남쪽으로는 덕천강을 바라보고, 서쪽으로는 지리산을 두고 있다. 혹자는 그렇다면 대문과 지리산이 직선상에 놓이는 게 아니라 산천재와 지리산이 그렇게 되어야 하지 않느냐고 물을지도 모르지만 적어도 천석들이 종을 논하는 사람에게는 산천재라는 집 자체보다는 세계와 그것의 영역에 대한 설정을 멋들어지게 펼쳐놓는 게 더 어울리지 않겠는가? 그래서 산천재의 대문을 들어서면 그곳은 더 이상 사화로 얼룩진 현실이 아닌, 당대와 구별되는 현실 모순을 극복하는 장소요, 무릉도원(남명의 무릉도원은 다분히 사회 개혁적인 운동적 차원에서의 무릉도원이다)이며, 남명학파의 세계요, 그대로 지리산인 것이다. 다만 거기에 건물 몇 개가 포함될 뿐이다.

산천재는 문짝도 몇 개가 떨어져 나가고, 마당에는 잡풀도 무성히 자라고 있어 잘 관리가 되어 있지는 않았다. 왜 이렇게 마당에다 잔디를 심는지, 임 소장과 같이 집 주변을 둘러보며 누가 먼저랄 것도 없이 탄식했다. 조선의 집들은 마당에 잔디를 심지 않는다. 우리나라 고궁의 마당에 심어진 잔디도 일제 강점기에 심어진 것들이 대부분이다. 조선의 집들은 여름엔 햇빛을 차단하고 겨울엔 햇빛을 받아들이기 위해 하지와 동지 때의 태양의 남중고도를 정밀히 계산해서 처마 깊이를 계산한다. 그러다보니 자연히 처마가 길어지는데, 그렇게 되면 방 안은 더 어두워진다. 그걸 보완

방은 마루를 중심으로 좌우에 한 칸씩 있는데 겨우 한 사람이 누우면 꽉 찰 정도로 비좁다.

하기 위해 생각해낸 것이 마당에 반사된 빛을 집 안으로 끌어들여 조명을 대신하는 방법이었다. 감탄할 만한 환경공학적 설계가 이루어졌던 것이다. 그런데 거기다 잔디를 심어 서양 정원과 같은 분위기를 내려고 하니 한심한 노릇이다.

  방은 마루를 중심으로 좌우에 한 칸씩 있는데 겨우 한 사람이 누우면 꽉 찰 정도로 비좁다. 아마 남명은 이 방에서 덕천강을 보며 휴식을 취했거나 흔들릴 때마다 신을 신고 방울 소리와 칼빛을 듣고 마당에 나와 천왕봉을 보며 처사로서의 삶의 태도를 다졌을 것이다. 마루 위의 벽에는 요임금이 왕위를 물려주려 했으나 이에 불응하고 오히려 자기의 귀가 더러워졌다 하여 영수穎水에 가서 귀를 씻고, 기산箕山에 들어간 중국의 대표적 은사인 허유許由의 고사가 그림으로 그려져 있다. 요임금은 다시 소부巢父에게 부탁했지만 그 또한 거절하고 허유가 귀를 씻은 물은 말에게도 먹일 수 없다 하여 다시 끌고 갔다고 하니, 남명 또한 그런 인물이었다. 그 그림을 보며 수많은 중앙의 천거를 번번이 거절한 남명의 강직한 얼굴이 귀를 씻는 그림의 인물과 겹쳐지며 문득 그의 얼굴이 궁금해진다. 어떻게 생긴 사람이었을까? 분명 꼬장꼬장하게 생겼을 거야, 생각하며 집 안쪽으로 들어가서 마루로 나서는데 그 위에 작은 여닫이문이 달려 있다. 궁금해져서 천천히 열어보다 나는 그만 깜짝 놀라고 말았다. 거기에는 남명의 영정이 그 형형한 눈과 백발의 수염으로 나를 노려보고 있었다. 나는 얼른 두 번 절하고 문을 닫고 나왔다. 마치 집주인에게 허락도 구하지 않고 둘러보다 봉변을 만난 기분이었다.

임 소장의 청내골 현장은 땅을 이리저리 헤집어놓은 상태라서 어수선했다. 어떠냐는 임 소장의 물음에 앞의 봉우리 세 개 중에 하나가 대지와 너무 가까워서 뭔가 다른 건축적인 장치가 필요하지 않느냐고 했더니 이미 누마루와 같은 걸로 한번 걸러줄 생각이란다. 건축주 여덟 분이서 짓는 주택이라 비좁은 대지에 똑같은 조건으로 여덟 가구를 만들어달라는 요구에 애 좀 먹었다고 한다. 이런 산속에 짓는 집에 똑같은 조건이란 게, 참, 무지한 생각들을 하셨구나 싶었다. 주로 목조 주택만 시공했다는 현장 소장인 김 사장이 범룡이네 집으로 가서 저녁이나 먹자고 한다. 범룡이네, 범룡이네 해서, 그만한 그 집 꼬마의 이름이겠거니 했는데 웬걸, 집 주인 이름이다. 밥전에 동동주도 그렇고, 평범한 나물 몇 가지인데 역시 지리산 밑이라서 그런지 경상도 음식 같지 않게 맛깔스럽다. 거나하게 취해서 인근 여관에 짐을 풀고 임 소장과 몇 잔 더 기울이다가 잤는데 악몽이다. 별로 꿈을 꾸지 않는 편인데 자다가 놀라 다섯 번이나 일어났다. 산천재 건너편의 강가에서 산발한 머리에 진흙이 묻은 남루한 옷을 입은 사람들이 나를 향해 강을 건너오고 있었다. 표정이 보이지는 않지만 그 존재감은 너무도 또렷했다. 그러다 날이 샜다. 참 기이한 일이다, 했는데, 아니나 다를까, 이 일대가 예전에는 빨치산들의 병원이 있었던 자리라고 한다. 여관의 큰 유리창에서 내려다보이는 맑은 덕천강의 물살에는 수많은 억울한 죽음의 기억들이 있었던 거였다. 신념을 위해서 사라져간 이들, 나는 백 원짜리 동전 한 개를 덕천강에 던지며 또 두 번 절했다. 극락왕생, 극락왕생.

철학의 정원

도산서당 陶山書堂

역사 이래의 인물로 인도 무굴 제국의 황제였던 샤자한만큼 건축에 광적인 열정을 보였던 사람도 없을 것이다. 아그라의 붉은 성은 그의 손에서 붉은색 일색에서 백색 대리석과 조화를 이루었으며, 그 유명한 타지마할은 그의 대표작이다. 오죽했으면 건축을 하다가 국고를 탕진해서 보다 못한 아들에게 강제 폐위까지 당했을까.

그렇다면 조선 시대를 통틀어 가장 많은 건축물을 남긴 철학자는 누구일까? 아마도 많은 사람들이 퇴계退溪 이황李滉(1501~1570)을 꼽는 데 주저하지 않을 것이다. 그는 고향인 온혜리에만 다섯 채가 넘는 집을 건축했다. 단순히 집을 소유한 건축주가 아니라, 집을 짓는 데 있어 그의 성리학적 세계관을 건축 조영에 적용시켰고, 직접 설계도를 그리는 등 탁월한 안목을 보여주었다. 퇴계가 서울에 올라와 있는 동안에 퇴계의 집에 살고 있던 아들에게 준 편지에는 집에 습기가 차는 문제에 대해 다음과 같이 꼼꼼히 조언하고 있다.

"네가 사는 집 방의 구들이 습하고 냉하여 거처할 수 없을 지경이다. 내가 병을 얻은 곳도 그곳이니 너는 조심하지 않으면 안 된다. 그 방의 뒷담이 낮고, 물길이 막혀서 수기가 방 안으로 스며든다. 지금 마땅히 그 담장을 헐어내고 물이 통하도록 하여 고인 물이 안으로 스며들지 않도록 해야 할 것이다. 그리고 그 구들도 고쳐야만 우환이 없게 될 것이다. 만약 그 담을 허물지 않아 물이 잘 흐르지 못한다면 구들을 고쳐도 무익할 것이다."

꼼꼼하긴 한 것 같은데 무슨 말인지 잘 이해는 가지 않는다. 또 퇴계는 건물의 구조에도 해박했는가 보다. 주자朱子가 군주와 신하를 막론하고 제사에 있어 종래의 3대 봉사를 군주와 같이 4대 봉사로 할 것을 주장한 이래 조선의 선비층에서도 4대 봉사로 서서히 바뀌기 시작했다. 그런데 종래의 사당 건물은 3대 봉사에 맞춰 한 대에 한 칸 씩 3칸으로 짓는 일이 일반적이었다. 3칸에다가 어떻게 4대를 모시느냐는 후학의 질문에 퇴계는 건축구조적으로 명확한 해결책을 제시하고 있다.

"지금 3칸에 넷으로 나누어 균형이 흐트러짐을 면하고자 한다면 그 후퇴 제2 들보의 중간 두 기둥을 세우지 말고, 그 들보를 그냥 보내어 제3 들보의 기둥머리에 걸치게 합니다. 그러면 후퇴의 전면에 기둥이 없는 곳을 셋으로 나눌 수 있습니다. 그 위에 걸린 들보에 횡으로 창방을 걸치고, 아래는 귀틀목에 횡방을 걸고 나서 넷으로 나누되 매 재에 하나의 감실을 두면 비로소 균등히 나누어져 크고 작은 차이가 생기는 잘못이 없게 될 것입니다."

　더군다나 그는 가구 디자인까지 직접 했다. 유독 매화를 사랑했던 퇴계는 추운 날씨에도 정원에서 매화를 완상하기 위해 난방이 되는 의자를 디자인했다. 어쩌면 이것은 디자인이 아니라 발명에 가까운 행위인지도 모른다. 이 실용에 대한 의지가 바로, 이후 영남의 사림들에게 면면히 이어져오는 실사구시의 학풍을 만들었다. 그리고 퇴계의 건축적 세계관이 영남 사림의 건축물에 끼친 지대한 영향을 생각해볼 때, 퇴계의 도학은 학문의 영역을 넘어 16세기 조선의 현실 세계에 깊숙이 스며든 시대정신을 일궈냈다고 말해도 좋을 것이다.

충청감영에서의 주연

봄비다. 추위는 더 남았겠지. 하지만 이 비로 봄은 올 것이다. 서울을 빠져나가면서 나는 봄 생각에 설렜다. 그러나 이 말을 나는 입 밖에 내지 못했다. 우선은 저는 운전도 안 하는 주제에 섣부른 봄 타령이나 하고 있다는 핀잔을 받을까 두려웠고, 행여 입빠른 짓으로 혹여 봄이 더 멀리 도망가지 않을까 하는 쓸데없는 걱정 때문이었다. 그렇게 나는 봄을 조심조심하게 기다렸나 보다.
　오후 늦게 출발한데다가 주말이고, 거기다 비까지 내려 고속도로는 더딘 차량들로 마치 암울한 피난길 같았다. 날은 점점 어두워지고 있었다. 이젠 제법 해가 길어지는구나, 하고 딱히 겨울을 지켜워한 것도 아닌데 괜히 흐뭇해지던 마음이 정말 엊그제였다. 그런데 이렇게 날씨 탓이지만 다시 쉬이 어두워지는 걸 보니 뭔가 소중한 걸 잃어버린 사람처럼 섭섭한 마음이 찾아들었다. 오는 계절은 다 반가운 것인가? 나는 오늘 중으로 안동에 도착하리라 했던 처음의 생각을 잊기로 했다. 그때 전화가 왔다. 충주에서 설계 사무실을 하는 이승배 소장의 전화였다. 연립주택을 하나 설계하는데 뭐 좋은 외장 재료 없느냐는 거였다. 나는 마치 기다리고 있었다는 듯이 이것저것 내가 알고 있는 재료들을 생각나는 대로 주워섬겼다. 언제나 그와 나의 통화는 그런 식이었다. 상대방도 나에게서 무슨 정답을 구하고자 하는 것도 아니고, 단지 생각의 물꼬를 트기 위해서 하는 전화인 만큼 나도 부담이 없었다. 필시 그는 내가 주워섬긴 재료 외에 다른 재료를 택할 것이 뻔했다. 항상 그렇듯이 이번에도 뾰족한 결론 없이 전화를 끊었다. 끊고 나서 생각해보니까 충주에서 하룻밤 묵고 가는 것도 나쁘지 않을 것 같았다. 이 소장은 특이하게 호텔 객실에다 사무실을 차려놓고 일하고 있어서 잘하면 호텔에서 거저 묵을 수도 있을 것 같았다. 나도 한번 호사 좀 누려보자 하는 생각에 전화를 걸었다. 마침 빈방이 있다는 거였다. 더군다나 공짜 아닌가? (필시 이 소장이 돈을 내겠지만, 나는 나 몰라라 하면 그만이다.) 신세를 지는 데 있어 확실하게 지지 않으면 도움을 준 사람도 받은 사람도 계산이 뚜렷하게 서지 않게 된다. 있을 때 시혜 의식 없이 확실하게 베풀고, 없을 때 염치 불구하고 얻어먹어라, 라는 게 내 지론이다.

우리는 호텔에서 짐을 풀고 목젖을 심하게 울리는 독주를 먹자고 합의

하고 호암지 근처의 중국집을 찾았다. 그런데 요리는 형편없고, 배갈은 소주보다 싱거웠으며, 인테리어는 전원풍의 카페 같았다. 그런데 어쩐지 그 집이 싫지는 않았다. 그 부조화가 주는 막무가내의 편안함이 있었던 것이다. 그러나 어쨌든 오래 즐길 음식은 아니었기에 우리는 다시 호텔 방에서 맥주를 마시다가 새벽녘에 충청감영으로 가서 건물도 구경할 겸 거기서 남은 술을 마셔버리자고 의기투합했다. 당연히 문은 닫혀 있었으므로 먼저 내가 담을 타고 넘어가서 대문을 열었다. 일행들이 우르르 들어오고 빗장을 걸어 잠그니 외부와는 완전히 다른 한 세상이 마련되었다. 무릇 담이라는 건 이런 기능이 있어야 한다. 단순히 외부인의 출입을 막는 데서 그치는 것이 아니라 그것을 차단함으로써 아울러지는 공간의 스케일이 건물의 크기와 담의 높이, 그리고 영역의 넓이와 함께 조화를 이루고 있어야 한다는 말이다. 물론 그러기에 충청감영의 담은 너무 넓었지만 마당에 심어진 나무들이 그런 적당한 스케일을 만들어내고 있었다.

마당에 들어서자 충청감영은 어둠 가운데서도 유독 두드러지게 자기의 존재감을 뚜렷하게 드러내고 있었다. 서양의 건축이 매스의 볼륨으로 오브제를 인식하게 하는데 비해 우리 전통 건축은 구조의 방식으로 오브제를 인식하게 한다. 그런 점에서 나는 충청감영의 웅장한 스케일에 깜짝 놀랐다. 힘을 조절하듯이 뭉툭하게 휘어서 뻗다 끊은 공포, 배흘림 없이 수직으로 쭉 뻗은 기둥들, 특히 기둥은 측면에서 한 칸씩 더 나가서 정면의 열주를 벽체 없이 그대로 외부에서 드러나게끔 설계되어 있었다. 그 결과 충청감영은 우리 전통 건축에서는 드물게 건물을 하나의 오브제로 구체화시키고 있었다. 사실 배흘림기둥은 서양 건축에서는 얇은 박공면

을 받치는 구조재로 수직 기둥이 가늘게 보이는 착시를 교정하려는 의도
가 강하지만 박공면이 넓은 우리 전통 건축에 있어서는 그리 유효하지 못
하다. 그리고 우리네 건물은 서양의 건물처럼 멀리서 보이는 인지도, 즉
기념비적인 성격이 약하기 때문에 늘 가까이에서 인식하게 되어 있어서
더욱 그렇다. 건물과 건물, 그리고 건물과 자연이 맺는 외부 공간의 구성
이 평지와 언덕으로 되어 있는 서양의 그것과 달리 일정한 규모로 한정이
되기 때문이다. 그런 의미에서 우리 건축의 배흘림기둥은 착시를 교정하
려는 것이 아니라 건물의 구체성을 약화시키는 의도로 사용되었다고 봐
야 한다.

충청감영은 배흘림 없는 민짜 기둥이 주는 수직성, 그리고 그 기둥들이
형성하고 있는 열주들의 수평성이 결합되어 강한 존재감을 드러내고 있
는 것이다. 나는 이 뜻하지 않게 들른 충주에서 우리 건축의 사소하지만
중요한 가능성 하나를 발견한 것 같은 기쁨에 취기가 가시는 것 같았다.
그러나 지금은 취할 때다. 우리는 가지고 간 술을 다 마시고, 또 술을 사
와서 감영의 대청마루에 퍼질러 앉아 미주알고주알 술이 깨면 기억나지
도 않을 말들을 열심히 떠들어댔다. 그리고 해가 뜨기 전에 일행들을 내
보내고 대문에 빗장을 치고 나는 다시 담을 넘었다.

어디서 무엇이 되어 다시 만나랴

이번 여행은 뭔가 직선이 아니라 이리저리 구부러지고 휘어질 거라는 불

유정문幽貞門은 『주역周易』의 '이도탄탄履道坦坦 유인정길幽人貞吉' 이란 구절에서 따온 것으로, '속세를 떠나 바르게 사는 사람이야말로 평탄한 길을 간다' 는 뜻이다.

길한 느낌이 처음부터 들었다. 그래서 나는 봄비에 대해 그렇게 조심스러워 했는지 모른다. 충주에서 안동으로 가는 길을 잡을 때 우리는 아무도 지도를 보지 않았다. 무슨 배짱들이었는지 평소 한국의 도로표지판의 관행에 대해 그렇게 열을 올리며 비판해대던 운전대를 잡은 장유당 송준도 웬일인지 지도는 아예 먼발치로 밀쳐두고 있었다. 그것은 건축가 무회 김재관 소장도 마찬가지였다. 나야 원래 지도 보는 데는 소질이 없으니 그렇다 쳐도 저들은 안동으로 가고 싶은 마음이 애초부터 없었던 게 분명하다. 그러나 헤매지 않고는 찾을 수 없는 법. 우리는 어떤 보이지 않는 힘에 이끌리고 있었다.

천등산이 나타난 것만 해도 그랬다. 우리는 "아, 천등산이구나" 한 게 아니라 "천등산이 왜 나타나지?"였다. 우리에게 그것은 갑자기 나타난 산이었다. 없던 산이 나타난 것처럼 우리는 의아했지만 그렇다고 확인하고 가자는 사람은 또 아무도 없었다. 더군다나 고개를 넘자 눈이 내리기 시작했다. 아니, 이미 쌓여 있었다. 어떤 장면의 준비가 이토록 철저히 지워져버릴 수 있는가? 나는 다시 봄에서 겨울로 돌아간 것이다. 어쩐지 봄비 타령을 할 때부터 불안하더라니…… "우리 꼭 안동에 가야 돼?" 기어코 눈의 흥취에 사로잡힌 격정의 인간 무회가 참지 못하고 한마디 했다. 장유당은 운전대를 잡고 곁눈질로 내 눈치를 살피며 나를 흘긋 쳐다보았다. 그 눈은 마치 "그러게 말이야" 하는 것처럼 보였다. 순간 솔직히 나는 마음이 흔들렸다. 그것을 장유당이 눈치챘는지 박달재를 앞에 두고 갑자기 그가 핸들을 꺾었다. "우리 박달재 휴양림 구경이나 하고 갑시다" 하고는 멀쩡한 넓은 도로를 놔두고 산길로 길을 잡기 시작했다. 잠깐 황당했지만 우리는 금방 이 길로 접어들길 잘했다고 이구동성 했다. 좁은 2차선 도로가 구불구불 꺾어지는 길의 좌우에는 소나무 숲이 빽빽했고, 간간히 낙엽송 군락지들이 숲의 풍경에 적절한 변화를 만들어주고 있었다. 영화 「아이다호」에서 리버 피닉스는 "나는 길의 감식가야"라고 말했지만, 나는 이 순간 산의 감식가였다. 광활한 미국의 평원에서 길이란 건 정말 감식이라는 말이 딱 맞을 것이다. 그러나 우리의 길은 산이 만들어주는 길이다. 어뜩 숲 속에 길이 나 있는 것처럼 보이지만 나는 어쩐지 숲이라는 말도 우리의 길과는 어울리지 않는다. 우리의 길은 산에 있다. 어쩌면 우리에게 길은 없는지도 모른다. 단지 고개가 있을 뿐이다.

그리고 그 길의 정상에서 알았지만 그게 바로 그 유명한 박달재였다. 만약 우리가 이 옛길을 통하지 않고 박달재를 직선으로 관통하는 터널을 뚫고 왔다면 얼마나 아쉬웠겠는가. 고갯마루의 휴게소에서는 "울고 넘는 우리 님아……" 하는 노래가 계속 반복해서 들려왔다. 갑자기 충주 호암지의 중국집이 생각났다. 그 되풀이되고 있는 노래로 하여 우리는 산길의 정취에서 비로소 빠져나왔다. 이 우연이, 이 헤맴이 우리를 데려놓을 장소는 어디인가?

박달재를 벗어나 중앙고속도로를 타면서 우리는 펼쳐진 풍경에 입을 다물지 못했다. 온 산에 하얗게 눈꽃이 피어 있었다. 습기를 머금은 공기가 급격하게 기온이 떨어지자 그대로 나무에 얼어붙어 온 산의 나무들을 백목白木으로 만들어놓았던 것이다. 그런데 그 범위가 산 하나, 고개 하나가 아니었다. 천등산 일대, 백두대간의 줄기가 온통 눈꽃 천지였다. 그 백색의 황홀경 속을 우리는 가고 있었다. 세상에, 우리가 다시 이런 풍경을 또 볼 수 있을까? 이 풍경과 우리는 어디서 무엇이 되어 다시 만날 수 있을까? 장유당은 운전대를 잡고 거의 미쳐서 날뛰고 있는 우리를 한쪽 눈으로는 못마땅하게, 그리고 다른 쪽 눈으로는 그도 넋을 놓고 있었다. 사고가 날 위험은 없었다. 죽어도 좋았으니까.

옛사람의 자취—천등산의 끝

죽령터널의 그 '잔인한 터널(무회의 말이다)'은 정말 길었다. 산맥 하나를 횡으로 관통한 듯한 길이는 뭔가 다른 세상을 기대하게 했다. 저 밖은 봄일까? 안동호가 보이자 우리는 겨우 허기를 느꼈다. "제일 허름한 집에 찾아가는 거야, 씨." 무회가 성큼성큼 겨우 수몰을 면한 마을로 내려가서 음식점 하나를 찍었다. "뭔가 있을 것 같지 않아요?" 우리는 그 집에 들어가서 라면과 도토리묵, 그리고 막걸리를 마셨다. 어울리지 않는 분위기, 박달재의 숲과 되풀이되는 곡조, 호암지의 중국집, 그리고 이 허름한 음식점에서 우리가 먹고 있는 것들, 그리고 허름한 음식점 분위기와 (자연스럽게는 아니지만 그래도) 어딘가 한 군데는 어울리는 주인아주머니의 곱게 차려입은 쥐색 깨끼 한복, 동심원의 파문을 그리며 번져나가는 안동호, 이것들은 다 무엇인가? "어떤 미션이 있는 걸까요?" 장유당이 정말 궁금하다는 듯이 물었다. 정말 이 길의 끝에는 무엇이 나를 기다리고 있는 것일까? 궁금했다.

그리고 우리는 결국 도산陶山에 도착했다. 안동의 지형은 태백산에서

서남으로 내려온 산의 줄기를 따라 소백산에 이르기 전에 수다산을 형성하고 남쪽으로 굽이쳐 문수산을 만들어 힘차게 내려오다가 요성산에 이른다. 여기서 하나는 예안의 주산이 되고 다른 하나는 녹전산으로 내려와 다시 두 갈래로 갈라진다. 하나는 하회의 주산인 화산이 되고, 다른 하나는 천등산으로 내려와 도수산을 만들어 안동의 주산이 된다. 그러니까 우리는 도산서당의 주산을 이루는 산의 지맥을 따라 이곳 낙동강가까지 온 셈이다. 나는 이제 이 도산서당을 감싸고 있는 동취병과 서취병(도산서당을 좌우로 감싸고 있는 산세)의 기원을 알고 있다. 그것은 호암지의 중국집과 박달재의 유행가와 눈이 모자라게 펼쳐졌던 눈꽃들과 깨끼 한복이 만들어낸 것이다. 고등학교 때 배웠던 퇴계의 시조,

고인古人도 날 못 보고 나도 고인古人 못 뵈

고인을 못 뵈도 예던 길 앞에 있네

예던 길 앞에 있거든 아니 예고 어쩔꼬.

그러던 그도 옛사람이 되어 지금, 우리의 발길을 이끌고 있다. 도산서당은 회재晦齋 이언적李彦迪이 사마광의 「독락원기」에 따라 독락당을 건축한 것처럼, 퇴계가 가장 큰 스승으로 추종했던 주자朱子의 무이정사武夷精舍를 모범으로 건축되었다. 주자의 무이정사는 비단 회재와 퇴계에 그치는 것이 아니라 조선 성리학자들 공통의 흠모 대상이었다. 율곡栗谷 이이李珥는 해주 석담에 은거하며 무이산 은병봉隱屛峯에서 이름을 따와 은병정사隱屛精舍를 지었으며 「무이구곡가」를 본따서 「고산구곡가孤山

九曲歌」를 지어 우리 산천을 노래했고, 우암尤菴 송시열宋時烈은 화양계곡에 은거하며 화양구곡華陽九曲이라 이름 하였다. 이들은 모두 중국의 무이산에 가본 적이 없는 사람들이다. 그러나 가서 보았느냐 아니냐는 중요하지 않다. 어쩌면 조선의 성리학이 중국과 독자적으로 발전할 수 있었던 것은 역설적이지만 중국의 학문적 상황과 그리 긴밀하게 연결되어 있지 않은 까닭이기도 하다. 그 느슨한 연결 상태에서 중국의 유행에 따르지 않고 독자적인 체계를 세울 수 있었던 것이다. 그리고 퇴계는 이 독자성으로 오히려 중국의 학풍을 비판한다.

우리에게 주자가 본격적으로 연구될 때, 이미 중국에서는 비판받고 있을 때였다. 이에 대해 퇴계는 "중국에는 도학의 전통이 없어져 백사의 선학으로 흘러들거나 양명의 편벽됨에 모여드니, 모두 근본을 뿌리째 뽑아 그 잘못됨을 힘껏 배척해야 한다"고 말하고, 왕수인의 심학에 대해서 "오늘날 중국인들은 모두 돈오와 초탈의 학설을 받들고 있다"고 비판하는 한편, "나흠순은 자신이 이단을 몰아낸다고 하면서 겉으로는 (이단을) 비난하지만 속으로는 돕고 있으며, 왼손으로는 막고 오른손으로는 돕고 있으니, 실로 정주의 죄인이다"라며 나흠순의 주기主氣 학설을 적극적으로 공격하였다. 제자들을 대했던 그 온유했던 태도로 미루어 볼 때 여간한 과격함이 아니다. 얼른 생각할 때 퇴계는 평생 주자를 공부한 것처럼 여겨지지만, 그러나 그가 주자를 접했던 것은 50이 넘어서였다. 그는 그가 평생 좇아야 할 옛사람의 자취를 50이 넘어서야 발견했던 것이다.

지금은 으리으리한 서원 건물들이 꽉 들어차 있지만
퇴계의 설계도에는 농운정사와 역락서재, 그리고 도산서당 세 채뿐이었다.

건축―구현된 정신의 장소

퇴계의 집을 흔히 연구자들 사이에서는 '장옥莊屋'이라고 따로 구분하는데, 이는 퇴계의 넷째 형인 온계溫溪가 1550년에 퇴계에게 보낸 편지에서 근거하고 있다. 하지만 내 생각에 온계의 편지에 나타나는 '장옥莊屋'은 '장옥牆屋'이라는 일반명사와 혼용해서 생각해도 별 무리가 없다. 단지 담장牆을 검박한 표현으로 '풀로 이은 담장'이라는 뜻으로 '장옥莊屋'이라고 지칭했을 뿐 다른 의미는 없는 것으로 보인다(그러나 집에 대한 이러한 검박한 표현은 도산서당의 규모를 이해하는 데 있어 아주 중요한 구실을 한다). 실제로 퇴계가 50에 지은 양진암養眞庵은(이때에야 퇴계는 『주자대전』을 접했다). 띠집이었고, 나중에 풍기군수를 사직하고 귀향해서 지은 한서암寒棲庵 역시 사립문을 해서 달 정도의 고졸한 집이었다.

퇴계는 사람이 평생 한 번 집을 지을까 말까 함에도 불구하고 여기저기에 고만고만한 규모의 집들을 지으며 옮겨 다녔다. 평생 학문과 같이 건축을 하면서 살았다고 해도 과언이 아니다. 퇴계는 일찍 상처했다. 상처한 지 3년 만에 권씨 부인을 맞이하여 지산와사芝山蝸舍 신축을 시작으로 46세에 양진암을 지어 옮겼고, 몇 해 지나지 않아 50세 때에는 한서암을 짓고 본격적으로 주자학을 연구하기 시작한다. 그러다 51세에 계상서당溪上書堂을 지으며 강학을 시작하고 60세 때 도산서원을 끝으로 퇴계는 그의 기나긴 건축 여정을 마감한다.

그러면 왜, 그는 이렇게 여러 채의 집을 지었던 것일까? 퇴계의 생애는 대부분 3기로 나누어 생각하는 게 일반적이다. 유교 경전을 연구하는 데

열중하였던 수학기, 그리고 벼슬살이를 했던 임관기, 마지막으로 제자를 가르쳤던 강학기이다. 건축물로 구분해보면 양진암과 한서암까지가 수학기로 볼 수 있고, 계상서당과 도산서당이 강학기에 해당한다. 임관기는 양진암 이전으로 산발적으로 흩어져 있다. 이렇게 나누고 보면 이 구분은 다시 퇴계가 『주자대전』을 구해서 연구에 들어갔던 한서암 이후와 이전으로 간단하게 나누어볼 수 있다. 퇴계의 학문적 완성은 적어도 그 자신에게는 건축으로 표현 내지 구현되었던 것이다. 퇴계가 여러 차례 집을 지었다는 것은 그의 학문적인 추이가 그만큼 복잡했다는 것이고, 그때마다 일정한 깨달음을 가지고 건축을 했다는 것이 된다. 한서암을 짓고 『주자대전』을 공부하기 시작한 지 불과 1년 만에 계상서당을 짓고 후학들을 가르쳤다는 것이 그 증거이다. 그러니까 도산서당은 가장 완숙한 한 철학자의 정신세계를 보여주는 현실적 장소인 것이다.

철학의 정원

"리理가 과연 스스로 움직일 수 있느냐?"라는 문제는 송명, 그리고 조선 유학사를 통틀어서 가장 첨예한 논쟁을 낳았다. 주희의 철학 체계는 주돈이의 『태극도설』을 기초로 이루어졌기 때문에 태극을 리理로 보았다. 그러나 "태극이 움직여 양을 낳고, 고요하면서 음을 낳는다"는 『태극도설』에 따르면 리理는 분명히 작용이 있어야 한다. 그러나 주희의 기본적인 사상은 리理 자체는 움직일 수 없다는 것으로 귀착된다. "리理가 기氣를 낳을 수 있는가?"란 문제에 대해 주희는 복잡한 예를 들면서 설명하고 있지만 결국 리理는 '조작할 수 없는 것'으로 확정함으로써 리理 자체가 기氣를 생성할 수 없는 것으로 결론지었다. 주희는 리와 기는 어느 한쪽이 다른 한쪽을 낳는 게 아니라 동시에 있는 것으로 보았다. 그러나 주희는 리理 자체가 운동할 수 있음을 부정하면서 한편으로는 "태극은 사람과 같고 동정은 말과 같다"는 명제로 리理와 기氣의 관계를 설명하려 했다. 즉 주희는 주돈이의 태극을 리理로 보면서(리理는 움직이지 않는다고 하면서) 태극이 어떻게 음양을 낳는지에 대해서 설명하지 못하고 있다.

명대 초기의 유학자들은 이 모순(리理가 음양을 낳는데도 움직일 수 없다는 모순)을 해결하기 위해 부단히 애썼다. 그러나 이 주희와 주돈이의 논리를 통합하면서 리理가 기氣를 낳고, 리理 자체에 체體와 용用이 있다고 주장한 사람은 정작 중국의 어느 누구도 아닌 조선의 유학자 퇴계 이황이었다. 리일원론이 동양철학사에 화려하게 등장하는 순간이었다. 그러나 우리가 분명히 알아두어야 할 것은 퇴계의 학문적 업적은 비단 퇴계 개인의 노력만은 아니었다는 것이다. 그것은 기대승, 이공호 등 제자와 후학들 간의 부단한 논쟁과 답변을 통해 얻어진 16세기 조선 성리학 전체의 성과였다. 비슷한 시기에 서양철학사에서 데카르트가 인간 이성의 우위를 선언했듯이 퇴계는 동양철학사에 자연의 이성이 만물을 낳는다고 선언했던 것이다. 그리고 퇴계는 그것을 건축이라는 도구를 통해 자연의 이성과 합일하는 인간의 모습을 구현하려 했다.

도산서당은 그런 의미에서 동양철학의 정원이라 불릴 만하다. 드넓은 낙동강 안동호를 내려다보고 있는 도산서당은 그 좌향에 있어서 퇴계가

암서재巖書齋와 툇간을 이루는 광간은 방만큼이나 넓어서 여러 사람이 앉아 담소를 나누기에 좁지 않다.
마당으로 정우당淨友塘이라는 연못이 있고,
담 너머에는 매화나무가 심어져 정원을 이루는 절우사節友社가 있다.

언급하고 있듯이 "예를 행하기 편하게 남쪽으로 향"해 있다. 산과 물을 거느리고 넓은 들판을 바라보는 도산서당의 자리(건물의 좌향이 아니다)는 얼핏 풍수지리에서 말하는 전형적인 배산임수의 형상이지만 강안의 절벽 위에 자리해서 그 풍경이 더욱 극적으로 보인다. 리理의 체體로서 용用의 형상을 바라보는 퇴계 철학의 상징적인 좌향이 아닐 수 없다. '옹기를 굽는 산山'이라는 뜻의 도산陶山에 대하여 퇴계는 『도산잡영陶山雜詠』에서 이렇게 말하고 있다.

> "영지산의 한 줄기가 동쪽으로 나와 도산陶山이 되었다. 그런데 어떤 이는, 이 산이 두 번 이루어졌기 때문에 '또산'이라 이름 하였다 하고, 또 어떤 이는 옛날 이 산속에 도자기 굽는 가마터가 있으므로 그 사실을 따라 도산이라 한다 하였다. 이 산은 그리 높거나 크지 않으며 그 골짜기가 넓고 형세가 뛰어나고 치우침이 없이 높이 솟아, 사방의 산봉우리와 계곡들이 모두 손잡고 절하면서 그 산을 사방으로 둘러 안은 것 같다."

원래 도산서당의 진입은 지금처럼 서쪽에서 이루어지는 게 아니라 동쪽의 낙동강 옆 계곡으로 오르다가 언덕을 돌아서 올라오게 되어 있었다. 지금은 으리으리한 서원 건물들이 꽉 들어차 있지만 퇴계의 설계도에는 농운정사와 역락서재, 그리고 도산서당 세 채뿐이었다. 나는 낙동강을 뒤로하고 버드나무 거목을 통해 도산서당을 바라보면서 후학들이 조성한 서원 건물들을 그래픽 해나가듯이 하나하나 지워보았다. 그러고는 지금 서쪽으로 나 있는 진입로를 지우자 완벽한 그림이 되살아났다. 산과 숲에 둘러싸인 단출한 집 세 채. 과연 도연명의 시와 매화를 좋아했고, 주희의 사상을 숭앙했던 퇴계라는 인간의 격을 느낄 수 있는 집이었다. 건물이 완성되고 나서 퇴계의 제자 중에 한 사람인 금란수琴蘭秀는 당시의 도산서당을 이렇게 묘사했다.

"암서헌의 위치와 방향은 남쪽을 향했고, 3칸의 제도를 이용하였는데 3면에 퇴주를 세우고 동면에는 익첨을 덮었던 까닭에 매우 맑고 깨끗하였다. 방 가운데 서북쪽 벽에 서가를 만들고 서면은 격장을 두어서 반은 침실로 남겨두었다. 내가 서가를 잠자리 방밑으로 두지 않은 까닭은 무엇입니까 하고 물었더니, '이곳은 내가 잠자고 기거하는 곳으로 성현의 경훈을 등 뒤에 두는 것이 온당하지 않기 때문에 그렇게 한 것이다' 하였다. 이 가운데 고서 천여 권을 좌우로 서가에 나누어 꽂았으며, 화분 한 개, 침구, 돗자리, 향로, 혼천의를 두었다. 남벽 상면에는 가로로 시렁을 걸어 옷상자와 서류를 넣는 상자를 두고 이 밖의 다른 물건은 없었다. 서가에 비치한 서첩은 가지런히 정돈되어 어지럽지 않았으며, 매년 7월이면 책을 볕에 말렸는데, 계상 본댁에 소장한 책과 번갈아 교대하며 왕래하였으므로 시기가 다소 길어지거나 짧아지기도 하였다. 내가 두 곳을 출입하여 책 목록 대장을 정리하여보니 모두 합하여 천7백여 권이었다."

도산서당의 내부는 검박한 학자의 모습을 전형적으로 드러낸다. 그러면서도 툇간을 두어 실용성을 살린 것을 보면 역시 남인의 실증적인 학풍이 어디서 비롯되었나 짐작할 수 있다. 도산서당의 내부가 성리학자 퇴계의 생활 태도를 보여준다면 도산서당의 정원은 도학자로서의 퇴계의 정신을 보여준다. 일단 도산서당을 둘러싸고 있는 담을 살펴보면 그 담은 쌓은 게 아니라 정원에 심어진 나무들과 똑같이 심어졌다는 것을 알 수 있다. 담이 가지는 경계의 기능이 전혀 없다. 그것은 단지 구획하면서 여기저기가 비워져 풍경을 끌어들이는 구실을 한다. 특히 동쪽으로 빈 담 밑에 정우당淨友塘이라는 연못이 있고, 그 옆의 빈 담은 절우사節友社로 나가는 길인데 비록 짧지만 마치 독락당 대문에서 자계로 나가는 흙담길을 연상시킨다. 정원에서 절우사로 나가는 길은 불과 몇 걸음이면 닿는다. 그런데도 내가 절우사로 나가는 빈 담에서 독락당의 흙담길을 연상했다는 것은 도산서당에는 보이지 않는 무수한 장치들이 곳곳에 있다는 얘기가 된다. 보이지 않는 흙담과 보이지 않는 문, 그리고 보이지 않는 계곡과 산들이 산재해 있다는 것이다. 보이지 않지만 모든 만물에 작용하는 원리, 리理 철학의 정원을 퇴계는 구현해놓고 있었던 것이다.

원칙과 변용의 정신

우리는 흔히 퇴계와 고봉 사이에는 사칠논쟁이 다인 줄 알지만 그렇지 않다. 이 두 사람은 사칠논쟁 이후 다시 붙는다. 주희는 『대학혹문大學或問』에서 '사물이 궁구되었다'는 말에 대해 "사물이 궁구되었다고 함은 사물의 리理가 각기 그 지극한 곳에 이르러 남겨진 것이 없음을 뜻한다"고 해

도산서당에 있는 한 칸의 방 이름이 완락재玩樂齋이다.
기둥 뒤로 벽을 밀어 물건을 놓을 수 있는 공간을 만들었다.

석하였다. 여기서는 또 주체가 문제시되었다. 무엇이 이른다는 것이냐 하는 문제로 고봉과 퇴계가 다시 칼을 뽑은 것이다. '사물의 리理의 지극한 곳에 도달하지 못함이 없고, 사물의 리理가 그 지극한 곳에 이르렀다' 라는 말은 그 주체가 모두 사람이다. 주희는 '격물'에 대한 해석에 주력하였기 때문에 '사물이 궁구되었다' 라는 말에는 별 신경을 쓰지 않은 모양이다. 그런데 이 말이 한국어로 이해되면서 주체의 문제가 발생한 것이다. 고봉은 앞의 문장을 리理가 지극한 곳에 도달한다고 보았고, 퇴계는 사람이 리理의 지극한 곳에 도달한다고 보았다. 처음에는 그랬다. 그런데 고봉이 "충족시킨다는 말은 넓힌다는 뜻이며, 두루라는 말은 두루 미친다는 뜻이다. 이는 걸어가지 않고도 이른다는 말인데, 거처하는 곳에 따라 리理가 도달하지 않음이 없다"라는 『통서』에 관한 주희의 해석을 들이밀자 퇴계는 후퇴한다. 그러나 퇴계는 바로 자신이 물러선 지점에서 "사람의 마음도 리理의 한 표현이고 보면 리理가 도달한다는 말도 틀린 말은 아니다"라고 절묘한 통합을 꾀한다. 그가 죽기 몇 개월 전의 일이었다.

  이 유연한 학문적 자세가 퇴계를 단순한 주희 철학의 서술자가 아니라 주희 사상의 발전자로 있게 하였다. 퇴계는 주희 철학을 심도 있게 이해했고, 그 모순도 철저하게 인식하고 있었다. 그리고 그 모순을 해결해야 할 때는 누구보다 과감했다. 그의 이러한 학문적 태도는 그대로 도산서당에 투영된다. 당시 조선 사대부들의 검박한 정신의 건축적 표현인 삼간지제를 지키면서 툇간을 두어 내부 공간을 확장한 것도 같은 맥락에서 이해된다. 삼간지제는 선비가 학문을 수양하는 데 필요한 최소한의 크기이며 더 이상도 필요 없는 규모였다. 퇴계는 이 고정관념을 자연스럽게 깨면서 지킨다. 깬다는 것은 물론 동쪽에 가섭지붕을 달고 마루를 짜고 실내의 툇간을 넓힌 것이고, 지킨다는 것은 가섭지붕의 기둥을 팔각으로 얇게 처리해 삼간의 규모와 구분한다거나 그 밑에 마루도 평상처럼 짜서 정식 마루처럼 보이지 않게 처리하는 것을 말한다. 그런 잔재주를…… 하고 생각할지도 모르지만 나는 거기서 원칙과 변용의 정신을 읽는다. 거기에는 고봉과의 논쟁에서 보여주듯이 '리'와 '사람'의 대립을 '리'와 '마음'으로 통합하여 새로운 경지를 개척해나가는 원칙을 지키는 일탈이 있다.

도산서당의 영역에는 세 가지 켜가 존재한다. 그 세 가지 영역은 샘과 연못이 나누고 있는데, 대청 마당의 정우당, 대문 마당의 몽천, 그리고 대문 밖 입구의 열정이 그것이다. 이 세 가지 물의 영역은 동취병과 절우사를 본채와 가르는 계곡을 타고 위에서 아래로 순서대로 존재한다. 이 인공 연못과 우물들이 도산서당에서 차지하는 위상은 거의 절대적이다. 결론부터 말하자면 이 연못과 우물들은 도산서당의 영역 구분의 원칙을 이루고 있다. 이 중요한 원리가 서면서 절우사와 동취병이 스미는 듯 어우러져 있고, 빈 담들이 모이고 흩어지면 툇간이 늘어나고 가섭지붕이 자유롭게 작용하게 된다. 퇴계는 이 연못들을 이렇게 말하고 있다.

"당의 동편에다 조그마한 모난 못을 파서 연을 심고 이름을 정우당淨友塘이라고 했다. 또 그 동쪽에다 몽천蒙泉을 만들고 샘 위 산각을 파내려 관한헌과 마주 대하게 쌓아서 단을 만들고, 그 위에다 매화, 대, 솔, 국화를 심고 이름을 절우사節友社라고 했다. 그리고 당 앞에 출입하는 곳은 사립으로 가리어 이름을 유정문幽貞門이라 했다."

도산서당은 툇간을 빼면 정면 세 칸의 소박하고 담백한 건물이다.

연못의 이름은 주돈이의 「애련설愛蓮設」의 뜻을 취하여 '정우'라 했고, 문의 이름은 『주역』의 이履괘에 나오는 구이의 효사 '이도탄탄履道坦坦 유인정길幽人貞吉(밟는 길이 탄탄하니, 숨어 있는 사람이 곧게 하니 길하니라)'에서 따온 이름이었다. 그리고 '열정'에 대해서는 이렇게 노래하고 있다.

서당 남쪽에 돌우물 달고 차네
천고토록 연기 끼었지만 이제 덮어두지 마소

書堂之南 石井甘冽
千古烟沈 從今勿幕

이 세 물의 영역은 모두 강학의 공간에서 제자들에게 학문하는 자세를 일깨우고 있다. 특히 '정우사'라는 뜻은 실천하는 학문과 지식인의 자세를 가르치고 있는데, 아무래도 퇴계 자신의 회고인 것이 분명하다. 말하자면 그는 주돈이의 생애에서 자신의 모습을 얼핏 보지 않았을까? 주돈이는 평생 동안 연꽃을 사랑해 「애련설」을 지었는데, 청풍명월처럼 깨끗한 마음과 세속을 초탈한 고결한 인품을 노래하고 있다. 그러나 주돈이는 소강절과 같은 철저한 은사는 아니었고, 속세를 완전히 떠나 산 것도 아니었다. 그는 정치에 관여하는 20여 년 동안 두루 벼슬을 역임하였다. 그러나 물론 그는 관직에 있는 동안에도 잘못된 법률을 비판하고 가혹한 형벌을 철폐하는 데 스스로의 안위를 돌보지 않았고 무고하게 끌려간 사람들을 위해 변호에 힘썼다. 그래서 모든 사람들은 그를 '문무를 겸비한 선비'로 추앙했다. 아마도 퇴계는 주돈이의, 유학을 바탕으로 한 평범하고도 실질적인 행동 철학에 많은 공감을 느꼈을 것이다. 그리고 끝끝내 처사라고 불리고 싶어 했던 정황으로도, 정우사의 연꽃은 애잔하게 보는 이를 자극한다. "매화에 물을 주어라"라는 말을 마지막으로 남기고 퇴계는 꼿꼿이 앉아서 죽었다고 한다. 이 철학의 정원에서 완벽한 동양의 학자로서의 퇴계의 향기를 맡는 것은 즐겁다.

해상의 도학자

고산孤山 윤선도

내가 서울로 거처를 옮겼을 처음에 제일 기이하게 느꼈던 일이 차가 막힌다는 사실이었다. 아마 언뜻 이해가 가지 않을지도 모르겠지만 그때까지 내가 살던 지방의 소도시에서 차가 막힌다는 것은 좀체 일어나지 않는 특이한 일이었다. 지금은 설악산 그늘 밑의 속초도, 소양강가의 춘천도 차가 막히지 않는다는 게 더 이상한 일이 되어버렸지만 적어도 그때는 그랬다. 차가 막혀서 약속 시간에 늦는 일은 아예 없었고, 당연히 차에서 답답증이나 조바심을 쳤던 기억도 없다. 그러나 서울에 와서는 사정이 달라졌다. 사고가 난 것도 아닌데 출근 시간의 도로는 늘 정체였다. 만약 그때 한강이 없었다면 나는 아마 일찌감치 짐을 싸서 춘천이나 속초로 내려갔을 것이다. 출근 시간에는 햇빛에 반짝이는 한강의 수면에 넋을 뺏기며 빠져들었고, 퇴근할 때는 푸른 색조로 전체를 드리운 한강을 보며 위안을 얻었다. 그러다가 나는 아예 한강을 타고 출퇴근하는 방법을 생각해냈다. 경치 좋은 양수리에 집을 얻고 조그만 보트를 구입해 한강을 통해 서울로 출퇴근하는 것이었다. 그러면 차가 막힐 일도 없고 물살을 가르며 한강의 풍경을 즐길 수도 있으니 일석이조였다.

나는 당장 양수리에 집을 알아보고 중고 보트의 가격을 알아보았다. 서울의 집을 빼면 양수리에 월세를 얻고, 보트도 살 수 있는 돈이 나왔다. 그러나 난관은 엉뚱하게 한강에 정박 허가를 받아야 하는 데서 불거져 나왔다. 정박하는 위치도 지정되어 있었고, 허가를 받는 조건도 까다로웠다. 한마디로 배를 타고 다니는 일이 생각처럼 자유로운 게 아니었다. 실망한 나는 모든 계획을 포기하고 말았지만 지금도 나는 서울의 교통 체증을 한강을 이용해서 풀어야 한다는 생각에는 변함이 없다. 워터버스를 신설해서 한강을 오가며 사람들을 실어 나르면 육로의 부담도 그만큼 줄어들 것이고, 한강의 풍경도 훨씬 생기 있게 변할 것이다. 나아가서 (댐 때문에 불가능하겠지만) 남한강이나 북한강, 낙동강을 이용해 전국의 수로를 구역별로 개발할 수도 있을 것이다. 서울시에서 시행하는 워터버스는 사실 좀 더 먼 위성도시나 한강 상류를 연결해야 성과를 거둘 수 있다. 강변까지 나오는 것 자체가 지옥인데 서울 시내에서 워터버스를 이용할 수 있는 사람이 몇이나 되겠는가? 그냥 유람선 정도로 그칠밖에. 경부운하도 그렇다. 거기에 화물선이 다니다니. 한강과 낙동강은 미시시피가 아니다. 생활을 나르는 강이 살아야 경제도 살릴 수 있다. 생활은 권역권으로 구분하면 된다. 그러면 생태도 보존되고 생활의 여유도 찾을 수 있다.[4]

그런 의미에서 우리는 가사 문학의 대가인 윤선도 말고, 해상의 물길을 자유자재로 활용했던 윤선도를 다시 한 번 조명해야 한다. 아마도 장보고 이후 서해와 남해의 바닷길을 종횡무진 했던 인물은 이순신 이후 문인으로는 윤선도가 처음이자 마지막일 것이다. 병자호란 때 개인 선단으로 수군을 조직했을 정도로 윤선도의 해상 선단은 규모가 컸고, 진도와 노화도 일대의 간척 사업을 일으킬 정도로 그의 재력은 막강했다. 덕치에 의해 인민을 교화하는 책상물림의 구태의연함을 답습하지 않고 직접 바다를 메우고 토지를 만들어 인민의 생활을 구휼하고자 했던 그의 생각은, 이후 그의 외손인 다산 정약용에게도 그대로 나타난다. 바닷길을 이용하고 간척 사업을 벌이며, 도시계획을 하고, 기계를 개발하여 활용하는 이 실용 정신이야말로 민중들과 가까이 있지 않으면 불가능한, 정치적인 불우를 겪고 나서야 건질 수 있었던 남인의 대안이었다.

조선의 물길

윤선도의 해상로는 북으로는, 의병으로 이루어진 수군 선단이 오르내렸던 강화도까지, 그리고 남으로는, 해남을 지나 보길도 너머 제주도까지였다. 장보고의 해상무역로에 비하면 지극히 국지적이지만 윤선도는 해남, 진도, 노화도, 보길도 등지를 오가며 윤씨 가문의 재산을 관리했다. 이 해로들을 일상적으로 이용했다는 뜻이다. 윤선도는 이 해로들을 바쁘게 오가며 윤씨 가문의 재산을 관리하는 한편, 간척 사업 등을 통해 사유재산을 확대 재생산해 거대한 해상 정원을 이룩했다. 보길도를 경영했던 그의 스케일은 이런 엄청난 부가 없이는 도저히 불가능한 것이었다. 물론 여기에는 조선 후기의 사회경제적인 변화도 단단히 한몫했음은 두말할 것도 없다.

　조선 후기, 즉 17~18세기의 조선 사회에는 큰 변화가 일어나기 시작했다. 임진왜란과 병자호란으로 인해 중세 사회를 지탱하고 있던 이데올로기가 흔들리고, 또 그것을 보완하기 위해 예학이 대두되었고, 중인들의 등장이 눈에 띄게 되었다. 사회의 하부구조에서도 새로운 기술과 작물의 도입으로 농업생산력의 발달과 그에 따른 생산관계에 변화가 생기기 시작했다. 우선 수리 시설과 대형 쟁기의 보급 등 농구의 발전을 바탕으로 이앙법移秧法이 급속히 보급되었다. 이로 인해 도맥이모작稻麥二毛作도 가능하게 되었다. 오랜 농경 사회에서 이러한 변화는 그야말로 파천황적이었다. 지주들은 생산의 방식이 바뀌면서 생산량이 늘어나고 그만큼 더 많은 부를 축척할 수 있게 된 것이다. 윤선도가 간척 사업과 개간 사업에 주력한 것은 이러한 사회경제적 현실에 일찍이 눈을 떴기 때문이었다. 그리고 이런 광범위한 정원을 관리함에 있어 바닷길은 빠르고 정확하게 업무를 수행하는 유효한 수단이 된다.

　화폐경제가 발달하지 않은 조선 시대에는 조세를 미곡, 잡곡, 면포, 마포 등 현물로 조달했다. 그중에서도 주로 곡물이 세납의 대상이었는데, 당시에는 수레가 발달하지 않아 물길이 가장 효율적인 운송 수단이었다. 경기, 충청, 황해, 전라, 경상 등의 바다가 가까운 곳에서는 바닷길로 서울의 조세 창고에 날랐으며, 바닷길이 없는 곳에서는 지방의 관선官船인 지토선地土船 혹은 개인 선박들을 임차하여 물길이나 바닷길을 통하여 운송하였다. 특이하게 평안도와 함경도는 조세의 의무에서 제외되었는데, 그것은 사신 접대비와 군량미 확보 차원에서 자체로 세곡을 소비하였기 때문이었다. 일견 굉장한 혜택 같지만 오죽했으면 조세의 의무에서 빼주었을까 생각하면 착잡해진다.

조운은 고려 시대부터 제도화되었다. 그러다가 13세기 말 왜구의 노략질이 심해지고, 전국적인 행정구역의 개편에 따라, 더욱이 조운 제도는 효율적으로 운영되지 못했다. 그러다가 아예 1376년 우왕 때는 조운제를 폐지한다. 그리고 세곡을 육로로 수송하게 했다. 그러나 육운은, 당시 수레도 발달하지 않았을뿐더러 곳곳에서 도적들의 출몰로 세곡이 약탈당해 국가 재정이 휘청거릴 정도였다고 한다. 그래서 그랬는지 고려는 육운의 실패, 정확히는 조운의 실패로 그 지배력을 잃어가다가 드디어 위화도회군으로 정권을 장악한 이성계 일파에게 멸망하고 만다. 조선은 이러한 고려의 예에 십분 주목했다. 그래서 토지제의 개혁과 육로로 운송되던 세곡을 다시 조운하게 하여 국가 재정을 충실하게 했다. 특히 한양을 새 도읍지로 정할 때도 조운에 적합한가 하는 것이 입지의 조건 중에 하나였다.

그러나 역시 조운의 가장 커다란 난관은 험난한 물길이었다. 당시도 그렇고 지금도 물길 험한 곳으로 손꼽히는 곳은 정해져 있다. 태안의 안흥량安興梁, 임천의 남당진南堂津, 강화의 손돌항孫乭項 등은 유명한 험로다. 그중에서도 태안반도의 안흥량은 해안선의 굴곡도 굴곡이지만 곳곳에 암초가 도사리고 있어 안흥량이 아니라 난행량難行梁이라고 할 정도였다. 이러한 해난 사고의 예를 기록에서 찾아보면 그 빈번한 좌초에 놀라지 않을 수 없다. 태종 3년에 경상도에서 34척, 건너뛰어서 그 11년 후에 전라도에서 66척의 배가, 그리고 세조 1년에는 전라도에서 54척이 침몰된다. 국가 재정도 재정이지만 배에 탄 사람이 살아남을 수도 없었을 것이다. 그래서 경상도는 충주의 경원창慶源倉에 세곡을 납부하고, 거기서 다시 안전한 남한강 수로를 이용해 세곡을 실어 날랐다. 그러나 문제는 전라도였다. 전라도는 곡창이라는 말에 걸맞게 당시 조선의 총 세액의 절반을 차지했다.[5] 이 세곡들이 바다를 통해 한양으로 왔고, 그 중간에서 끊임없이 해상 사고가 발생했다. 사고가 많았다는 말은 그만큼 조운이 왕성했다는 말이고, 조운에 필요한 선박의 건조도 활발하게 이루어졌다는 얘기다. 지금은 그 흔적조차 찾을 수 없지만, 목재 공급이 용이한 한강 주변이나 목재가 풍부한 안면도, 완도가 그 대표적인 조선 기지였다. 당시 변산과 완도에서만 만들어내는 배가 1년에 백여 척에 달하는 적도 있었다고 한다. 평면적으로 계산하면 3일에 한 척씩 만든 꼴이다.[6] 예측하건대 해남 윤씨 재벌가도 조운 사업이나 선박 건조 사업으로 부를 축척해갔을 것임에 틀림없다. 해남 윤씨는 조선의 선박왕쯤 되는 집안이 아니었을까? 그러고 보면 우리나라의 조선 산업이 불과 수십 년 만에 세계 3위의 위치에 올라선 것은 결코 우연이 아니다.

노블리스 오블리제

병자호란 이후 고산 윤선도는 현실 정치에 깊은 회의를 느꼈다. 그 후 고산의 행적은 보길도에 들어가 세상과 담을 쌓고 풍류로 나머지 생을 보내버리기로 작심한 듯 부용동 일대의 건축에 심혈을 기울인다. '보시기에 좋은' 자신만의 세계를 만들었던 것이다. 그 호사도 대단했다. 후손이 쓴 사방이 동백으로 둘러싸인 초봄의 세연지엔 붉은 동백 꽃송이가 흐른다.
그 옛날 고산이 머물던 보길도의 봄은 이곳 세연정에서 시작해 집집으로 옮겨 갔을 거다.

것으로 보이는 『가장유사家藏遺事』의 기록에는 다음과 같이 적혀 있다.

> "고산은 낙서재에서 아침이면 닭 울음 소리에 일어나 몸을 단정히 한 후 제자들을 가르쳤다. 그 후 네 바퀴 달린 수레를 타고 악공들을 거느리고 석실이나 세연정에 나가 자연과 벗하며 놀았다. 술과 안주를 충분히 싣고 고산은 그 뒤를 따르는 것이 관례였다. 세연정에 이르면 연못에 조그만 배를 띄워 (……) 때로는 정자 위로 악공들을 불러 올려 풍악을 울리게 했다."

이 정도면 천자의 행차에는 좀 못 미치지만 제후의 행차에 걸맞은 규모요, 화려함은 그 윗질이다. 낙서재에서 세연정까지는 간단한 거리가 아니다. 그 먼 길을 네 바퀴 달린 수레를 타고 악공을 거느리고 행차했다면, 네 바퀴 달린 수레이니, 수레 폭 1.5미터 잡고, 바퀴와 양쪽으로 사람이 다니는 여유까지 해서 수레 양쪽으로 사람이 걸어 다니는 최소 폭을 75센티미터로 가정하면, 도로의 폭도 3미터 가까이는 되었을 것이다. 동천석실과 세연정, 그리고 낙서재까지 이 도로를 닦는 데는 (거기다가 세연정의 조성까지) 상당한 물량과 인원이 동원되었을 것이다. 당연히 섬 주민들의 노고가 따랐다. 혹자는 이를 두고 고산의 봉건적인 의식을 나무라지만 사실은 그렇지 않다. 『논어』에는 "천승의 나라를 다스림에 있어서는 일을 신중히 하여 백성들에게 믿음을 주고, 쓰임을 절제하여 백성을 사랑하고, 적당한 때에 민을 부려야 한다 道千乘之國 敬事而信 節用而愛人 使民以時"는 구절이 있다. 고산이 간척 사업을 할 때도 농한기를 택했듯이 부용동의 정원을 꾸밀 때도 적당한 대가가 지불되었을 것이고, 적당한 시기를 택했을 것으로 보인다. 그리고 세연정의 조성과 수레가 다닐 도로를 정비하는 데만도 사실 어마어마한 인원이 필요했을 것이다. 그 인원을 죄 보길도 주민들로 동원했다는 것은 인구 비례로 봐도 말이 안 된다. 당연히 기술자들은 뭍에서 데려왔을 것이고, 허드레 인부들도 뭍에 사람과 섞여 있었을 것이다. 그렇게 따져보면 잡역을 맡은 인민들에게 임금을 지불하지 않았다고 생각하는 것이 오히려 무리다. 단지, 정원의 조성 시기가 농한기 때라 춥고 힘들었던 것만은 사실이리라. 더구나 까탈스러운(?) 고산의 눈썰미에 인부들의 투박한 손재주가 마음에나 찼겠는가? 그런저런 이유로 건축주의 재시공 요구가 이어졌을 거고, 인부들은 자기들이 보기엔 괜찮은데 건축주가 괜히 까다롭게 군다고 원망했을 것이다. 그러니, 받을 돈은 일정하고, 할 일은 자꾸 늘어나는데, 누가 그 건축주를 좋아라, 하겠는가? 내가 살피건대 이것이, '고산이 보길도 사람들을 착취했다' 는 루머의 진실이 아닌가 한다. 더군다나 그 건축주는 한 세상에 대한 미련 다 버리고, 이제 아무도 모르는 곳에 자기만의 둥지를 틀려고 하는 시대에 절망한 위인 아닌가. 그것도 자의 반 타의 반으로.

흔히, 이집트 피라미드를 보며 후대의 사람들은 그것을 만들기 위해 동원된 민중의 고초에 대해 탄식하지만, 실제로 피라미드의 조성 공사 기간은 나일 강이 범람하여 인민들이 농사를 지을 수 없을 때를 택해 이루어졌고, 그에 대한 정당한 임금이 지급되었다는 것이 파피루스에 적힌 임금 대장이 발견되면서 알려졌다. 말하자면 순전히 그런 이유라고 볼 수는 없지만 일부분 실업자 구제를 위한 토목 사업이었다는 얘기이다. 고산의 경우에는 좀 다르지만 만약에 노역에 대한 정당한 대가가 없었다면 정가에서 밀려난 일개 선비가 그렇게 마음대로 주민들을 부릴 수는 없었을 것이다. 보길도 일대에 펼쳐진 고산의 정원은 순전히 해남 윤씨가 누대로 쌓아온 덕망과 부에 근거한다고 보아야 한다. 실제로 해남 윤씨가의 사람들은 임진, 정유 양란을 맞아 적과 싸우다 무수히 전사했다. 아버지와 아들이 같이 죽고, 심지어 윤치경은 1592년(선조 25년) 임진왜란이 일어나자 백의로 창의하여 숙부인 신紳, 아우 동철東喆과 더불어 가동 수십 명과 의병 수백 명을 거느리고 태안 일대의 왜적을 크게 무찔렀고, 1597년 정유재란 때에는 백부 윤綸, 숙부 신, 종제 동철과 다시 의병을 일으켜 해남군 옥천면 성산리 대교야大橋野에서 어란진於蘭鎭에서부터 추격해온 왜적과 대항하여 싸우다가 네 사람이 다 같이 전사했다. 한집안이 떼죽음을 당한 것이다.[7]

그런가 하면 어초은의 아들인 윤복尹復(1512~1577)은 김인후, 유미춘과 함께 호남 사림의 한 축을 형성한 인물로 퇴계와도 교류하여 해남 윤씨 집안의 학문적 분위기를 환기시켜 장차 윤선도와 윤두서, 다산의 학문적 바탕을 만들었다. 이처럼 해남 윤씨가는 기득권층으로서의 도덕적 의무를 다했고, 막대한 부를 통해 사회사업을 펼치는 동시에 지역의 학문적 풍토를 정착했다고 볼 수 있다. 그리고 그것이 바로 고산으로 하여금 해남과 보길도에 걸친 전대미문의 해상 정원을 이룰 수 있게 한 노블리스 오블리제의 힘이었다. 그리고 이것이 바로 보수의 힘이다. 사사로운 이익을 위해 공공의 이익을 저버리고, 사회적 책임을 외면하는 졸렬한 부자들은 보수라고 할 수도 없다.

윤선도의 물길

윤선도는 선조 20년 1587년에 서울의 연화방(지금의 명동성당)에서 태어났다.[8] 해남 윤씨 집안의 세거지는 본관이 말해주듯이 해남이다. 윤선도의 4대조인 어초은 윤효정이 해남의 정씨 집안으로 장가들면서 처가로부터 엄청난 재산을 상속받은 후 이 재력을 바탕으로 해남 윤씨가의 영화가 이루어진다.

고산 윤선도(1587~1671)는 본래 유심唯深의 둘째 아들로 태어났으나, 8세 때 숙부 유기唯幾의 양자로 들어가서 해남 윤씨의 대종大宗을 잇게 되었다. 당시의 관례에 따라, 둘째이기 때문에 작은아버지의 양자로 들어간 것이다. 그러나 그가 살던 시절은 말 그대로 격랑이었다. 6세 때인 1592년에 임진왜란이 발발했고 12세 때인 1598년에 정유재란이 끝났으며, 50세 때인 1636년 병자호란을 겪었으니 한평생을 전쟁의 소용돌이 속에서 살다 간 인물이었다. 더군다나 장년기에는 당쟁의 영웅 송시열과 한판 승부로 정치적 좌절 속에서 살다 갔으니, 단지 그의 해상 정원의 화려함만으로, 고산을 평할 수는 없다.

고산孤山이라는 윤선도의 호는 지금의 남양주시 수석동에 있는 퇴매재산에서 유래하였다. 갑자기 해남과 서울을 말하다가 이야기가 남양주로 넘어가니까 조금 어리둥절하겠지만, 고산은 서울 시절에 남양주에 별서를 두고 있었다. 한강에 홍수가 일어 강물이 범람하면 남양주의 수석동은 사방이 물에 잠기고 다만 퇴매재산만이 물 위에 우뚝 솟아 있었는데, 그의 호는 이 귀족 자제의 호방함 내지, 철없음에서 기인한다. 한강이 범

녹우당은 효종이 고산을 위해 수원에 지어주었던 집을 일부 옮겨 와 지금의 모습을 하고 있다.

람해서 남양주 수석동을 덮친 물은 분명 황토빛이었을 것이고 거기에 사위가 잠긴 상태에서 홀로 우뚝 선 푸른 산봉우리는 자연이 연출한 오브제로서 한 인간의 미탐을 자극했긴 했을 터이다(아무리 그래도 그렇지, 수해를 당한 인민들 마음은 하나도 헤아리지 않았나 보다). 그래서 고산孤山이다. 고산이라는 호는 그래서 나에겐 자꾸 이 철없던 시절의 귀족 자제 윤선도의 모습이 떠오르게 해, 차라리 그의 다른 호 해옹海翁으로 윤선도를 부르고 싶다. 해옹海翁이라는 호는 윤선도가 나중에(철들었을 때) 보길도 부용동에 묻혀 살며 유유자적하는 생활을 자위하기 위해 지은 또 다른 그의 호다.

그럼, 다시 고산이라는 호의 유래가 되었던 남양주로 돌아가자. 퇴매재산의 지리적 위치는 정확하게 알려져 있지 않다. 임진왜란 중인 8세 때 명례방(연화방 옆 동네)에 있는 숙부 집에 양자로 간 윤선도가 수석동의 별서를 자주 찾게 된 때는, 그의 나이 30세 이후라고 알려져 있다. 이재수 박사가 지은 『윤고산 연구』(학우사, 1955)에는 "고산별서는 서울에서 30리 밖 양주에 있는데 임강臨江하고 경기의 명승지이다"라 하였고, 박성의 박사는 『고산시가』(정음사, 1957)에서 "고산별서는 서울에서 30리 밖 양주에 있음"이라 하였다. 여러 가지 문헌으로 이 위치를 추정하는 데 있어 내 눈에 가장 확 들어오는 것은 다음과 같은 단서였다.

"배를 대기에 좋은 곳이어야 한다."

그렇다면 분명 고산 윤선도는 한강의 수계를 이용하여 배를 몰고 남양주의 이 별서를 드나들었을 것이다. 명동에서 왜 그렇게 먼 곳에 별서를 두었나 하는 의문이 한꺼번에 풀리는 단서였다. 수석동에도 예부터 배를 대었다는 '구시뫼'라는 지명이 설화와 함께 전해오듯이, 해남의 금쇄동이 있는 구시리九市里에도 배를 대었다는 마을 사람들의 말이 있다. 둘 다 배를 댈 수 있는 장소였다. 말하자면 고산은 배가 갈 수 없는 곳에는 가지 않았다는 말이다. 걸어서 금방 갈 수 있는 그럭저럭 괜찮은 장소보다는 차라리 먼 곳일망정 마음에 꼭 드는 장소를 택해 배를 이용했다는 것이다. 여기서 우리는 그가 풍수와 천문의 달인이었다는 걸 다시 한 번 상기해야 한다. 미식가들이 미식을 찾아 어디든지 가는 것처럼, 땅을 보는 뛰어난 안목이 있었던 그로서는 교통이 불편하다 해서 마음에 드는 산세를 저버릴 수 없었다. 아니, 거꾸로 고산에게는 당시에 가장 편하고 빠르게 목적지에 도달할 수 있는 교통수단인 해로가 있었다. 그는 배를 타고 해로를 이용하여 황해에서 남해까지를 해상 고속도로 삼고 강을 이용해 한반도의 서쪽 내륙을 탐사한 것이다. 거기서 만난 절경을 그는 놓치지 않았다. 그리고 그 절경이라는 것 또한 절경이라는 말이 좀 무색할 정도로 절경 같지 않은 숨은 땅들이다. 흔히 풍수지리의 형국론에서 말하는 연화 길지형이라는 곳이 고산이 선호했던 자리인데, 답사하여 살펴본 바로는 길지까지는 아니다. 그러나 연화형이라고 할 만한 땅은 분명하다. 이와 같은 생각은 나뿐만이 아니라 윤승현과 방상현 역시 고산이란 지명을 다음과 같이 추정하고 있었다.

"이곳 거칠뫼에 살고 있는 박광수(남, 55세) 등의 증언으로도 자기 집 부근이 옛날에 진사인지 벼슬한 시인의 집터였고, 직접 보지는 못했지만 초가 세 채가 이곳에 있었다는 말을 전해 들었다고 한다. 이곳 거칠뫼 지형을 자세히 살펴 문헌과 대조하면 面背縈紆十里沙 小屋短籬如辨得 이란 말로 미루어 고산 촌사 자리로 확실한 심증이 간다. 윤고산께서 이곳에서 지은 시는 모두 석양의 경관을 노래하였다. 또 이패동에 농지가 있는 고산뫼, 북두내와 조운리 앞 칠성바위에서 臨江斗起獨成하고 渼陰나루터 위쪽 원장군 묘 앞 정자 터 지역을 一區眞近畿勝地라 보면 정확히 맞다."

'一區眞近畿勝地'라는 말로 미루어 경기 지역이 틀림없다. 또 '臨江斗起獨成'으로 강에 면해 있다는 것도 알 수 있다. '面背縈紆十里沙' 앞뒤로 십 리가 모래밭이라면 빼도 박도 못하게 윤선도의 별서는 완숙천변의 거칠뫼에 있었던 것이 확실하다. 그런데 앞서 거론한 연구자들에 따르면 고산孤山이란 지명은 법적이나 행정적으로 명명된 지명은 아니었고, 일부 선비들 사이에서 통용되던 말이라고 하는데, 나는 이 점에서는 좀 석연치 않은 생각이다. 굳이 고산이라는 지명을 찾지 못한 바에야 그것을 일부 선비들 간에 통용되던 말이라고까지 추정할 필요는 없을 것 같아서 하는 말이다.

금쇄동과 보길도를 가본 사람이면 알겠지만 풍수지리에 뛰어난 윤선도의 안목은 좀 특이한 면이 있다. 일반적으로 그가 고른 땅은 고개를 갸웃하게 만든다. 금쇄동은 너무 편협하며 보길도는 너무 꺼졌고, 거칠뫼는 그야말로 외롭다. 윤선도의 풍수적 안목은 왕릉을 고를 때도 참고되었던 안목인데, 정작 그 자신이 살 터는 스스로 고립을 자초하여 자족하는 측면이 있다. 간혹 집을 설계하러 오는 건축주들 중에도 고산 같은 사람들이 있다. 어떤 사람은 하나를 버리지 못하고, 어떤 사람은 하나만 버린다. 늘 버리고 싶은 건 세상이고, 버리지 못하는 건 자동차다. 고산이 만약 나에게 집을 부탁해도 같은 주문을 할 것이다. 배를 버리지 못하니 절해고도에 내 집을 지어주시오.

고산과 그의 시대

고산은 잡학에 능했다. 경전 해석 중심의 당시의 말로 '잡학'이지, 경전의 해석뿐만이 아니라 문학, 천문, 음양지리, 복서, 의약 등 다방면에 통달했다. 더군다나 앞에서도 밝혔듯이 사업가적인 기질도 대단했다. 1612년 진사 시험에 합격한 고산은 30세 때인 1616년 광해왕의 총애를 입고 세도를 부리던 이이첨과 박승종, 유희분 등을 탄핵하는 「병진소丙辰疏」를 올려 조정을 놀라게 하였다. 그 내용이 아주 격렬하여 이로 인해 함경도 경원으로 유배당했고,⁹ 양부인 윤유기도 관찰사 직에서 파면되고 말았다.

> 슬프나 즐거오나 옳다 하나 외다 하나
> 내 몸의 해올 일만 닦고 닦을 뿐이언정
> 그 밧긔 여남은 일이야 분별分別할 줄 이시랴
>
> 내 일 망녕된 줄 내라 하여 모랄 손가

세연정은 도가의 이상향으로 서의 수미산을 상징한다.

이 마음 어리기도 님 위한 탓이로세

아뫼 아무리 일러도 임이 혜여보소서

추성秋城 진호루鎭胡樓 밧긔 울어 예는 저 시내야

무음 호리라 주야晝夜에 흐르는다

님 향한 내 뜻을 조차 그칠 뉘를 모르나다

뫼흔 길고 길고 물은 멀고 멀고

어버이 그린 뜻은 많고 많고 하고 하고

어디서 외기러기는 울고 울고 가느니

어버이 그릴 줄을 처엄부터 알아마는

님군 향한 뜻도 하날이 삼겨시니

진실로 님군을 잊으면 긔 불효不孝인가 여기노라.

고산이 환도 유배지인 경원에서 읊은 「견회요遣懷謠」5수다. 자신이 옳다는 의지를 굽히지 않고 있지만 아직도 임금에 대한 충성은 여전하다(그래야 후일을 도모할 수 있으니까). 병자호란 후 임금이고 뭐고 세상에 뜻을 버린 후의 그의 시조들과 내용은 판이하지만 가락은 어디 안 갔다. 1623년 인조반정으로 귀양살이에서 풀려난 윤선도는 다시 벼슬을 받았으나 부임하지 않고 해남으로 갔다. 한 많은 서울살이 고생도 많았던 것이다. 이후 두문불출하고 독서로 나날을 보내다 마흔이 넘은 1628년(인조 6년)에 별시문과 초시에 등과하고 왕자들(봉림대군과 인평대군)의 사부가 되었다. 아마 집 안에 틀어박혀 공부만 했던 모양인지 장원을 했다. 그 후 49세인 1635년 공직에서 물러나 세거지인 해남으로 귀향했다.[10]

좀 편해지려나 했는데, 바로 그 이듬해, 병자호란이 일어났다. 고산은 급히 의병을 모집하고 가복家僕 수백 명(이 해남 제일 세가의 면모를 보라!)을 거느리고 군량과 전함을 준비하여 배를 타고 강화로 향했다. 해남, 강화의 그야말로 제일 험한 해로를 너무도 익숙하게 선단을 이끌고 나갈 수 있었던 것은 그가 그만큼 뱃길에 익숙했기 때문이었다. 그러나 강화도에 도착하자 이미 강도江都(병자호란 때 강화도는 임시 서울이었다)는 함락된 뒤였고, 인조는 남한산성으로 피신해 있었다. 그러다가 인조가 치욕의 강화를 했다는 소식을 듣자 그는 그길로 선단의 머리를 돌려 은둔할 것을 결심한다. 은둔지로 택한 곳은 제주였다. 그는 스스로를 세상과 유배시키기로 작정했던 것일까? 배를 제주로 몰며 고산은 무슨 생각을 했을까? 해지는 서해를 바라보며 한 중년의 사내가 일으켰을 만감을 나는 땅끝에서 보길도를 향하며 생각해보았다. 그러고 보니 딱 내 나이였다.

이제 내가 탄 배와 고산이 탄 배가 서서히 보길도로 접어들고 있었다. 고산의 배는 제주로 향하던 중 풍랑을 만나 잠시 보길도甫吉島에 상륙했다. 거기서 머무르는 동안 세상을 등진 사내의 마음속에 들어온 보길도의 풍경은 그야말로 세상 바깥의 것이었다. 한 송이 꽃처럼 산들이 완만하게 둘러싸여 가운데는 마치 꽃의 수술 같고 꿀샘 같기도 한 연못이 있고, 잎은 하늘을 받치고 펼쳐져 있었다. 고산은 여기서 세상을 버리기로 작정한다. 그는 꽃의 수술 자리를 부용동芙蓉洞이라 명명하고 격자봉 곁에 집을 지어 낙서재樂書齊라는 편액을 건다. 한편 해남과 독립적으로 보길도에

해상의 도학자 155

서의 경제적 안정을 위해 노화도 구석리에 제방堤防을 쌓고 농토를 개간하여 낙도농어업인落島農漁業人의 기틀을 마련하였다. 요즘 '농공복합단지'가 있듯이 당시에 고산은 보길도와 가까운 노화도에 '농어촌복합단지'를 조성했던 것이다. 한마디로 은둔의 경제적 기반을 마련한 것이다. 가난한 은둔은 얼마 못 가 우둔한 짓으로 남는다. 왜냐하면 매일매일의 밥벌이를 위해 꾸역꾸역 세상과 타협해야 하기 때문이다. 고산의 노화도 간척 사업은 보길도의 은둔을 위한 포석이었다. 그럴 수 있었던 그의 부에 시샘은 나지만 이 얼마나 알기 쉬운 착점인가.

자, 이제 은둔의 경제 기반도 옆에 마련하고, 공부할 장소와 놀이할 장소까지 마련했으니 쭈욱 발 뻗고, 한양의 임금과 신하들이 어떻게, 무슨 짓을 하든 이 천국에서 혼자 즐기는 일만 남았다. 정말 고산은 이때부터 자연에 몰입하여 자신만의 세계를 펼쳐나간다. 진정한 은둔은 다른 세계를 만드는 것이다. 그렇지 않은가? 그런데 이게 웬일인가? 좀 자리 잡는다 싶을 적에 평생을 전쟁 통에서 보낸 이 인사에게 다시 한 번 철퇴가 떨어진다. 남한산성의 왕에게 인사 오지 않았다는 이유로 또, 영덕으로 유배를 간다. 이때의 유배는 첫 유배와 같은 비감은 없었을 것이다. 왜냐하면 이미 그에게는 임금도 필요 없고, 누구의 녹도 필요 없는 견고한 자신만의 세계가 있었기 때문이다. 그래서 그런지 영덕에서의 유배 생활은 그 이듬해 끝나고 향리로 돌아와 수정동水晶洞, 문수동聞簫洞, 금쇄동金鎖洞을 소요하며 놀았다. 그러나 견고하다고 믿었던 그의 세계는 인조가 죽고 효종이 즉위하자 슬며시 와해된다. 제자가 왕이 된 것이다.

예송논쟁

조선이라는 왕정은 사실 명종 때 사림 세력의 등장으로 그 존립 자체가 위협받다가 선조 때 임진왜란을 겪으면서 끝장이 났다고 봐야 한다. 한양을 버리고 피난 가는 왕의 가마에 돌을 던진 인민들의 행위에는 나라의 주인으로서 왕의 존재를 심판하고 있기 때문이다. 사실 조선은 개국 때부터 끊임없이 왕권과 사대부들의 견제가 이루어져왔다. 세조의 왕위 찬탈의 명분이 왕권 강화였고, 집현전 학자들의 명분은 정통성이었지만 그 이면에는 성리학을 바탕으로 한 도학자들에 의한 정치가 목적이었다. 물론 실패로 끝났지만 중종 때 조광조의 개혁은 이후의 많은 사림들의 사표가 되었다. 그러나 사림의 이러한 정치적 목적은 이율배반적이었다. 즉, 힘이 없을 때는 왕권에 붙어서 자신의 이익을 도모하고 힘이 강할 때는 예외 없이 왕권과 대립하였다. 그래서 조선의 왕들은 이러한 사림의 틈바구니에서 교묘하게 사림들의 이율배반을 이용하며 왕권을 강화하려 했다. 임진왜란이 무능력한 왕과 사대부들에 대해 민중들이 자각하는 계기가 되었다면, 예송논쟁은 사림들의 이율배반적인 태도가 한꺼번에 드러난 예라고 할 수 있다.

1차 예송논쟁은 고산의 제자이자 북벌 군주였던 효종의 죽음에서 시작된다. 알다시피 효종의 아버지는 인조이고, 형은 소현세자이다. 소현세자와 인조, 이 비극적인 부자 관계는 아들이 볼모로 잡혀갔던 시간만큼 더 애틋해야 하는데도 불구하고 원수가 된다(딱히 경우에 맞는 얘기는 아니지만). 간혹 인질이 납치범을 사랑하게 되는 '스톡홀름 신드롬'의 예가 있

보길도에서 가장 큰 봉우리인 격자봉을 오르기 시작하는 지점에 낙서재가 있다.
동천석실은 낙서재 맞은편 작은 산에 한 점처럼 놓여 부용동 골짜기를 따라 바다로 흐르는 눈을 잠시 붙든다.
낙서재가 삶의 공간이라면 동천석실은 현실과 자신을 저만치서 관조하는 이상의 장소이다.
그래서 마음에 맞는 친구 하나 더 앉을 수 있는 한 칸 크기의 석실도 좁지 않다.

듯이 아들인 소현세자는 청나라에 있는 동안 새로운 문물에 눈뜨게 된다. 그리고 거기에 그치지 않고, 뛰어난 외교 수완을 발휘해 병자호란으로 청에 끌려간 조선의 포로들을 귀환시키는 등 눈부신 활약을 해 청의 신임을 얻는 동시에, 민중들의 신망을 쌓는다. 소현세자는 준비된 왕의 길로 착실히 들어서고 있었던 것이다. 그런데 이게 인조의 눈에는 왕위를 노리는 준비로 보였던 것이다. 반정으로 광해왕을 몰아내고 왕위에 오른 인조는 자신의 자리가 아들 때문에 위협받는다고 생각했다. 결국 친청파親淸派인 소현세자와 반청파反淸派인 인조가 불화한 가운데, 소현세자는 귀국 후 의문의 죽임을 당한다.[11] 그러자 인조는 기다렸다는 듯이 대신들의 반대에도 불구하고 세손이 아닌 둘째 아들 봉림대군(효종)으로 왕위를 잇게 한다.

고산은 이때 효종의 부름을 받고 얼씨구나 하고, 보길도의 은둔을 접고 조정에 나갔다가, 다시 반대파들에 당해 귀양을 갔다가 돌아온다. 그런데 효종이 재위 10년 만에 죽고 그의 아들 현종이 왕위를 잇게 되자, 효종에 대한 조대비(인조의 부인)의 복상 기간이 문제가 되었다.[12] 즉 아들의 죽음에 대한 어머니의 애도 기간이 문제가 되었다는 것이다. 주자의 『가례』에 따르면 아들의 상에 부모가 상복을 입는 기간은 장자는 3년상, 차자 이하의 아들은 1년상을 치르는 것으로 나와 있다.

우암 송시열을 위시한 서인은, 조대비는 효종의 어머니이므로 신하가 될 수 없으며, 효종은 조대비에게는 둘째 아들이므로 차자로서 1년상이 당연하다고 주장했다. 반면에 허목, 윤휴, 윤선도 등 남인은, 효종이 비록 둘째 아들이긴 하지만 왕위를 계승하였으므로 장자로 대우하여 3년상을 해야 한다고 주장했다. 즉 서인들은 주자에 입각하여 왕이든 사대부든 종법에 따라야 한다는 쪽이었고, 남인들은 주자의 해석보다는 왕의 권위를 주자의 해석 앞에 놓고 있었던 것이다. 서인은 철저하게 주자의 『가례』에 입각했고, 남인은 『주례』, 『의례』, 『예기』 등의 고례에 입각했다. 이것은 이율곡의 기호학파에 기반을 두고 있는 서인과, 이황의 영남학파에 기반을 두고 있는 남인의 학문적 이념 전쟁인 동시에 왕권중심파(남인)와 사대부중심파(서인)의 정치적 대결이었다.

고산은 이 대결 구도 속에서 남인의 영수로서 문제의 본질을 정확하게 직시했다. 그것은 왕위 계승의 정당성 문제였다. 우암의 주장대로 종법에 따라야 한다면 원래의 왕위는 효종이 아닌 소현세자의 아들이 계승해야 했다. 따라서 우암이 계속해서 종법을 주장할 경우 효종의 왕위 계승은 변칙이 되고, 더군다나 소현세자의 아들이 제주도의 유배지에 버젓이 살아 있었기 때문에 자칫하면 갓 왕위에 오른 현종의 정통성을 부정하는 꼴이 된다. 고산은 이런 논리상의 오류를 날카롭게 물고 늘어지면서 송시열 등의 서인 세력이 복상문제를 기회로 역모를 도모하고 있다고 몰아갔다. 즉 서인들이 이종비주의 논리를 편다고 주장했던 것이다.[13] 아마도 고산은 이 기회를 잡아 적들을 싹쓸이할 각오를 했던 게 분명하다. 그렇다면 현종도 당연히 남인들의 편이어야 한다. 그러나 웬일인지 왕은 서인들의 편을 들었다. 서인들의 기세가 워낙 등등하여 왕도 어쩔 수가 없었던 것이다. 말하자면 왕 스스로가 자신의 정통성을 부정하여 왕위를 유지할 수밖에 없을 정도로, 조선의 왕권은 쇠락해 있었다. 판을 정확하게 읽긴 했지만, 정작 짜놓은 판의 주인에게 배신당한 고산은 실각하여 삼수로 유배된다. 이 회심의 일격이 허무하게 무너지고 귀양길에 오르면서 고산은 무슨 생각을 했을까? 왕조는 무너지고 이제 저들의 세상이 되었으니, 나는 나대로 내 세상을 가꿔야겠구나, 하고, 재차 마음을 다잡았을까?

풍수학인으로서의 윤선도

사림의 영수 조광조가 희생된 기묘사화 이후 『소학』은 금서가 되었다. 기묘사림들은 그들의 성리학적 이념에 입각하여 정치, 사회, 경제, 그리고 정신 질서에 이르기까지 전면적이고 총체적인 변화를 지향하였다. 그들의 지치주의至治主義는 한마디로 왕과 사회와 인민이 하나 되는 조화로운 공동체 질서로서 '대동사회大同社會'를 지향했다. 기묘사화 이후 『소학』이 금서가 된 것은 책 자체의 내용보다는 대동사회를 지향했던 이들 기묘사림의 철학이 민중들의 강력한 지지를 받았다는 데 있을 것이다. 우리는 흔히 성리학을 보수적 이념이라고 알고 있지만 당시에는 격렬한 현실 개혁을 부르짖는 변혁의 학문이었다. 이러한 성리학의 이념은 당시 기득권 세력이었던 훈구파들에게는 눈엣가시 같은 존재였다.[14] 왜냐하면 성리학은 시대를 이끌어가는 엘리트들로서 극단적인 도덕성을 요구했기 때문이다. 따라서 기묘사화 이후 사림의 대통령인 조광조와 그 일파들이 대거 숙청당하고 그들의 이념을 대표하고 있다는 점에서 『소학』이나 『근사록』 같은 책들이 금서로 묶이게 되었다.

고산 윤선도 역시 당시에는 금서인 『소학』을 보고 감명을 받아 평생의 좌우명으로 삼았다. 주자의 이념을 정치적 이데올로기로 받아들인 나라에서 주자의 서적을 금했다는 게 좀 이상한 일이지만 윤선도가 『소학』을 읽었던 때는 아마 이러한 규제가 많이 느슨해졌을 거라고 생각된다. 왜냐하면 이미 퇴계가 조광조의 "『소학小學』으로 인재를 기르고 향약鄕約으로 백성을 교화하는 방법의 올바름과 그 자신을 규율하는 엄격함"을 높이 평가하였고, "기묘己卯의 화禍는 오늘에 이르고 있지만 조광조의 숭도창학崇道倡學의 공은 후세에 미칠 것이다"라고 말할 정도였기 때문이다. 그렇듯이 고산 윤선도의 입장은 성리학의 이념에서 출발한다. 그러나 임진, 정유, 병자의 난을 겪는 동안 서서히 고산의 사상은 대대로의 가업 쪽으로 경도된다. 사회변혁의 이상을 버리고 은둔자의 길을 택했을 때, 고산은 그의 학문적 이데올로기도 같이 버렸는지 모른다. 윤선도는, 사회변혁의 의지에 불타 있을 때는 성리학의 이념으로, 은둔을 택할 때는 천문과 음양오행 같은 가전의 지식으로 자신의 삶을 꾸렸다.

해남 윤씨가에는 정유재란 때 몰살당한 윤륜, 윤신의 아버지로 윤경우尹景佑라는 사람이 있다. 이 사람의 관직이 천문습독관天文習讀官이었는데 천문을 읽는 것은 중국에서도 가전으로만 전해지던 학문이었던 것으로 비추어 천문과 음양오행, 그리고 풍수지리까지도 해남 윤씨가에서는 가전으로 배웠거나 적어도 그 서적들이 있었을 것이다. 윤선도는 스승이 따로 없었던 것으로 알려져 있는데, 해남 윤씨가의 장서가 아마 그의 스승이었지 않았나 추측해본다. 만일 그렇다면 윤선도의 풍수에 대한 지식이나 복서, 의학과 같은 학문들은 독학했을 가능성이 크다. 정조와 같은 이는 고산의 풍수지리에 대한 안목을 한양의 터를 잡았던 무학과 같은 반열에 올려놓을 정도였다.

"참의 윤선도는 호가 고산인데 세상에서 오늘날의 무학이라고 부른다. 풍수지리의 학문에 대하여 본래 신안의 실력을 갖추었다."

그러나 풍수는 책만 본다고 되는 학문이 아니다. 발로 뛰어야 함은 물론이고, 스승이 없이 그 원용을 깨닫기에는 역부족이다. 고산도 그런 스승 아닌 스승이 있었다. 그가 바로 이의신李懿信이다. 이의신은 고산의 처고모부로 광해군 때의 명풍수이다. 윤선도의 묘는 풍수의 교과서라고도 할 수 있을 정도로 명당이라고 알려져 있는데, 이 명당 터가 원래 이의신이 찍어둔 자리였다고 한다. 그 사연을 소개하면 다음과 같다.

이의신이 해남의 녹우당에서 고산과 함께 기거하고 있었는데 밤중이면 몰래 말을 타고 집을 빠져나가 새벽녘이면 들어오곤 하였다. 평소 이의신의 풍수지리 실력을 알고 있었던 고산은 이의신이 자신이 죽어 묻힐 명당을 찾고 있는 중이라고 직감했다. 어느 날 고산은 꾀를 내어 이의신에게 술을 진탕 먹여 곯아떨어지게 하고는 평소 이의신이 타던 말을 앞세웠다. 말은 늘 하던 습관대로 밤이면 언제나 가곤 하던 그 길을 따라가더니 이윽고 어느 지점에 멈추었다. 주변에는 말똥과 담배를 피운 흔적이 있었다. 여기구나 하고, 고산이 말에서 내려 그 자리를 살펴보니 과연 천하의 명당이었다. 고산은 주변에서 썩은 말뚝 하나를 찾아내 진혈처眞穴處(명당)에 묻고는 집에 돌아왔다. 이튿날 고산은 이의신에게 자신이 잡아놓은 자리가 하나 있으니 한번 보아달라고 시치미를 떼고 부탁하였다. 이의신은 흔쾌히 응했다. 그러나 막상 가보니 그곳은 자신격자봉 바로 아래 숲 속에 낙서재가 있고 맞은편 야트막한 산 가운데 바위에 동천석실이 있으며 오른쪽 산 너머에 세연정이 있다.

이 잡아놓은 명당이 아닌가? 이의신은 깜짝 놀랐다. 이의신은 탄식했다. 명당에는 임자가 따로 있는 법이라더니, 이의신은 그 자리를 고산에게 순순히 양보하였다. 그래서인지 고산 이후 이 집에서 윤두서라는 걸출한 선비 화가가 배출되었다는 것이다.

하긴 외손으로 치면 다산도 있다. 윤선도는 효종이 죽자 현종에게서 능 쓸 자리를 봐달라는 부탁을 받고 후보지를 물색한다. 그리고 그 보고서인 『산릉의山陵議』를 제출했다. 여기서 고산은 수원 땅을 최고로 보고 그 이유를 이렇게 말하고 있다.

"신이 삼가 이 산을 살펴보았는데 용혈사수龍穴砂水가 지극히 좋고 아름다워 작은 흠집 하나 없습니다. 진실로 탁월한 길지로서 천 리를 살펴도 그와 같은 곳은 없으며, 천 년에 한 번 만날까 말까 하는 자리입니다. 안팎과 주변 모두가 길격입니다. 모든 술관들이 충분히 이에 대해 진단할 수 있을 것이어서 제가 반드시 중복하여 자세히 말씀드릴 필요가 없을 것입니다. 대체로 그 용의 국세는 영릉(세종 임금의 능)에 버금가는 것으로서 주자朱子가 말한 종묘를 오랫동안 보존할 수 있는 계책이 바로 여기에 있습니다."

풍수지리를 주자의 말로 설득하고 있다. 그러나 이 천하길지는 송시열과 송준길이 반대해 효종의 능은 구리시의 건원릉으로 정해진다. 이때 윤선도는 개인적으로 친한 사람들에게 다음과 같이 말했다고 한다.

"10년이 채 안 가 능에 큰 변고가 있어 반드시 이장을 할 것이오. 나는 이 일을 보지 못하고 죽겠지만 제공들은 보게 될 것이오. 그때 내 말이 생각날 것이오."

그로부터 15년 후 윤선도의 예언대로 효종 왕릉에 붕괴 사고가 발생하여 경기도 여주군 능서면 왕대리로 옮겨진다(송시열은 그 책임을 지고 귀양 간다). 그리고 윤선도가 극찬하였던 수원의 땅은 그로부터 130년이 지난 다음에야 정조 임금에 의해 그 진가를 인정받아 정조의 아버지 사도세자의 능(융릉)이 된다. 정조 임금은 사도세자의 능을 이장하는 과정에서 수원 땅이 길지임을 알아본 윤선도를 높이 평가하여 몇 번씩이나 그를 칭찬하였을 뿐만 아니라 윤선도의 후손에게 벼슬을 주도록 하였고, 능의 조성으로 옮겨진 신新수원에 집터를 사주도록 할 정도였다. 결국 130년 만에 윤선도의 풍수지리가 명예 회복을 한 셈이다.[15]

은둔의 망명정부

"더구나 물건의 형상은 이치가 있으니, 지형이 물건의 형상을 본받는 것이 아니고 물건의 형상이 천지를 본받는 것입니다." 고산은 심지원에게 보낸 편지에서 효종의 능 후보지 중의 하나인 수원 땅의 지세를 설명하면서 이렇게 얘기하고 있다. 나는 이 얘기가 형국론을 옹호하는 발언인지 정확지 않지만 그 이치는 바르다고 생각한다. 닭의 형상을 하고 있다고 해서 그 산을 닭의 성질과 결부시키는 것은 억지다. 우리가 형국론에서 이런저런 물격을 부여하는 것은 단지 편의일 따름이다. 역시 탁월한 안목의 풍수학인의 자세다. 고산이 그 탁월한 안목으로 부용동을 조성했음은 여지없다.

고산은 풍수지리로 부용동의 지세를 잡고 음양오행으로 세연정의 정원을 조성했다. 그리고 건축을 통해 풍수지리의 의미를 더욱 부각시켰다. 부용동은 격자봉 아래 낙서재 터를 원점으로 하여 완만한 타원을 그려나가고 있다. 부용동의 풍수지리는 일반적인 좌향으로 해석해서는 안 된다. 일단 섬이라는 특수성과 함께 부용동이 잠재하고 있는 남쪽 격자봉의 위상이 그것을 허락하고 있지 않다. 고산의 말처럼 보길도는 연꽃의 형상을 하고 있다. 그의 말마따나 물건의 형상이 천지를 본받는 것이라면 적어도 보길도는 꽃잎 속에 안겨 있는 형상이다. 그래서 부용동은 그 자체가 하나의 소우주로 대변된다. 그렇게 규정할 때에야 비로소 전통적인 좌향에 상관없이 자유자재로 경영이 가능해진다. 낙서재에서 세연정 쪽을 바라보았을 때 왼편의 동천석실은 그런 부용동의 전경을 강조하는 구실을 한다. 고산은 이렇게 큰 스케일로 지세를 정리하고 그 지세를 더욱 강조하는 의미로 요소요소에 건축물을 두고 있다.

그런 다음 곧 세연정의 조성에 들어간다. 세연정은 계류의 상류에서 하류로 이어지는 세연지와 인공적인 방지 형태인 회수담, 두 연못 가운데 있다. 이 정원은 도가의 이상향으로서의 수미산을 상징한다. 수미산은 산을 중심으로 두 개의 호수가 태극의 형상으로 돌고 있다고 전해진다. 그렇다면 세연정은 수미산을 상징하고, 세연지와 회수담은 수미산을 휩싸고 도는 두 개의 호수를 상징한다. 동대와 서대의 위치로 보아 세연지는 양을 상징하고 회수담은 음을 상징한다. 음과 양이 서로 조화를 이루어 천지만물을 생성하듯이 부용동의 지세는 거꾸로 이 세연지와 회수담의 조화에 의해 상징적으로 다시 태초의 모습으로 태어나는 것이다.

동천석실洞天石室의 의미도 세연정 일대의 조성과 그 맥을 같이한다. 동천은 함허동천涵虛同天에서 유래한 듯하다. 강화도에도 함허동천이란 지명이 있지만 이는 원래 도가적 이상향을 뜻한다. 동천석실은 세연정의 음양 원리가 만들어낸 고산 개인의 이상향으로 상징화된 당호일 것이다. 세연정의 태극의 원리가 혹약암或躍岩[16]에 의해서 일세경영의 한을 추슬렀을 테고, 그렇게 본다면 동천석실은 아마 고산이 선택할 수 있는, 어쩔 수 없는, 궁극적인 도달처일 것이다.

고산은 마지막 귀양지에서 돌아온 그해 보길도로 들어가서 살다 1671년 향년 85세로 낙서재에서 죽었다. 평생을 전쟁터에서 살았고, 전쟁이 끝난 후에는 당쟁에 휘말려 풍운이 그칠 날 없었다. 너무도 완고한 현실 앞에서 그의 선배들이 꿈꾸었던 성리학적 이상은 그에게 있어서는 너무도 허약해 보였다. 그래서 그는 때가 아니면 물러서서 기다린다는 식의 성리학적인 은둔을 한 것이 아니라 그 스스로 도학의 이상향을 만들고 거기로 망명해버린, 당대를 과거로 만든 고독한 은둔자였다.

이곳에서 노래 부르고, 이곳에서 곡하리라

다산초당 茶山草堂

도산서당을 찾을 때는 눈꽃이더니 다산을 찾아가는 이번 강진행은 그 화려하던 봄꽃도 져버린 신록의 잔치이다. 아직 성하盛夏의 녹음을 이루기 전의 초여름의 푸르름이 이제 막 피기 시작한 붉은 장미를 더욱 요염하게 강조하고 있다. 장미의 계절이다.

지난 늦겨울 윤선도의 행적을 찾아가는 보길도 여행에서 송호리의 노을을 감상하기 위해 우리는 차를 세웠다. 모두들 노을 구경을 하고 있었지만 나는 무회의 아들 철민이와 돌팔매질을 하다 허리가 나갔다. 처음에는 참을 만하던 통증이 보길도의 예송리에 도착해서는 운신이 어려운 지경이 되었다. 도착하자마자 예송리의 해변에 불을 피우고 고기를 구우며 우리는 예송리의 파도 소리를 들으며 술을 마셨다. 물론 나는 허리가 아파 누워서 마셨다. 검은 자갈을 밀고 올라오는 낮은 파도 소리와 허리의 통증이 밀려오고 밀려가는 파도처럼 교차되었다. 증세는 밤에 잠을 이루지 못할 정도로 악화되어 낮에는 벽곡의 부축을 받고 나서야 낙서재에 겨우 오를 수 있었다. 3박 4일의 통증을 겪으면서 고산 선생이 나를 거부하는구나 하는 생각이 저절로 들었다. 그렇게 한 달을 고생했다. 한번 허리가 나가면 다 나아서도 그 고통의 기억 때문에 행동이 무척 조심스러워진다. 이번 여행은 그렇게 조심스럽게 나아갔다. 여우가 물을 건너듯 그렇게.

그래서 이번 답사는 다산의 생가인 능내의 여유당與猶堂에서부터 출발하기로 하였다. 올림픽대로를 따라 정체된 도로를 달려 팔당대교를 넘어서자 '다산 유적지'라는 이정표가 눈에 들어온다. 다산茶山 정약용鄭若鏞(1762~1836). 생애 동안 5백여 권에 달하는 방대한 저술을 남겼고, 후세인들의 다산에 대한 연구 역시 철학, 문학, 사학, 수학, 의학, 정치, 경제, 심지어 미술사에 이르기까지, 그의 저술만큼이나 방대하다. 그는 『마과회통』을 저술한 의학자이며, 거중기를 개발한 엔지니어인 동시에 철학자고, 뛰어난 시인이었으며 그의 선배인 이황과 마찬가지로 뛰어난 건축가였다. 사실 다산을 두고 건축가였다고 하면 퇴계의 경우와 달리 고개를 갸웃할 사람이 많을 것이다.

그러나 18세기 말에 건설된 세계에서 가장 오래된 신도시 계획인 수원성이 정약용의 주도 아래 이루어졌다는 것이 널리 알려진 사실이고 보면 건축가로서의 정약용의 모습이 그리 이상할 것도 없다. 조선 후기의 석전교축石塼交築(벽돌을 섞어서 쌓는 축성 방식) 읍성인 수원성은 정조의 명에 의해 1794년 2월 영중추부사 채제공蔡濟恭의 주도로 착수해 1796년 9월에 완공하였다. 당시로서는 널리 쓰이지 않던 (건축 재료로써의) 벽돌의 이용이나 거중기의 사용 같은 새로운 과학기술과 경사진 지형 조건에 맞추어 불규칙하게 쌓아나가는 전통적인 축성 방법을 결합해 새로운 개념의 성곽술을 제시한 사람이 바로 정약용이다. 그러니까 정약용은 퇴계로부터 이어지는 자유롭고, 합리적인 남인 학풍의 충실한 계승자이며 그 정점을 이루는 인물이라고 말할 수 있다.

조선 유학의 복잡성

조선의 유학은 언뜻 상식적으로는 이해가 되지 않는 복잡한 양상을 띠고 있다. 동일한 학문적 입장이 정치적 입장으로 나타날 때 전혀 다른 결과를 낳고 있기 때문이다. 그것은 조선 사대부들이 학자이면서 동시에 정치인士·大夫(글 읽는 선비와 관료)이기 때문에 일어나는 모순이기도 했다. 그들은 학문의 순수성과 정치의 현실성 양자 사이에서 때로는 학문적 입장을 강조하기도 하고 때로는 정치적 야심을 노리기도 하였다. 사실 조선이라는 나라는 선조 이후부터 왕조 중심이라기보다는 사대부 중심의 나라였다. 따라서 사대부의 학문적 입장과 정치적 입장은 상당히 긴밀한 것이어서 조선 성리학은 흔히 알고 있듯이 주기파와 주리파로 나눌 수 없는 세밀한 구분을 요한다. 순수한 철학적 입장에서 보더라도 비록 서경덕徐敬德(1489~1546)이나 임성주가 드문 기 철학자로 불리고 그들의 철학이 기의 자연스러움에 입각한 '우주적 생명'을 강조하고 있기는 하지만 여전히 욕망을 긍정하고 있지 않다는 점에서 주자학의 범주에서 크게 벗어나지 않는다. 기 철학이 인간의 마음과 대상 사이에서 일어나는 욕망의 문제에 주목하는 철학이라고 할 때, 조남호의 말대로 조선에서는 욕망을 긍정하는 주기론은 허균許筠(1569~1618)이 유일하지만 그는 자신의 철학 체계를 정립하기도 전에 대북大北 정권에 이용됨으로써 학파로 성립하지 못했고, 결국 조선에서는 욕망을 긍정하는 주기론은 학파로서 존재하지 않았다. 단지, 주로 남인으로 구성된 조선 후기 실학자들의 현실 개혁의 의지가 그나마 유일하게 기 철학을 수용하고 있을 뿐이다. 19세기 초의 철학자이자 시인이며 엔지니어인 다산 정약용의 사상과 실천은 이러한 리理 중심의 철학으로 완고해진 조선의 봉건적 질서를 개혁하고자 했던 남인 실용주의 노선의 접점이었다.

사실 남인, 북인, 노론, 소론 하는 구분은 다분히 정치적인 것이다. 18세기에 와서는 그 분파가 남인과 노론의 대립으로 어느 정도 진정 국면으로 접어들었지만 학문적 입장에서는 남인과 서인(1674년 효종의 비 인선왕후의 상을 치르는 문제로 남인을 몰아내면서 서인들 사이에는 남인을 어떻게 처리할 것인가 하는 문제를 두고 노론과 소론으로 갈라진다)의 대립이라고 말해질 수 있다. 율곡의 문하로 얘기되는 서인과 이황의 문인들로 얘기되는 남인은 기氣와 리理를 해석하는 데 차이를 보인다.

율곡은 기氣의 움직임만을 인정하고 리理의 움직임은 인정하지 않는다. 그러나 이황은 리理의 움직임을 인정한다. 이렇게 놓고 보면 율곡은 주기론자처럼 보이고 이황은 주리론자처럼 보이지만 사실 이황이나 율곡이나 기氣에 의해서 리理가 가려지는 것을 극복하고 리理의 순수성으로 돌아가자는 모토는 동일하다. 이 부분에서 조선에서는 욕망을 인정하는 진정한 주기론자가 없다는 말이 유효해진다. 그러나 주기론에서는 욕

다산은 산 너머 이웃한 백련사 차를 여기 다조에서 우리며
짧지 않은 유배 생활을 버텼을 것이다.

망의 문제 말고, 또 하나 중국의 왕안석으로 대표되는 사회적 물질적 현실을 인식하고 도덕 수양보다는 객관적 현실 인식을 중요시하는 특징이 존재한다. 즉, 기 철학은 인간의 마음에 존재하는 욕망의 문제와 도덕보다는 객관적 현실 인식의 두 가지 문제가 중요하게 다루어지는 것이다. 그러니까 조선의 기 철학은 실용주의와 현실주의를 말한다고 해도 크게 어긋나지 않는다.

그래서 기氣의 움직임만을 인정하는 율곡의 입장으로 볼 때 그의 제자들이 정치적 헤게모니를 쥐는 것은 어쩌면 당연하다. 현실적 감각을 중요시하기 때문이다. 그리고 도덕 수양의 문제를 탐구하는 퇴계의 제자들이 산림에 은거하여 공부에 전념하는 것도 당연하다. 그래서 선조 이후부터 율곡 문하의 서인은 거의 정국을 주도하는 집권 세력이 된다. 그런데 역설적으로 서인은 주 집권 세력이 되면서 현실 개혁적인 학문적 성격이 퇴색하고, 마음 수양에 중점을 두던 퇴계의 남인들이 반대로 집권층을 향해 개혁을 주장하게 된다. 반계 유형원柳馨遠(1622~1673), 성호 이익, 다산 정약용, 우리가 실학자라고 알고 있는 조선 후기의 학자들은 모두 남인 출신들이란 것이 그것을 증명하고 있다. 물론 여기에는 기 철학과 리 철학으로 나눌 수 없는 조선 성리학의 특이성이 있었고, 그것 때문에 학문적인 입장보다는 정치적 입장이 보다 강하게 분파적 특성을 만들어냈음은 사실이다. 어떻게 보면 조선에는 주기론자가 없다라는 말은, 모두 주리론자였다라는 말과 같다. 조선 유학의 복잡성은 이 주리론의 미세한 차이와 정치적 입장의 분명한 파벌이 만든 결과였다. 정약용의 그 방대한 저술은 이러한 당시의 학문적, 정치적 상황과 결코 무관하지 않다.

정처 없는 자의 아름다움

다산 정약용의 가계는 그냥 주욱 훑어만 보아도 어떻게 이렇게 한 시대의 모순이 그대로 한 인간에게 투사될 수 있는지 경이로울 지경이다. 다산은 1762년(영조 38년) 음력 6월 16일 정재원丁載元과 해남 윤씨 사이의 넷째 아들로 태어났다. 위로는 이복형으로 약현이 있었고, 동복형인 약전, 약종이 있었다. 아버지의 집안은 그리 대단한 집안은 아니었지만 어머니 집안과, 이 집 형제들의 나중은 대단하다. 우선, 어머니 윤씨는 세밀하고 파격적인 구도의 자화상으로 유명한 공제 윤두서의 손녀이고, 『자산어보』로 유명한 형 약전은 나중에 정약용과 같이 유배길에 오르게 되며, 셋째 형 약종은 천주교 초기 순교자로 처형당할 때 누워서 목에 칼을 받고 죽었다. 그리고 "달은 떨어져도 하늘에 달려 있는 것이고, 물은 치솟아도 못이 마르면 다한다月落在天水上池盡"라며 서소문에서 순교한 이승훈은 약전의 친구였고, 나중에 정약용의 매부가 되었다. 또 '황사영 백서' 사건으로 신유사옥의 원인이 된 황사영은 큰형 약현의 사위니까 정약용에게는 조카사위가 된다. 온 집안이 천주학에 얽혀 있었고 천주학으로 인해 풍비박산이 난 것이다.

다산이 출생한 해는 영조가 아들인 사도세자를 뒤주에 가둬 죽인 이른바 임오사건壬午事件이 일어나 노론老論과 남인南人으로 갈라져 있던 당파가 사도세자를 옹호한 남인계 시파時派와 그를 죽음으로 몰고 간 벽파 癖波로 다시 나뉘게 되었다. 정약용의 아버지 정재원은 남인 시파였는데 이때 어지러운 정국을 피해 농사나 지어야 되겠다고 작정을 하고 지금의 능내, 마재馬峴로 이사 온다. 그때 태어난 자식이 다산이었으므로 첫 이름을 귀농歸農이라고 불렀다. 아버지, 어머니, 매부, 사위 모두가 남인 시파 집안이었다.

이번 답사에서 바로 다산초당으로 향하지 않고 생가를 먼저 둘러보고자 했던 것은 생가인 여유당의 자연이 혹 다산초당에도 묻어 있을까 해서이다. 누구나 어린 시절 자신이 살았던 집의 추억은 있기 마련이다. 뒷산의 나무, 우물의 위치, 부엌과 마루의 위치 등, 이런 것들은 나중에 자기 집을 지을 때도 그대로 반영된다.

코끝에 스치는 이 무슨 꿀 향기
작은 꽃잎이 눈같이 흰 찔레꽃

怪有蜜香來觸鼻
白花如雪野薔薇

다산은 고향 마재의 초여름을 이렇게 노래했다. 언제 쓴 시인지 모르지만 찔레꽃은 다산에게 있어서 중요한 아이콘이다. 찔레꽃은 고향에도 피어 있고, 강진의 유배지에도, 그가 유배 시절 드나들던 외가인 해남 녹우당의 뒤란에도 피어 있었다. 찔레꽃에는 원나라에 조공으로 바쳐진 한 처녀가 고향을 그리워하다 죽어 꽃이 되었다는 슬픈 이야기가 전해온다. 부모와 동생을 찾아 처녀가 헤매던 골짜기마다 개울마다 처녀의 마음은 흰 꽃이 되고 소리는 향기가 되어 피어난 꽃. 다산은 19년 동안의 유배에서 돌아와서도 늘 고향을 그리워했을 것이다. 고향에 돌아와서도 고향을 그리워하는 늘 떠도는 자의 풍경. 19년 동안의 유배 생활 동안 다산은 여행자가 되어 있었다. 정처 없는 자의 아름다움.

"더구나 떠도는 일은 전혀 슬픈 일이 아닙니다. 어부는 떠돌면서 먹을 것을 얻고 상인은 떠돌면서 이익을 얻습니다. 범려는 벼슬을 버리고 강호를 떠돌면서 화를 피했고, 불사약을 찾아 떠났던 서불은 섬나라에서 나라를 열었습니다. 당나라의 장지화도 강호를 떠돌며 즐거워했고, 예찬은 떠돌면서 역도의 무리로부터 안전했습니다. 그러니 떠도는 것이 어찌 하찮은 일이겠습니까? 그러므로 공자 같은 성인도 또한 떠돌아다닐 뜻을 말하셨던 것입니다. 생각해보면, 떠도는 것도 아름답지 않습니까? 물에 떠다니는 것도 그런데, 어찌 땅에서 떠도는 것을 가지고 상심하겠습니까?"

「부암기浮菴記」 중에서

우리의 삶이란 둥둥 떠다니는 것이라서 자기는 사당과 자손이 있는 세거도 가꾸지 않고 사는데 너는 왜 유배지에 와서 그렇게 열심히 화초를 가꾸고, 샘을 파느냐는 한 노인의 질문에 정약용은 노인이 말한 '떠도는 허무한 삶'이란 말을 그대로 '정처 없는 자의 아름다움'으로, 의미를 바

강진에서 유배 생활 18년 가운데 10년을 이곳 초당에서 지냈으니 고향 집처럼 깊은 정이 들었을 것이다.
세간 사람들이 다산 4경 가운데 정석을 1경으로 꼽는 데는, 이처럼 다산의 흔적이 직접 드러난 유적이 없기 때문이다.

꾸어버린다. 거기에는 도저한 생의 긍정이 자리하고 있다. 이미 다산은 이황의 리理 철학을 극복하고 있는 것이다. 그것은 예전의 안빈낙도가 아니라 분명히 '지금, 여기'에 대한 긍정이자 탐구였다. 그래서 조선 성리학은 리理 중심의 기 철학으로 넘어온다. 분명 다산에게는 욕망의 긍정이 있고, 냉철한 현실 인식이 있다. 그러면서도 세상을 주재하는 원리가 있다. 바로 이것이 그가 천주학에도 관심을 가졌던 이유이다.

남인 실용주의의 집—여유당與猶堂

이황이 리理 철학의 줄기를 만들고 그 변용의 정신을 삶의 태도로 보여주었다면 그 후학들은 그것을 바탕으로 실용주의적인 리理 철학을 만들어나갔다. 그것은 성호星湖 이익李瀷(1682~1763)으로부터 안정복, 윤동규, 신후담, 권철신 등의 제자들과 아들 이맹휴, 조카 이병휴, 증손자 이가환, 이구환, 이중환 등 집안의 후손들, 그리고 정약용에 이르기까지 비록 정계에서는 밀려났지만 남인들의 리 중심의 기 철학적 학풍은 조선 말기의 사상계를 풍미한다. 마재의 정씨 형제는 그 중심에 서 있었던 인물들이었다.

그래서 그런지 이 집 여유당은 경기도 지방의 전형적인 'ㅁ'자 주택의 형태를 하고 있으면서도 대문과 쪽문이 마주 보고 서 있고, 행랑과 안채가 떨어져 있어 'ㅁ'자 주택의 변형된 모습이라 할 수 있다. 건물의 배치는 변형은 좀 된 것 같은데 집에 담긴 주인의 생각을 읽어내기에는 충분하다. 사실 나는 이 집에 대한 기대는 전혀 하지 않았다. 이미 많은 변형을 겪었을 것이고, 복원도 후손들의 거창한 생각에 심하게 왜곡되었으리라 생각했다. 그래서 단지 마재의 자연을 보는 것으로 만족하려고 했다. 그러나 이 집은 의외로 도산서당과 연장선상에 있었다. 도산서당의 툇간이 단지 생활의 기능에 충실하고자 했다면 여유당의 툇간은 기능적으로도 환경적으로도 완벽하게 대응하고 있었다.

안채의 툇마루는 겨울철의 추위에 대비하고, 기능적으로도 좀 더 내부공간으로써 쓸모 있게 더 넓어져 있었고, 벽과 문까지 달려 있어 완벽한 보온을 꾀하고 있었다. 여름에는 문을 열어두어 바람이 통하게끔 되어 있고, 또 집에 깊은 그늘을 드리워서 처마와 툇간에서 서늘해진 바람이 방 쪽으로 불게 계획되었다. 그리고 겨울에 문을 닫으면 안채는 그대로 북부형 겹집의 보온 효과를 낼 수 있게 설계되었다. 그리고 바람을 많이 맞고 빛이 안 드는 산 쪽으로 면한 북서쪽의 방들에는 각각 벽장을 설치해서 이중벽의 효과를 냄과 동시에 기능적으로도 수납공간을 이루어 생활의 편리를 도모했다. 사랑채의 툇마루도 마찬가지로 툇간이라고 불러야 마땅한데 거기도 역시 문이 달려 있어 겨울철의 추위를 대비함과 동시에 사랑채와 안채가 공간적으로 바로 트여서 보이는 단점을 공간의 깊이로 해결하고 있었다.

이 집은 원래 병조참의를 지낸 다산의 5대조 정시윤(1646~1713)이 만년에 네 아들과 한 명의 서자와 함께 마재로 이사 와 여생을 보냈는데, 나중에는 그 서자가 살았던 집이다. 여유당與猶堂은 이 집의 사랑채의 이름인데, 이것은 분명히 회의실로 전용한 흔적이 역력하다. 길고 좁은 방이

연못에는 연꽃 몇 십 포기를 심고 붕어를 기른다. 따로 대나무를 쪼개 홈통을 만들어서
산골짜기의 물을 끌어다 연못에 대고, 연못에서 넘치는 물은 단장 구멍을 통해 채마밭으로 흐르게 한다.

사랑채의 축 방향으로 이어지고 끝에서는 방이 하나 만들어져 있다. 그래서 그 방의 미닫이문을 열면 방은 사랑채와 하나의 공간이 된다. 아마도 이 집의 주인이 그 자리에 앉아서 지역의 유생들과 당면한 정치적 과제와 때로는 심각한 학문적 토의가 격렬하게 이루어졌을 것이다. 이 집을 가만히 보면 대문이 대청과 연장선에 있는 게 아니라 직각으로 꺾어져 있다. 그리고 사랑채를 행랑과 구분하기 위해 지붕의 구조가 행랑 3량을 그대로 이으면서 사랑채에 와서는 5량으로 그 구조가 바뀐다. 그 늘어나는 두 량이 여유당(사랑채)의 외부 툇마루와 내부 툇간이다.

우리의 전통 한옥은 추위에 대단히 취약하다. 온돌은 대단히 뛰어난 난방 방식이지만 그 온기를 오래 붙잡아두는 벽이 목재 가구식 구조와 상충하면서 외풍이 심하고 바닥은 뜨거운데 공기는 찬 단점이 있다. 더구나 마루와 온돌이 결합해 남부와 북부에 걸쳐 광범위하게 쓰이면서 그런 단점은 추운 북부에서는 더욱 속수무책이 되었다. 그런데 여유당은 겨울과 여름 양극단의 기후를 정확히 과학적으로 예측하고, 그 데이터에 공간의 기능을 적절히 이용하여 한옥의 문제를 해결하고 있다. 구조, 환경, 기능, 그리고 상징이 결합하여 인텔리전트 한 한옥 한 채를 만들어놓았다. 특히 도산서당에서 보았던 툇간이 적극적으로 활용된 점은 남인 리理 철학의 자유롭고 합리적인 폭을 짐작케 해주는 대목이 아닐 수 없다.

사실 퇴계의 철학은 굉장히 논리적이고 강경하다. 그러나 사단칠정논쟁에서 보여주듯이 퇴계가 상대방의 논리를 수용하며 자신의 사고를 수정해나가는 과정은 대단히 유연하다. 확고한 논리와 언제든지 자신의 논리를 수정할 준비가 되어 있는 학문에 대한 유연한 자세, 이것이 이후 남인 리理 철학의 실용주의를 낳는 거름이 되고 있다.

아름다운 시절 — 죽란시사

다산이 한창 세인의 촉망을 받던 스물세 살 무렵인 1784년에 다산은 서울의 회현방에서 살았다. 그러나 생활은 꽤나 곤궁했던 모양이다. 그때 먹을 것도 없어서 계집종 하나가 남의 집 호박을 따다가 죽을 끓여 주인께 올린 모양이다. 그러나 깐깐했던 정약용의 부인 홍씨는 "누가 너더러 도둑질을 하라 했냐?"고 매를 든 모양이다. 우연히 그 모습을 본 정약용은 '만 권 책을 읽은들 아내가 배부르랴, 두 이랑 밭만 있어도 계집종이 죄짓지 않아도 될 것을'이라고 속으로 탄식하며 '나도 출세하는 날이 있겠지. 하다못해 안 되면 금광이라도 캐러 가리라'고 자조한다. 금광이라니? 이전의 퇴계와 남명에게서는 감히 찾아볼 수 없던 면모이다. 박무영은 이 장면에 대해 호박 하나 없어 굶어 죽을 판에 계집종의 부도덕을 꾸짖는다는 게 얼마나 가증스러운 위선인가? 라고 하며 정약용의 「가난 貧」이란 시를 옮겨놓고 있다.

> "안빈낙도 하리라 말을 했건만, 막상 가난하니 안빈이 안 되네. 아내의 한숨 소리에 그만 체통이 꺾이고, 굶주린 자식에겐 엄한 교육 못하겠네."

그러나 좋은 날도 있었다. 다산의 나이 34세인 1796년 무렵 그는 고관의 집들이 많았던 명례방에서 살게 된다. 지금도 도심에서는 마당이 없는 집들이 대부분이지만 그때 한양도 마찬가지였던 모양이다. 번듯한 정원은 꿈도 못 꾸고 마당 한 켠에 화분을 갖다놓고 감상했던 모양이다. 「죽란화목기竹欄花木記」에서 정약용은 이렇게 그 정원을 묘사하고 있다.

"내 집은 명례방에 있다. 명례방에는 고관의 저택들이 많아, 번화한 네거리에는 날마다 수레바퀴와 말발굽이 서로 엇갈리며 달린다. 그러니 아침저녁으로 완상할 만한 연못이나 동산이 없다. 해서 내 집 뜰의 절반을 잘라 구획을 하고 좋은 꽃이나 과실나무를 구하여 화분에 심어 채워놓았다. (……) 그런 다음, 오가는 종들이 옷자락으로 꽃을 건드리지 않도록, 서까래처럼 생긴 대나무를 구해 그 동북 쪽에다 울타리를 설치했다. 이것이 소위 죽란竹欄이다. 조정에서 물러 나오면 건을 비껴 쓰고 울타리를 따라 거닌다. 혹은 달빛 아래 홀로 술을 마시며 시를 짓기도 하니, 고요하여 산림이나 원포園圃의 정취가 있었다. 그래, 시끄러운 수레 소리도 거의 잊어버릴 수 있게 되었다. 윤이서, 이주신, 한혜보, 채이숙, 심화오, 윤무구, 이휘조 등 몇 사람들이 날마다 찾아와 얼큰하게 마셨으니, 이것이 소위 '죽란시사竹欄詩社'라는 것이다."

회현방 시절에는 태학생 시절이니 가난했지만, 조정에 들어간 후에는 다행히 금광은 캐러 가지 않아도 될 만큼은 경제적인 여유가 좀 생긴 모양이었다. 특히 정약용에게는 국화를 감상하는 독특한 방법이 있었는데 그 방법은 이렇다. 우선 국화의 위치를 벽에서 약간 떨어지게 한다. 그러고는 촛불을 적당한 곳에 놓아서 국화를 비치게 한다. 그러면 국화 꽃잎의 속속의 그림자가 벽에 어우러져 기이한 무늬가 벽에 가득 펼쳐지게 되는 것이다. 나도 한번 그대로 해보았는데 촛불로부터 가깝고 먼 꽃잎들이 벽면에서 제각각의 농담을 머금고 벽에 가득 펼쳐지는 풍경은 감탄할 만하다. 다산의 말대로 그대로 한 폭의 수묵화다.

이때 다산의 생활은 그야말로 'la belle epoque'였다. 다산의 말대로 그렇게 감탄이 진정되면 술을 내오게 했고, 술이 거나해지면 함께 시를 지으며 즐겼다. 그러나 아름다운 시절은 언제나 잠깐으로 충분한 법. 천주교에 대한 박해가 시작되자 정씨 집안 형제들도 위기에 휩싸인다. 다산의 천주교 신봉 문제도 반대파에 의해 끊임없이 제기된다. 그래서 정조는 할 수 없이 1797년 다산을 황해도 곡산 부사로 발령한다. 그리고 다시 1800년에는 할 수 없이 초천으로 또 낙향시킨다. 언제 어떻게 어떤 상소로 자신의 정치적 생명이 끝날지도 모르는 살얼음판 위를 걷는 나날이었다. 이 위기감을 다산은 노자의 『도덕경』에서 한 글귀를 찾아내어 경계로 삼는다.

　　옛날에 도를 잘 터득한 사람은 미묘하고 통달하여,
　　그 깊이를 알 수가 없다.
　　알 수 없으므로 사람들은 억지로 그것을 형용하고자 한다.
　　망설이기를 마치 겨울에 언 강을 건너는 것과 같고,
　　겁내기를 마치 사방의 이웃을 두려워하는 듯하고,

엄숙함은 마치 손님이 하는 것과 같이 한다.

古之善爲道者, 微妙玄通, 深不可識
夫唯不可識, 故强爲之容
與兮若冬涉川
猶兮若畏四隣
儼兮其若客

여유당與猶堂이라는 호는 여기에서 따온 것이다.[17] 그러나 그런 경계도 허사로 돌아가 1801년 드디어 조카사위인 황사영의 백서가 발각이 나 신유사옥이 일어나고 성호 이익의 증손자인 당시 사림 사교계의 황태자였던 이가환과 셋째 형 약종이 죽고, 둘째 형 약전과 정약용은 정처 없는 유배길에 오르게 된다. 참, 좋은 시절은 아름다워서 짧은가? 짧아서 아름다운건가? 알 수 없다.

유배지에서 보낸 한철

나는 다시 찔레꽃 향기를 쫓아 강진으로 간다. 다산이 떠돌아다녔던 곳마다 하얀 찔레꽃이 피어 있다. "찔레꽃 붉게 타는……"이라는 노랫말도 있지만 찔레꽃은 희다. 붉은 찔레꽃은 없다. 정확히 하면 '찔레 열매 붉게 타는'이 맞다. 그러나 '찔레꽃 붉게 타는'이 (틀리지만) 시적이다. 흰 찔레꽃과 붉은 열매가 통시태적으로 같이 보인다. 괜찮다.

다산과 형 약전은 관원들의 호송을 받으며 나주의 율정栗亭이라는 곳에 도착하여 약전은 서해안의 먼 곳 흑산도로 향하고 동생 정약용은 남쪽 강진으로 향했다. 이것이 두 형제간의 돌아올 수 없는 마지막 이별이었다. "흑산도는 저 하늘 저 바다의 끝에 있는 외딴섬이오, 형님이 그런 곳에 유배되시다니……" 자신도 비슷한 처지이지만, 유달리 너그러운 마음을 갖고 있던 형이었고, 학문적 동지요, 친구이며, 존경하는 선배였던 약전을 외딴섬으로 보내는 다산의 마음은 안타까움에 발이라도 굴러보고 싶었으리라. 어쩌면 다시는 못 볼 것 같은 불안이 다산의 마음을 무겁게 했을 것이고, 실제로 또 그렇게 되고 말았다. 이 생이별이 그대로 생사의 이별이 되었다.

1801년 겨울 강진에 도착하여 다산은 강진 유배처에서도 거처를 네 번 옮겼다. 유배 온 귀양객을 사람들이 무섭게 생각하여 달아나곤 하였는데 처음에는 외가인 해남 윤씨 집안에서조차 그를 꺼렸다고 한다. 다산은 그때의 심정을 「탐진촌요耽津村謠」에서 이렇게 노래했다.

    북쪽 바람 눈 휘몰듯이 나를 몰아붙여
    머나먼 남쪽 강진의 밥 파는 집에 던졌구료.

그러나 그런 한탄만 하고 있을 다산이 아니었다. 다산은 곧 이것이 어쩌면 또 다른 의미에서 기회인지도 모른다고 생각했다.

대개의 집들은 사랑채 이름으로 그 이름을 정한다. 여유당與猶堂이란 노자의 『도덕경』의 "겨울 냇물을 걷듯이, 이웃을 두려워하듯이 살라"는 여유與猶에서 가져온 이름이다.

"방에 들어가면서부터 문을 닫고 밤낮으로 외롭게 혼자 살아가자 누구 하나 말 걸어주는 사람도 없었다. 그러나 오히려 기뻐서 혼자 좋아하기를 '나는 겨를을 얻었구나' 하면서, 『사상례』 3편과 『상복』 1편 및 그 주석을 꺼내다가 정밀하게 연구하고 궁극까지 탐색하며 침식을 잊었다."

『상례사전喪禮四箋』 서문 중에서

그런 다산을 따뜻하게 거둔 이가 읍성의 문을 지키던 병사들을 상대로 술과 밥을 파는 노파였다. 그는 이 오두막에서 4년을 지냈고, 그 집 당호를 '마땅히 지켜야 할 네 가지' 라는 뜻으로 사의재四宜齋라 했다. 사의재란, 첫째, 생각은 마땅히 맑아야 하니 맑지 못함이 있다면 곧바로 맑게 해야 하며, 둘째, 용모는 마땅히 엄숙해야 하니 엄숙하지 못함이 있으면 곧바로 엄숙하게 바로잡아야 하고, 셋째, 언어는 마땅히 과묵해야 하니 말이 많다면 곧바로 그치도록 해야 하며, 넷째, 동작은 마땅히 후중하게 해야 하니 후중하지 못하다면 곧바로 더디게 하도록 해야 한다는 뜻이다. 남의 집에 얹혀살면서 당호까지 붙이다니 좀 생뚱맞기는 하다. 다산은 노파의 도움으로 안정을 찾고 이곳 사의재에서 주로 『상례喪禮』를 비롯한 학문 연구와 아동용 교과서인 『아학편훈의兒學編訓義』를 저술하고, 한편 글방을 열어 제자들을 기른다. 이때 그가 가르쳤던 제자들이 바로 나중에 읍성제생邑城諸生으로 손꼽으며 평생 잊지 못했던 손병조, 황취, 황지초, 이청, 김재정 등이다. 다산의 강진읍 생활에 많은 도움을 주었던 이들에 대해서 다산은 "어려운 시기에 근심과 걱정을 함께 나눈 사람들이다. 귤동 초당에서 만난 사람들은 나라가 평온해진 뒤에 알게 된 사람들로서 읍내에서 사귄 이들의 정만큼은 못하다"고 술회하고 있다. 시인 김선태에 의하면 이 주막집은 지금 강진경찰서 앞 도로에서 동쪽으로 약 250미터쯤 떨어진 곳에 있다고 한다. 늙은 팽나무 한 그루가 서 있는 골목 사거리가 그곳이라는데 당시부터 있었다는 공동 우물이 지금도 남아 있어 샘거리로 불린다니 반갑고 신기하다.

1804년 4월 17일 다산은 읍내에 있으면서, 읍내에서 멀지 않은 만덕산의 백련사로 유람을 갔다. 백련사는 뒤에 다산이 10년 동안 살았던 다산초당의 동편에 있는 절이다. 거기에서 다산은 당대의 유명한 승려인 아암兒庵 혜장惠藏(1772~1811)과 만나게 된다. 혜장은 다산에게 그 지방에서 자생적으로 생산되던 차를 권유하여 그 뒤로 다산은 차에 깊이 빠지게 된다. 어쩌면 차보다는 혜장이라는 중의 매력에 먼저 빠진 것인지도 모른다. 다산은 혜장을 만나면서 불교를 만났고, 혜장은 다산을 만나면서 유학에 심취했다. 그리고 1805년 다산은 강진읍의 뒷산 보은산방(현 고성사)으로 거처를 옮긴다. 혜장의 도움으로 이제야 다산은 읍내의 협소한 움막집에서 벗어나, 조용하고 깨끗한 절에서 마음껏 연구할 수 있는 길이 열린 것이다. 혜장은 고성사와 백련사에 다산을 소개해 언제든지 찾아가서 편히 쉬고 마음껏 연구를 계속할 수 있게 주선했다. 이 유교와 불교의 학문적 만남은 후에 다산이 『대둔사지大芚寺誌』, 『만덕사시萬德寺詩』 등 불교 관계의 저술을 남기게 된 계기가 되기도 하였다. 다산은 이곳에서 주로 『주역』을 연구했다. 혜장은 다산을 만나 역의 이치에 대해서 배운

초당은 「초당도」에 나오는 모습은 아니지만 숲을 뚫고 떨어지는 햇살은 이 초당의 본모습을 예측하는 데 모자람이 없다.
우리 건축은 건물 자체가 아니라 자연과 함께 계획된다. 자연을 뺀 집은 의미가 없다.

후 불가의 공부에 깊은 회의를 느끼고 번민 속에서 술로 세월을 보내다 나이 40에 죽는다.

'뜰 앞의 잣나무' 화두에 누가 힘을 얻었는가
연화세계는 이름만 있는 것일 뿐
근심 속에서 광포한 노래들이 늘상 발하니
맑은 눈물이 술만 취하면 흘러나오네

柏樹工夫誰得力
蓮花世界但聞名
孤吟每自愁中發
淸淚多因醉後零

이 시는 혜장이 자신의 번민을 시로 써 다산에게 보여준 것이다. 불교에 대한 회의가 처처히 묻어 있는 처절한 시다. 그것이 불학이든 유학이든 무슨 이즘이든 간에, 한때의 회의를 겪어본 사람이면 누구나 이 시에 공감할 것이다. 다산도 그랬다. 다산이 죽은 혜장을 위해 만사를 지었는데 "관어각 위에는 책이 천 권이요, 말 기르는 상방에는 술이 일백 병"이라고 적고 있다. 주우酒友, 시우詩友, 학우學友로서 혜장은 다산의 유배생활에 더할 수 없는 삼우三友였다. 술을 함께 마시고 시와 학문을 함께 할 수 있다면 최고의 벗이 아니겠는가.

고성사 보은산방은 다산의 『주역』 연구서가 저작된 산실이고, 다산이 아들에게 『상례』와 『주역』을 가르치던 서당이기도 했다. 그리고 이곳의 우두봉은 우연히 동명의 섬과 산 이름이 울컥 형님 생각을 간절하게 해주어 다산이 오열을 터뜨리고 말았던 곳이다. 다산은 이곳에서 형이 계신 섬을 찾다가 어떤 것이 형님이 계시는 섬인지 가리지 못했는데, 중 한 사람이 "보은산의 다른 이름은 우이산이고, 절정의 두 봉우리는 형제봉이라고도 합니다"라고 하였다. 그 말을 듣고 다산은 바다를 사이에 두고 형이 계신 곳과 내가 있는 곳 두 곳 이름이 우이이고, 봉우리 이름 또한 형제봉이라니 결코 우연만은 아닌 어떤 운명에 망연했다.

> 나주 바다와 강진 사이 이백 리
> 험준한 우이산을 두 곳에 만들었네
> 3년 동안 묻혀 살며 풍토를 익혔으나
> 흑산도의 이름이 여기 있었다니
> 인간의 안력이야 애쓴들 멀리 못 봐
> 백 보만 멀어져도 눈앞이 희미해라
> 더구나 흙비 구름 끼어 술빛처럼 짙으니
> 눈앞의 섬들이야 더욱 구별 어렵구나
> 손에 준 옥돌 신표 바라본들 무엇하랴
> 괴로운 마음 쓰린 창자를 남들은 모른다네
> 꿈속에서 서로 본 듯 안개 속 바라보니
> 눈물만 흐르고 천지는 어둑해라
>
> 「구일등보은산절정망우이도九日登寶恩山絶頂望牛耳島」

그리움과 아픔이 절절히 배어 나오는 시가 아닐 수 없다. 희미한 눈, 술빛처럼 흐린 시계, 이런 구절들이 마지막 두 연의 평범함을 비범한 것으로 만든다. 귀양 온 지, 그리고 형과 헤어진 지 3년, 벌써 3년이 지난 것이다. 그래서 타향도 정들면 고향이랬다고, 다산도 점점 귀양살이의 꼴을 갖춰간다. 1806년 가을부터는 그의 애제자인 학래鶴來 이청李晴의 집에서 살았고, 1808년 봄에는 다산초당에 자리를 잡는다. 이 유배지에서의 순례 동안 다산의 인간 이해는 더욱 깊고 넓어진다. 삼인행필유아사三人行必有我師(세 사람이 길을 가면, 반드시 그중에는 나의 스승이 있다)라고 했던가. 밥집 노파에서부터 천재 승려, 그리고 유배객을 보고 도망가는 순박한 촌로에 이르기까지, 이들은 모두 다산이라는 한 시대의 사상을 만들어내기 위해 준비된 스승들이었다.

구이九二의 정원에서 — 다산초당

주차장에 차를 세워두고 다산초당으로 올라가는 길에는 편백나무가 즐비하게 서 있다. 나무에 문외한인 나는 무회와 장유당, 벽곡에게 측백나무와 편백나무를 구분하는 법을 배우고 계속 시험받으며 등성을 올랐다. 그리고 길지 않은 그 산길을 오르는 동안 나는 편백나무에게 반했다. 거칠면서도 섬세한 줄기와 그 곧게 뻗은 자태, 그리고 높이에서 펼쳐지는 푸르고 부드럽게 퍼지는 잎들은 가히 불멸을 상징하는 나무다웠다. 고대 이집트인들은 편백나무의 콘과 뾰쪽한 나뭇잎들을 신성한 향을 내기 위한 목적으로 태웠으며 그 목재를 이용하여 관을 만들기도 했다. 편백이 부패에 강하고 아주 오래가기 때문이었다. 그리스의 철학자였던 플라톤은 편백나무 목재를 동으로 만든 조각상보다 단단하고 오래가는 나무로 설명했는데, 그 자신에게 편백의 푸르른 잎은 불멸을 상징하는 것이기도 했다. 또 편백나무는 그리스의 지하 세계의 신인 하데스에게 바쳐지는 나무였다고 한다. 그래서 지중해 연안 나라들의 묘지를 가보면 슬픔과 죽음의 평안을 상징하여 편백나무들이 많이 심어져 있다. 다산에게 이 길은 어떤 감상이었을까? 그때도 편백이 있기는 했었나?

초당에 이르자 초당草堂은 어디 가고 번듯한 와당瓦當이 눈에 들어온다. 본모습은 많이 잃었지만 그렇다고 실망할 노릇은 아니다. 다산도 암울한 유배의 밥집에서 공부할 '겨를'을 찾았다고 마음을 다잡지 않았던가. 집의 모양새는 많이 변했지만 숲을 뚫고 떨어지는 햇살은 이 초당의 본모습을 예측하는 데 모자람이 없었다. 한국의 건축은 건물 자체가 아니라 자연과 함께 계획된다. 자연을 뺀 집은 의미가 없다. 더구나 다행히 다산초당의 원모습은 초의선사가 그려둔 「다산초당도」가 있으니 이 정도면 완벽한 공부가 가능하다.

「다산초당도」와 현재의 다산초당은 현격한 차이를 보인다. 우선은 집의 영역을 이루고 있는 담이 「다산초당도」에는 있는데 지금은 없다. 그리고 담 아래로 「다산초당도」에는 또 하나의 연지가 있는데 현재에는 울창한 나무들뿐이다. 그러나 초당의 위치와 동암의 위치, 그리고 정석 바위와 다조, 약천, 연지, 소위 세인들이 다산사경茶山四景이라고 부르는 대상들은 그대로이다. 다산초당은 입구에 들어서서 오른쪽으로 다산초당이 자리하고, 그 옆으로 집 크기만 한 연못이 파져 있고, 집 앞에는 차를 달일 때 쓰는 바위인 다조가 있으며 집의 오른쪽에 약천이라는 샘물이 자리한다. 그리고 다산초당을 지나 초당보다 조금 높게 자리 잡은 동암이 있다. 동암 오른쪽의 천일각은 요즘 들어 만든 것이고 다산이 조영한 것은 아니다.

원래 다산초당도 다산이 지은 집은 아니다. 다산의 외가 친척인 윤단이 초옥을 짓고 후학들을 가르쳤던 곳인데 나중에 다산에게 이곳을 내주었다(다산초당으로 오르는 길 오른편에 있는 묘가 바로 윤단의 묘이다). 그 후 다산은 이곳에 살면서 하나하나 정원을 가꾸어나간다. 일단은 초당 옆에 초당 크기만 한 연못을 파고 계곡에 흐르는 물을 끌어들여 낙차를 두어 떨어지게 한 다음 연못의 물을 다시 담을 통과해 흐르게 하여 담 밖 채마밭으로 흐르게 하였다. 그러니까 다산초당의 물은 계곡에서 일차로 담 안의 연못에 떨어지고 담 안의 물은 수로를 타고 흘러 이차로 담 밖의 채마밭에 담기고는 계곡으로 흘러간다. 따라서 물이 연못에 떨어지는 소리도, 담 안의 연못에 떨어지는 소리와 채마밭을 지나 계곡으로 떨어지는 소리로 두 번 나뉘게 된다. 연못이 상징하는 것도 마찬가지다. 다산초당의 연못은 물을 담고 있는 못이지만 그것은 또 다른 초당이 된다. 물속에 투영된 초당은 실재와 실재의 투영이라는 점에서 갈라지고 다시 합쳐진다. 음양으로 통합과 분리를 꾀하는 『주역』의 원리를 다산은 이곳 초당에 심어놓은 것이다.

정리하자면 물이 담기는 곳도 두 곳이고, 물이 떨어지는 곳도 두 곳이다. 그리고 다산초당이라는 집뿐만이 아니라 다산초당이라는 장소도 두 곳이 된다. 음양설이 우리나라의 조경 문화에 끼친 사례는 바로 정원 연못의 형태였다. 다산초당의 연지도 우리나라 연못의 특징이라고 할 수 있는 방형方形 연못, 즉 방지方池이다. 이것은 중국이나 일본에서는 찾아볼 수 없다. 연지의 네모난 형태는 땅, 즉 음陰을 상징하고, 연못 중앙의 둥근 섬은 하늘, 즉 양陽을 상징하는 것이다. '천원지방天圓地方(하늘은 둥글고 땅은 네모지다)'의 우주관을 연못에 반영하는 것이 중국, 일본과 달리 한국 정원의 특징이다. 그래서 다산초당의 연지는 단순한 초당의 반영이 아니라 다산초당을 둘러싸고 있는 만덕산 전체의 반영이다. 다산은 『제황상유인첩題黃裳幽人帖』에서 다산초당의 조경 원리를 분명히 밝히고 있다. 그것은 다름 아닌 『주역』에서 얘기하는 은자의 길함을 표상하고 있다. 다산초당이 단순히 천원지방의 원리를 형상화한 것이라면 그런 정원은 한국에 수없이 많다. 다산은 거기서 그치지 않고 『주역』의 괘사를 나름대로 해석하면서 세상을 떠나 산림에 묻혀 사는 이의 기쁨을 다산초당의 정원에서 이야기하고 있는 것이다. 다산은 『주역』 이괘履卦가 무망无妄으로 변하는 효사爻詞에 "유인幽人이라야 정貞하고 길吉하다"는 구절을 "간산艮山의 아래와 진림震林의 사이에서, 손巽으로써 은둔하여 천명을 우러러 순응하며, 간산에는 과일 묘목을 심기도 하고 진림에는 채소를 심기도 한다. 큰길을 밟으며 걸으니 탄탄하고, 하늘의 작록을 즐기며 기쁘게 사는 것이다. 이것이 은사의 넉넉함이니 은자의 삶이 그야말로 길하지 아니한가?"로 해석하고 있다. 이어서 강진의 황상이란 인물이 구체적으로 어떠한 것인가, 하고 묻자 다음과 같이 다산초당의 모습을 얘기한다.

"뜰 앞에는 높이 두어 자 되는 가림벽을 하나 둘러두고, 담 안에는 갖가지 화분을 놓아둔다. (……) 뜰 오른편엔 조그마한 연못을 파는데, 사방이 수십 걸음을 넘지 않을 정도로 한다. 연못에는 연꽃 몇 십 포기를 심고 붕어를 기른다. 따로 대나무를 쪼개 홈통을 만들어서 산골짜기의 물을 끌어다 연못에 대고, 연못에서 넘치는 물은 단장 구멍을 통해 채마밭으로 흐르게 한다. 채마밭은 수면처럼 고르게 잘 갈아야 한다. (……) 문밖에 나라에서 부르는 글이 도착해 있다는 소리를 이미 들었지만 빙그레 웃을 뿐 나아가지 않는다. 이것이 바로 구이九二의 길함이다."

다산은 유배지라는 한계 상황에서 피안을 꿈꾼 것이 아니라 자신의 처지에 맞는 해석을 찾았다. 다산은 일찍이 피안의 저 언덕에 이르는 바라밀이라는 것을 위해 아침부터 밤까지 목탁을 두드리며 오직 '저것'만을 선망하는 불가의 어리석음을 비판하며, 진문자가 집을 짓고 기원했다는 '이곳에서 노래하고 이곳에서 곡하리라'라는 의미를 새겨야 한다고 역설했다. 결코 '지금, 여기'를 떠나지 않는 준엄한 현실 인식을 바탕으로 다산은 19세기 조선의 현실을 개혁하고자 했다. 그러나 19세기 조선의 현실은 그에게 기회를 주지 않았다. 그리고 그의 경륜은 그의 방대한 저술로 남았다. 오히려 다산은 자신에게 기회는 다시 오지 않는다는 것을 알고 더욱 저술 활동에 힘썼는지도 모른다. 5백여 권에 달하는 그의 저술은 유배 생활 동안의 무료에서 이루어진 것이 아니라 글로써 후세에 자신의 존재를 알려야 한다는 절박함에서 이루어진 것이다.

"너희들이 끝끝내 배우지 아니하고 스스로를 포기해버린다면 내가 해놓은 저술과 간추려놓은 것들을 앞으로 누가 모아서 책으로 엮고 교정하며 정리하겠느냐. 이 일을 못한다면 내 책들은 더 이상 전해질 수 없을 것이며, 내 책이 후세에 전해지지 않는다면 후세 사람들은 단지 사헌부의 계문啓文과 옥안獄案(재판 기록)만을 믿고 나를 평가할 것이 아니냐. 그렇게 되면 내가 그들에게 어떤 사람으로 취급받겠느냐?"

아들에게 보내는 이 편지에서도 알 수 있듯이 다산의 그 방대한 저술은 자신을 유배지로 내몬 정적들을 끊임없이 의식하며 쓰였다는 사실이다. 정치적으로는 비록 그들에게 패배해 유배지에서 겨우 연명하는 신세였지만 다산에게는 또 다른 현실이 있었다. 그것은 두말할 것도 없이 바로 역사였다. 자신을 비판할 수 있는 것은 오직 역사밖에 없으리란 이 비통한 몸부림이 바로 다산의 글쓰기다. 어떻게 보면 사마천의 글쓰기와도 일맥상통하는 자세다. 다산초당은 그 절박함을 학문적으로 승화해 치밀하게 경영해나간 한 인간의 놀랍도록 거대한 긍정의 세계를 보여준다. 과연 그의 생각처럼 역사가 우리를 구원해줄까?

1818년 유배가 풀려 고향으로 돌아간 그는 18년 만에 고향인 마재로 돌아가 그가 제자들에게 얘기한 대로 강변을 거닐며 저술 활동에 몰두했다. 그리고 몇 번 조정의 부름이 있었지만 정말 '빙그레 웃을 뿐' 나아가지 않았다. 1836년 75세의 일기로 세상을 떠났다. 좋은 시절은 늘 짧듯이, 천재의 일기로는 75년 세월도 짧았다.

한 현실주의자의 포석

김장생의 임이정 臨履亭

"충청도와 전라도 사이에 끼어 있어 바닷사람과 내륙의 사람들이 여기에 모여 교역이 활발하였다. 봄과 여름 동안은 생선을 잡고 해초를 뜯느라고 비린내가 포구에 넘치고, 5월의 황새기젓과 7월의 새우젓이 풀릴 때는 오륙십 척의 배가 몰려들어 화장들이 내뿜는 연기로 포구의 하늘은 암회색의 바다였다."

김주영은 그의 소설 『객주』에서 강경포구의 번성함을 이렇게 묘사했다. 여기에서 말하는 '화장火匠'이란 배에서 밥 짓는 일을 도맡아 하는 사람을 가리킨다. 얼마나 많은 상선들이 몰려들었으면 배에서 밥을 하느라 피우는 연기가 하늘을 다 가렸을까? 강경으로 향하는 길 내내 나는 차창으로 펼쳐지는 비옥한 들판을 바라보며 한때의 번성함을 생각했다. 봄이다. 이제야 벚꽃은 만발이다. 불과 일주일 전만 하더라도 벚꽃은 필 생각도 안 했다. 그 일주일 전에 나는 몇몇 지인들과 같이 벚꽃 여행을 떠났다. 누군가가 들려준 벚꽃 품평 하나. 진해의 벚꽃은 화사하고, 경주의 벚은 퇴폐적이며, 부산의 벚은 화장지 풀어놓은 듯 긴장이 없다는 말을 확인하고자 떠난 여행이었다. 그러나 막상 가보니 어디에도 벚꽃은 아직 필 생각이 없는 듯 나무는 졸고 있었다. 이럴 수 없다는 생각에 남해까지 가보았지만 거기도 벚꽃은 소식이 없었다. 그러나 봄 바다는 아름다웠고 해풍의 습기를 먹고 자란 남해의 고사리는 얼마나 부드럽고 감미로웠는지.

 그렇게 발걸음을 돌린 지 불과 일주일 만에 벚꽃 전선은 서울의 윤중로까지 북상했다. 무언가 벚꽃에게 외면당한 듯한 느낌이었다. 나는 다시 남으로 벚꽃의 진군로를 뚫고 강경포구로 나아간다. 그러나 그렇다해도 웬일인지 올봄은 봄 같지 않다. 뼛속 깊이 스미는 추위와 봄이 같이 있다. 엘리엇의 시 「황무지」에 나오는 '사월은 잔인한 달'이라는 구절에 대해서 사람들은 말이 많지만 올봄을 지내면서 나는 그것이 무슨 뜻인지 확실히 알았다. 그것은 모든 사월과 봄이 잔인한 것이 아니라, 한마디로 잔인한 사월이 있는 것이다. 그리고 그 잔인한 사월이야말로 봄의 이면을 여실히 드러내주는 것이다. 봄이 화사한 것은 그 잔인함을 감추기 위해서다. 그 잔인함이 그대로 드러나는 봄은 참혹하다. 올해 봄처럼…… 나는 다시는 올해 봄과 같은 봄을 맞고 싶지 않다. 봄은 언제나 화사하길…… 진해에 피었다는 벚꽃처럼.

17세기 이후의 조선 성리학

사계沙溪 김장생金長生(1548~1631)을 일컬어 흔히 조선 예학의 종장宗匠이라고 부른다. 종장이란 어떤 분야의 가장 대표적인 인물을 가리킬 때 쓰는 말이다. 또 하나, 김장생을 일컫는 말이 있다. 율곡 이이의 적통이란 말이 그것이다. 적통이라는 말은 어떤 학파가 종주로 추앙하는 선생의 뜻을 가장 잘 이해하고 전수받은 사람을 가리킨다. 그러니까 김장생은 율곡 이이로부터 시작되는 조선 성리학의 주기론을 가장 충실히 계승한 적자인 동시에 조선 예학을 수립한 인물이다. 퇴계 이황의 주리론을 이은 적통으로서 학봉鶴峯 김성일金誠一과 서애西厓 유성룡柳成龍을 꼽는다면 주기론을 이은 율곡 이이의 적통으로서는 김장생이 있다. 남명 조식의 적통을 들자면 당연히 내암來庵 정인홍鄭仁弘과 수우당守愚堂 최영경崔永慶이 있을 것이다.

사실 조선 성리학은 서경덕과 이언적으로부터 그 이론을 얻기 시작해서 이황과 남명, 이이에서 모든 학문적 정리가 끝났다고 봐야 한다. 이이 스스로 자신이 살던 시대를 쇠퇴기로 판단했듯이 조선 성리학의 전성기는 임진왜란 이전까지이다. 조선 성리학은 이 시기에 기일원론과 리일원론의 대립에서 리일원론의 사상을 정립하고 리일원론적 입장에서 기를 중시하는 입장과 리理를 중시하는 입장으로 나뉘었다. 말하자면 이이 이후의 조선 성리학은 그전 시대의 에피고넨에 불과하다는 얘기이다. 그 후 17세기 이후의 조선 성리학은 양란(임진왜란과 병자호란) 이후에 맞게 된 급격한 사회변동을 저지하기 위한 도구로 전락했다. 조선 성리학이 현실

진단을 통한 변혁 이론을 수립하지 못하고 기성 체제를 수호하는 데 급급했던 이유로는 여러 가지가 있겠지만, 그 가장 큰 이유로는 왕권王權과 신권臣權의 대립에 있었다고 나는 판단한다.

성리학이 가진 가장 기본적인 정치적 입장은 왕권신수설에 반하는 것이다. 맹자가 말했듯이 왕이 잘못하면 왕을 바꿀 수 있다는 것이 조선 사대부들의 정치적 자존이었다. 실제로 중종반정이나 인조반정이 보여주듯이 사대부들은 (자신의 이익에 따라) 왕을 바꾸기도 했다. 그러나 그 이후부터는 왕을 바꾸지 않았다(독살은 했다). 왜냐하면 이미 무너질 대로 무너진 사회질서와 사회 지도 체제에 대한 불신이 팽배한 마당에 왕을 바꾸는 일보다 왕을 내세워 자신들의 지배 체제를 공고히 하는 것이 더 주효했기 때문이다. 이 대전제에는 사색당파가 모두 암묵적으로 합의한 듯싶다. 그리고 왕권을 견제해야 한다는 입장에서도 사색당파는 동일한 입장이었다. 단지 왕의 권위를 누가 좀 더 인정하느냐 하는 정도의 차이가 있었을 뿐이었다. 전부터도 왕권과 신권의 대립은 있어왔지만 양란 이후에는 왕권과 신권이 노골적으로 대립하기 시작한다. 양란 이후 서인들은 예송 문제가 보여주듯이 왕권에 노골적으로 대응(王土同禮, 왕과 사대부의 예는 다 같다)하는 반면 남인들은 왕권을 수호(王土不同禮, 왕과 사대부의 예는 다르다)하며 반대파들을 견제했다. 이문주는 「사계 김장생의 예설」이란 논문에서 다음과 같이 영남의 문인들과 기호 문인들의 입장 차이를 정리하고 있다.

"조선 후기의 예학은 영남학파의 예학과 기호학파의 예학으로 구분할 수 있다. 영남학파는 퇴계의 학문에서 비롯되어 『심경心經』과 『의례儀

사계 김장생이 그의 나이 79세에 금강이 굽이쳐 흐르는 강경에 지은 집이 임이정이다.
임이정은 황산벌의 드넓은 평야 지대에 우뚝 솟아 있어 그 위에 서면 강경읍과 멀리 황산벌의 전체 모습이 시야에 들어온다.

禮』를 중시하였다면 기호학파의 예학은 율곡과 구봉에 의하여 계도되었으며『소학小學』과『주자가례朱子家禮』를 바탕으로 하였다. 영남학파의 예학은 왕가의 특수성을 중시하여 천자와 제후 대부와 서민의 예를 분리하였다면, 기호학파의 예학에서는 가례를 왕에서부터 대부와 서민에 이르기까지 통용되는 보편적인 예로 보았다. 또 영남학파의 예학에서는 퇴계의 주경사상主敬思想을 바탕으로 왕권의 강화를 목표로 삼았다면, 기호학파의 예학에서는 공자, 맹자, 주자로 이어지는 세 성인을 정통으로 삼아 강한 도통 의식으로 주자의 사상을 발양시키는 데 힘을 쓰고 유학자에 의한 도덕 정치를 지향하였다."

임진왜란을 당하여 조선의 왕정은 전쟁을 제대로 수행하지 못했다. 조선 왕정은 이 전쟁을 수행하는 데 역부족이었으므로 사실상 왕정은 이때 이미 붕괴되었어야 한다. 물론 그 붕괴에는 참회한 지식인과 각성한 민중의 의식이 뒷받침되어야 한다. 그러나 당시 각성한 민중은 있었으나 참회한 지식인은 없었다는 게 문제였다. 학문과 정치가 너무 밀접하게 묶여 있어 사색당파로 나뉘어 싸움만 일삼는 형편이다보니 지식인들은 사회변동의 이론을 제시하기보다는 변혁 이론을 제시하는 쪽을 비방하며 기성 체제에 편승해 정권을 잡기에 급급했다. 조선 최대의 옥사인 기축옥사로 몰락한 정여립이 그 대표적인 예이고, 송익필이 노비로 전락한 예, 정인홍과 최영경 등 남명학파의 몰락이 그렇고, 윤휴와 윤증 부자가 송시열과 대립한 사실이 또한 증거이다. 열린사회로 나아가고자 하는 세력들을 적으로 간주하는 이 작태에는 일관성 있는 기준도 없었다. 오직 자신의 영역에 침입하는 모든 것들을 적으로 간주하는 동물적 본능만이 살아 있는 시대가 바로 18세기의 조선 시대였다. 스승과 제자 사이에 사단칠정에 대한 논의를 8년간의 세월을 두고 논하던 빛나던 한 시대가 저물고 있었던 것이다.

조선 예학의 성립

예학은 이런 혼란한 사회질서의 기강을 바로잡을 필요가 있다는 사대부 집단의 필요에 의해 성립되었다. 즉 당시 예학의 필요성은 '왕과 사대부의 예는 같을 수 없다'고 주장한 남인이나 '왕과 사대부의 예는 같다'고 주장한 서인이나 똑같이 인식하고 있었다. 17세기는 사회적으로 조선의 신분제가 위협받고 있었고(돈으로 양반 신분을 사고파는 행위가 빈번했다), 음운학에서도 유성마찰음(ㅸ·ㅿ)이 없어지며 어두자음군이 된소리로 변하는 경향을 보였고, 성조聲調도 지방 방언을 제외하곤 사라지게 된다. 이때 김장생이 조선 성리학계에 등장한 것이다. 사계는 1548년 서울 정릉에서 태어났다. 그는 어려서는 송익필宋翼弼(호는 구봉龜峯, 1534~1599)에게 사서四書와 『근사록近思錄』을 배우고 장성하여서는 율곡에게 사사하였다.

　구봉과 율곡에게서 배웠다는 것은 사계의 학문의 시작과 끝이 어디에 있는지를 잘 말해준다. 구봉과 이이는 평생을 두고 절친한 우정을 쌓았다. 율곡이 유명한 '천도론'으로 급제하자 그 내용을 묻는 사람들에게 "구봉에게 물어보라"고 할 정도로 서로의 학문을 깊이 인정하고 있는 터였다. 구봉과 이이는 당대 최고의 지식이었으며 경세가였다. 특히 구봉은

임이정은 정면 3칸 측면 두 칸으로 넓은 강학 공간을 확보하고 있다. 원래는 황산정으로 불렸다.

그 할아버지가 천민의 딸 사이에서 구봉의 아버지를 낳았으니 당시의 신분 질서에 의하면 구봉은 분명 천출이고 서얼이다. 그래서 그랬는지 그는 초시를 한 번 본 외에는 과거를 단념하고 학문에 몰두했다. 율곡 이이, 우계 성혼과 함께 학문을 논했고, 시와 문장에 모두 뛰어나서 이산해, 최경창, 백광훈, 최립, 이순인, 윤탁연, 하응림 등과 함께 8문장의 한 사람으로 문명文名을 날렸다. 당시의 엄격한 신분 질서에서 천출이 어떻게 그런 명사들과 교우하는 것이 가능했냐고 물을지 모르겠다. 하지만 오히려 엄격한 신분 사회에서 양반이 아닌 사람들은 신분 상승의 일정한 벽이 가로 놓여 있는 만큼, 그 테두리 안에서는 뭐든지 가능했다. 명사들과의 교우는 물론이고 능력만 있으면 일정한 품계 이하의 벼슬도 할 수 있었다. 안정된 사회일수록 관용의 탄력은 매우 자유롭다. 그러나 위태로운 사회일수록 관용의 탄력이 줄어들고 교조적이 되어간다. 구봉과 율곡이 예를 강조한 것은 시대의 필요 때문이었다. 적어도 그들은 그렇게 생각했고 준비했다. 구봉도 말년에는 중국의 『주자가례』를 탈피하여 조선 실정에 맞는 가례를 창안한 『가례주설』을 저술했다.

김장생이 구봉에게 배운 것은 『근사록』이다. 『근사록』은 소위 북송 오자五子라고 일컫는 주렴계, 정명도, 정이천, 장횡거, 소강절의 글을 주제별로 가려서 엮은 어록이다. 구봉은 김장생에게 미리 자세히 설명하지 않고 제자가 오래 혼자서 생각하게 한 다음 풀리지 않는 의문에 대한 대답만 해주는 교육법을 썼다고 한다. 말을 아끼는 스승의 교육법에 사계는 꽤나 답답했었던 모양이다. 스승의 교육법을 두고 애교 섞인 비판을 했으니 말이다. 물론 나중의 일이다. 아마도 이때 이미 구봉은 김장생에게 예의 중요성을 시대의 정의와 더불어 강론했을 것이다. 그리고 김장생은 율곡에게로 간다.

율곡의 현실 인식은 이미 자기가 살던 16세기의 조선 사회를, 건국 뒤 정비된 각종 제도가 무너져가는 '중쇠기中衰期'라고 진단하는 데서 잘 나타나고 있다. 이런 현실 인식을 바탕으로 선조에게 제시한 국정 개혁안이 '경장론更張論'이다. 한마디로 현실 상황이 전과 달라졌으니 그에 맞게 법제를 고쳐 국가의 각종 법제를 개혁해야 한다는 것이다. 김장생은 율곡에게서 진리란 현실 문제와 직결된 것이므로 현실과 동떨어져서 따로 구해지는 것이 아니라고 하는, 리理와 기氣를 따로 볼 수 없다는 율곡 성리설의 진수를 그대로 이어받았다. 그리고 나중 그는 "율곡은 박문博文에는 공이 많으나 약례約禮에 있어서는 지극하지 못한 것이 있다"라며 스승의 그늘을 벗어나 자신의 예학을 정립해나간다.

예는 본래 그 문자의 기원에서도 찾아볼 수 있듯이 '시示' 자와 '풍豊' 자가 결합한 형태인데 '시'는 신의 계시를 의미하고, '풍'은 예를 행하는 제기라고 『설문해자』에서는 풀이하고 있다. 쉽게 말해 예란 신의 계시를 받고, 신을 섬기는 제사 의례를 말하는 것이다. 일종의 무격신앙에 가까운 개념이라고 볼 수 있다. 그러나 공자는 당시의 혼란했던 춘추전국시대를 정리하는 사상으로서 예를 승화시킨다. 천자를 위해 추는 춤과 제후를 위해 추는 춤에서부터 음악의 편성, 제사의 의례, 일상적인 예까지, 『논어』에 보면 공자가 얼마나 예를 따졌는가가 시시콜콜 다 드러나 있다. 공자의 눈에는 당시 혼란한 전국시대를 틈타 제후가 천자의 지위를 노리는 꼴을 그냥 보고 참을 수가 없었던 것이다. 왜냐하면 공자의 시각에서 천자는 천명을 받은 사람이어야 했다. 한낱 제후나 범부 따위가 넘보아서는 안 되는 지고의 지위였고, 그것이 흔들린다는 것은 세상의 질서가 흔들리는 것이었고, 하늘에 죄를 짓는 것이었고, 그 죄는 하늘에 빌 수도 없는 막중한 것이었다. 그리고 북송 때의 주자는 공자의 예를 일반 사대부들에게도 적용하여 『가례』를 편찬해 예를 성리학의 중요한 규범으로 끌어들였다.

조선은 당연히 『주자가례』에 의해 법제와 가례를 정비했다. 유학의 우주관 중의 하나였던 예가 인간 생활의 규범으로 정착하게 된 것이다. 사계 김장생의 현실 인식은 이 법제와 가례가 당시 조선의 시대정신과 부합하지 않는다는 데서 출발한다.

조선의 포구 강경

강경은 우리나라 3대 하천인 금강이 지나는 곳이다. 군산, 강경, 부여, 공주를 연결하는 수운이 중부 지역의 물산들을 실어 나르기에 더없는 요지였고, 그로 인해 대구, 평양과 함께 조선 3대 시장의 하나였으며, 원산과 더불어 2대 포구를 이뤘다. 그러나 철도가 놓이고 육운의 비중이 높아가면서 강경은 그 영화를 접는다. 그러나 부자는 망해도 3대가 먹고사는 법이라고 일제 강점기 때까지 여전히 강경은 주요한 시장이었다.

벚꽃이 만발한 도로를 따라 강경 읍내로 접어드니 아직도 일제 강점기에 지은 건물들이 여기저기 눈에 띈다. 우선 강경시장에 있는 남일당 한약방은 2층 목조 건물로 그 형태가 고스란히 남아 있다. 1920년대에 찍은 사진을 보면 남일당 한약방은, 서양식으로 지은 건물들이 간판을 건물의 외벽에 새겨 넣는 반면 커다란 편액을 걸고 있다. 조선식이다. 시장을 조금만 더 뒤지면 당시의 한일은행 건물과 거기서 멀지 않은 곳에 강경노동조합 건물이 나온다(지금은 젓갈 창고로 쓰인다). 신고전주의 양식을 차용한 한일은행 건물은 조적식으로 단박에 창에 눈길이 간다. 창들이 모두 들어열개창으로, 아래에서 위로 들어 올려서 여는, 요즘은 보기 힘든 귀한 창이다. 강경의 상권을 노리고 들어온 근대 자본에 맞서 지역 자본이 세운 건물이 강경노동조합 건물이다. 원래는 목조 2층이었는데 지금은 단층이다. 원래는 이 건물 앞까지 배가 들어와서 순번대로 강 연안에 길게 늘어서 있었다니 그 모습이 아마 장관이었을 것이다.

 김장생이 이 역동적인 포구에 자신의 정자를 세운 것이 1626년, 그의 나이 79세였고, 인조 4년이며 정묘호란 1년 전이다. 나는 금강 유역의 물자를 실어 나르던 당시 최고의 인프라인 뱃길을 떠올리며 이 번성한 포구에 자리 잡은 임이정臨履亭을 바라보았다. 45세에 임진왜란을 만나 정유재란를 거쳐 7년간의 왜란은 끝났으나 동북아시아의 정세는 그 전쟁으로 인해 크게 변하고 있었다. 특히 싸움터였던 조선은 피폐했고, 백성은 도탄에 빠졌다. 김장생과 같은 이이의 문인이고 임진왜란 때 옥천에서 의병을 일으켜 금산에서 전사한 조헌의 시는 당시의 참상을 지금의 우리에게 전하고 있다.

 이 아침 필마단신 강릉 땅 찾아드니

사계는 먼저 세 칸 중에 두 칸을 널찍하게 마루로 삼았다.
그리고 한 칸을 벽으로 막아 온돌을 들였다.
만약 한 칸 다 온돌을 들였다면 이 집은 집 자체로는 그저 평범한 정자에 불과했을 것이다.
그런데 사계는 이 온돌방 한 칸을 삼분해서 그 일분에 해당하는 부분의 바닥을
온돌바닥보다 60센티미터 살짝 들어 올려서 온돌방에 또 하나의 마루를 마련해두었다.
그래서 이 집은 입체적인 액자 구조를 갖게 되었다.

황량한 옛 역마을 차마 보기 어렵구나

계속되는 가뭄이라 밭곡식 타버리고

불어대는 센바람 창을 뒤흔드네

온 해를 밭에서 산들 덕 볼 것이 무엇이랴

이해가 다 갔지만 살아갈 길 막연하네

날마다 오고 가는 수많은 저 관리들

백성들을 구제할 방책이나 생각하오

  임진왜란 이후 조선의 경제는 파탄 지경이었고 사회질서의 붕괴는 더욱 가속화되었으며 사방에서 도둑이 날뛰었다. 이런 상황은 비단 조선의 일만은 아니었다. 일본에서는 도요토미 히데요시가 전쟁 실패의 책임을 져야 할 상황에 놓였고, 봉건 제후의 세력이 약화되어 도쿠가와 이에야스의 정권 장악을 쉽게 만들었다. 한편 명나라는 조선 파병으로 인해 전체적인 국력 소모를 가져왔고 국가 재정까지 어려움에 빠져, 장차 만주의 여진족이 중원을 침공하는 계기를 마련해준다. 동북아시아의 국제 정세는 한 치 앞을 내다보기 힘든 새로운 국면을 맞이하고 있었다.

  당연히 조선 후기 경제도 그 이전과는 확연한 구별을 짓고 발전하였다. 이 시기에는 초기의 관장제官匠制 수공업이 무너지고, 대부분의 수공업이 사장제私匠制로 바뀌었다. 특히, 대동법 실시 후로 상업이 활기를 띠게 되었고, 화폐가 전국적으로 유통되었다. 그로 인해 경제활동이 활발해지고 곳곳에 장터가 들어섰다. 갖고 다니기 불편한 동전 대신에 신용화폐인 '환換'이 활발히 사용되었고, 상업이 발달한 지역에서는 어음이 지폐처럼 널리 성행했다. 또, 객주라는 일종의 복합적인 금융 제도가 출현하여 상인에게 자금을 융통해주기도 하였으며, 어음의 발행, 인수도 겸하였다. 그리고 중요한 역할로 물건을 대신 팔아주는 대행업도 했으니 지금으로 보면 금융업과 에이전시를 겸했던 셈이다. 역사에 감히 가정을 두고 얘기할 수는 없지만 이런 근대적 맹아들이 일제의 수탈로 일거에 없던 일이 되어버린 것은 안타깝다.

김장생 예학의 독자성

사계 김장생이 서울을 떠나 연산에 은거한 것은 계축옥사에 연루되어 심문을 받고 무혐의로 풀려난 후니까 그의 나이 65세 이후의 일이다. 충남 연산은 대대로 광산 김씨의 세거지이다. 광산 김씨 사계 가문은 김장생의 9대조 김약채가 연산에 정착한 이래 강력한 경제 기반을 확보하는 한편 정치적으로도 번영을 구가했다. 김장생의 5대조 김국광金國光은 좌의정, 4대조 김극뉴는 대사간, 증조 김종윤은 군수, 조부 김호는 현감, 아버지 김계휘는 문과를 거쳐 대사헌을 지냈으며 동서 분당 때 서인의 맹장으로 활동하였다. 그러고 보면 김장생의 이력은 윗대에 비하면 초라하기까지 하다. 그는 과거에는 애초부터 관심이 없었고 유일로 천거를 받아 창릉참봉에 제수된 것으로부터 시작해 아버지 김계휘를 따라 명나라 사행을 수행한 것, 남양부사, 안성군수, 익산군수를 역임했는데 모두가 미관말직이다.

사계는 온돌방을 삼분해 그 일분에 60센티미터 높이의 마루를 만들었다.

문학이나 풍류에도 별 재주가 없었던 듯, 전하는 시를 찾아볼 수가 없다. 오직 스승의 학문에 진력하는 성실성만 그의 글들이 전하고 있다.

"평상시 가정에서도 매일 아침 일찍 일어나 세수하고 머리 빗고 의관을 바르게 하고 가묘에 나아가 고한 다음, 물러 나와 서당에 처하여 고요히 책상을 대함에 조금도 사물로 인해 마음이 동요하지 않았다."

『사계전집』 권48, 「행장」

"나는 기질이 노둔하여 어려서부터 배움을 잃고 과거에도 뜻이 없었다. 나이 스무 살이 되어서 비로소 옛사람의 학문이 있음을 깨닫고 드디어 선현의 학문을 좇아 대략 학문을 하였다."

『사계전집』 권5, 「주언첩서」

"구봉(송익필)은 영매하여 글을 보면 막힘이 없어 남도 자기와 같은 줄 알고 한번 읽고 지나면 전혀 해석해주지 않았다. 나는 정신이 아득하여 물러나 정좌한 채로 또 보면서 고생하여 읽고, 생각하고 생각하여 읽기를 밤낮으로 계속하니 점점 깨달은 바가 있었으나, 천백 번 생각해도 깨닫지 못한 것은 마침내 묻기를 청했다. 아마 나같이 글 읽기를 부지런히 한 사람도 없을 것이다."

『사계전집』 권43, 「연보」

구봉이 스스로 말한, 스스로 깨닫게 하는 교육 방법과 그 제자의 진술이 일치한다. 김장생은 구봉 송익필에게서 예학을, 율곡 이이에게서 성리학을 배웠다. 나중에 김장생의 학문이 예학에서 굳어진 걸 보아도, 또 그가 자주 이이보다는 송익필에 대해서 거론하길 좋아한 것을 보더라도, 어려서 구봉에게서 배운 인상이 강렬했으리라는 생각이다. 실제로 구봉은 그 눈빛이 형형하기 이루 말할 수가 없어서 보통 사람은 감히 그의 눈을 마주 보고 대화하기가 힘들었다고 한다. 구봉의 형형한 눈빛에 대해서 여러 일화들이 전하는데 그중에서도 선조와 얽힌 얘기가 압권이다.

말했듯이 구봉은 천출이다. 그런 그의 재주를 안타깝게 여긴 이이가 선조에게 구봉을 천거했다. 구봉은 선조를 만난 자리에서 그의 경륜과 학식을 유감없이 펼쳤다. 감탄한 선조는 그러나 이상한 점을 발견했다. 구봉이 눈을 감고 얘기를 했던 것이다. 이상하게 여긴 선조는 구봉에게 물었다. "공은 왜, 눈을 감고 이야기하십니까?" 선조는 그러지 말고 눈을 떠 보라고 이야기 했고, 구봉은 눈을 떠 선조를 쳐다보았다. 그래서 구봉은 천거되지 못했다. 왕이 눈을 똑바로 쳐다보지 못하는 신하를 옆에 두고 쓸 수는 없는 노릇이라는 게 이유였다. 구봉의 철학 세계는 지금 보아도 결코 낡지 않다. 그의 『영부影賦』를 보자.

"아! 천지가 지닌 상象이란 역시 이 리理의 한 그림자이다. 허무불매虛無不昧의 영역에서 나와 사물과 행위를 통해 나타난 것이다. 이미 그림자에 대해 또 그림자이니, 어찌 이 그림자를 능히 궁구할 수 있으리. 그대는 모르는가, 그림자 바깥쪽의 희미한 그림자가 그림자에게 '무엇이 진짜인가?'라고 물은 일을. 순식간에 곤륜산에 새가 숨고, 홀연히 모든 사물이 다투어 수렴되는 것을. 세상의 모든 일이 이와 같기에, 다만 가을 숲에 부는 저녁 바람만을 본다."

『영부影賦』 중에서

그림자가 현상을 모사하는 것이라면 우리의 실재도 무엇을 모사하고 있다는 인식. 이 인식은 20세기 초의 초현실주의자 트리스탕 차라의 "1차원은 2차원의 그림자이고, 2차원은 3차원의 그림자이다. 그렇다면 3차원은 무엇의 그림자인가?"라는 질문과 동일하다. 나에게는 마지막 구절이 불가지론에 대한 허무처럼 들린다. 이 불가지론자가 사계 김장생을 가르친 천출 출신의 구봉 송익필이다. 김장생은 스승의 허무를 극복하기 위해 예학에 매달린 것일까? 그는 예학을 통해 그림자 같은 현실을 '진짜' 현실로 만들고 싶었던 것일까? 현실을 붙잡지 못하는 철학, 김장생은 그 둘을 합치하기 위해 평생을 통해 예학을 정리했다.

김장생은 예를 실천하는 주체로서 개인의 수양을 강조했다. 예란 철학적 탐구를 통해 얻어진 리理를 구체적 현실에 제도로써 드러내는 것이다. 김장생은 스승 구봉 송익필을 좇아 독서에 있어서 『소학』과 『가례』를 중시했고, 『상례』를 중시했다. 이는 갑자기 흉한 일을 당했을 때 당황하지 않고 쓸 수 있는 실용적인 예를 중시했기 때문이다. 이것이 김장생 예학의 특징이다. 김장생은 주희의 『가례』에 대해 경서를 통한 고증으로 바로잡고 매사에 합리성을 추구하였으며 조선의 실정에 맞게 고쳤다. 이 치밀한 현실주의자의 집이 임이정이다. 나는 금강변에서 금방이라도 무너질 것 같은, 야산 위에 높이 솟아 있는 그의 정자를 바라보고 있다.

임이정臨履亭—한 현실주의자의 포석

임이정은 강경시장에서 남쪽으로 얼마 안 가 금강 쪽으로 나가면 거기 강변에 고즈넉하게 자리 잡고 있다. 워낙 연산이 대대로 세거지인 만큼 자연스럽게 풍광이 좋은 금강변에 자리 잡았겠지만 17세기 상업자본의 역동성을 간직한 강경은 이 현실주의자에게 좋은 실증 자료가 되었을 것이다. 임이정은 강경읍을 휘돌아 나가는 금강의 남쪽 암석 지대에 위치해 있다. 황산벌의 드넓은 평야 지대에 우뚝 솟아 있어 그 위에 서면 강경읍과 멀리 황산벌의 전체 모습이 시야에 들어온다. 이러한 모습은 금강 유역의 지형이 갖고 있는 특색이다. 금강 유역은 우리나라 어디에서나 볼 수 있는 드센 산세가 없다. 그래서 드넓은 시야를 확보할 수 있는 거의 유일한 지역이 금강을 따라 형성된다. 그래서 그런지 금강에는 유난히 정자가 많다. 연기 지역의 독락정, 공주의 쌍수정, 금벽정, 부여의 수북정, 백화정, 그리고 강경의 임이정, 팔괘정이 금강 유역을 따라 줄지어 서 있다. 전라도 담양 일대의 정자들이 무등산 줄기에 기대어 있는 것과는 좋은 대조를 이룬다.

담양 일대의 문인들이나 금강 유역의 문인들이나 대부분 정치적으로는 서인에 속하고 학문적으로는 기호학파의 주기론적 입장에 서 있는 것은 동일하다. 그러나 담양 일대의 문인들이 주로 문학에 밝았다면 금강 유역의 문인들은 주로 성리학 연구에 치중했다. 종교를 사막의 종교와 숲의 종교로 나누어 설명하는 방법이 있듯이 성리학도 그런 구분이 있을 수 있을까 생각해본다. 울창한 산수간에서 문학이 나오고, 탁 트인 광경에서 현실적인 명분이 나오는 것일까?

임이정은 서향하고 있어 앞에 금강이 흐른다.
그리고 남쪽에는 채운산이 보이고 동쪽으로는 강경천 너머 황산벌이 보인다.

사계 김장생은 이런 역동적인 곳에 자신의 정자를 마련하고 후학을 양성했다. 이와 기는 서로 떨어져 있지 않고, 현실을 무시한 이론은 존재할 수 없다던 그의 입장과도 어울리는 입지다. 임이정은 원래는 황산정으로 불렸다고 한다. 임이정에 올라 남쪽을 바라보면 야트막하지만 옹골차게 벌판에 딱 붙어 있는 듯한 산을 볼 수 있는데 이것이 바로 황산이다. 지금은 채운산이라고 불리지만 놀뫼라고도 불렸으며 아마 '노을에 물든 산'이라는 뜻에서 황산이라는 이름도 나오지 않았나 싶다. 지금의 임이정이라는 이름은 『시경』에 나오는 글귀로 '여림종연如臨淙淵 여리박영如履薄永'의 두 자를 따와 명명하였다. (두려워하고 조심하기를) 깊은 못에 임하는 것같이 하며, 얇은 얼음을 밟는 것같이 하라는 뜻이다.

김장생은 평생 학문의 태도로 경敬을 강조했다. 경이란 한마디로 조심하고 두려워하는 것이다. 그러니까 이 정자의 이름은 그야말로 김장생의 학문하는 방법을 그대로 함축하고 있는 말이라 할 수 있다. 그러나 경은 그것을 실천하는 데 의미가 있다. 그래서 경을 실천하는 것을 거경居敬이라고 한다. 경을 실천할 수 있어야 비로소 이치에 다가갈 수 있게 되는 것이다居敬窮理. 김장생이 예의 실천 방법으로써 경敬 외에 강조한 또 하나가 계구신독戒懼愼獨이다. 이는 『중용中庸』에 나오는 말로 혼자 있는 것을 경계하고 두려워하고 삼가라는 말이다. 쉽게 말하면 남이 보는 앞에서는 다들 잘하지만, 남의 시선이 사라지고 혼자 있게 되면 사람이란 편한 것을 따르게 마련이고 슬쩍 못된 생각도 하게 되니 그때를 경계하라는 말이다. 나이 예순이 넘어 제자들을 가르치며 김장생은 자신이 닦은 학문의 방법을 가장 핵심적인 말로 요약해 집의 이름으로 삼은 것이다.

임이정은 서향하고 있다. 당연히 서쪽에 금강이 흐른다. 그리고 남쪽에는 채운산이 보이고 동쪽으로는 강경천 너머 황산벌이 보인다. 집은 간단하다. 정면 3칸 측면 두 칸이다.

사계는 먼저 세 칸 중에 두 칸을 널찍하게 마루로 삼았다. 그리고 한 칸을 벽으로 막아 온돌을 들였다. 만약 한 칸 다 온돌을 들였다면 이 집은 집 자체로는 그저 평범한 정자에 불과했을 것이다. 그런데 사계는 이 온돌방 한 칸을 삼분해서 그 일분에 해당하는 부분의 바닥을 온돌바닥보다 60센티미터 살짝 들어 올려서 온돌방에 또 하나의 마루를 마련해두었다. 그래서 이 집은 입체적인 액자 구조를 갖게 되었다. 평면을 셋으로 나누어 그 둘은 대청으로 쓰고 하나를 온돌방으로 구획하고, 다시 온돌방을 셋으로 나누어 이번에는 그 둘을 온돌로 하고 하나를 마루로 쓰게끔 계획한 것이다.

온돌방 안에 다시 마루를 놓는 경우는 흔하지 않은 경우다. 일반 살림집에서는 종종 눈에 띄는 형식이지만 보통 붙박이장으로 쓰이지 임이정처럼 들어 올린 툇간을 거주하는 장소로 쓰는 경우는 드물다. 이렇게 한 이유는 두 가지로 생각해볼 수 있다. 하나는, 기능적으로, 난방을 위한 아궁이를 들이면서 그 공간을 확보하기 위한 장치로 해석해볼 수 있다. 틀림없이 그랬을 것이다. 그랬다면 그 공간은 말했지만 대개 수납공간으로 쓰인다. 그러나 임이정은 바로 그 수납공간이 금강을 향하고 있는 방향이다. 이 기막힌 경관을 수납공간이 가로막는다는 것은 참을 수 없는 일이다. 그래서 사계는 적극적으로 이 공간을 온돌방과 연결해놓았다. 그 결과 온돌을 지필 수 있는 아궁이가 확보되고, 동시에 온돌방에서 금강을 조망할 수 있는 적당한 위치도 확보할 수 있었다. 둘은, 방에서 보이는 금강의 기세를 한번 꺾기 위한 경관의 조정으로 생각해볼 수 있다. 경관의 조정은 우리 건축의 독특한 방법이다. 나는 이 경관의 조정을 '연경延景'이라는 말로 부르는데 말 그대로 풍경을 끄는 것이고, 풍경을 간접적으로 조망하게 하는 방법이다. 병산서원의 만대루가 그 좋은 예인데 꼭 필요한 방향으로 산이나 강이 너무 가까이 있어 그 기세가 다분히 위압적일 때 집과 자연 사이에 누마루나 기타 구조물을 두어 풍경을 확보하면서도 그 풍경의 거리를 심리적으로나 시각적으로 연장하는 방법이다. 사계는 그 두 가지를 하나의 공간에 훌륭하게 통합시켰다. 격물과 치지는 비록 구별하여 표현되지만, 물리가 일리一理이며 격물과 치지가 모두 활연관통의 양면이기 때문에 그 실질은 하나라고 생각한 현실주의자답게 그는 집에서도 기능과 아름다움을 통합하는 데 성공하고 있다.

  임이정에서 그리 멀지 않은 곳에 팔괘정이 있다. 김장생의 제자인 우암 송시열이 스승 곁에 있기 위해 지었다는 팔괘정은 임이정이 탁 트인 곳에 위치하는 것과 달리 큰 바위에 기대 있다. 두 칸의 대청마루와 한 칸의 온돌방, 그리고 툇간의 장치까지 임이정과 똑같다.
  김장생이 임이정을 지은 지 1년 후 정묘호란이 일어나 조선은 다시 난리 통이 된다. 그러고 보면 김장생의 후반 생은 난리복통 속에서 지낸 셈이다. 마흔다섯에 임진왜란을 겪었고, 그 후 정유재란, 인조반정, 그리고 정묘호란까지 다난한 생이었다. 그러나 그 와중에서도 강학을 놓지 않았고, 제자이자 아들인 김집金集과 송시열宋時烈, 송준길宋浚吉, 이유태李惟泰, 강석기姜碩期, 장유張維 등 나중 노론계의 대표적 인물들을 제자로 길러냈다. 특히 아들인 김집은 아버지의 예학을 이어받아 더욱 심화시켜 부자가 나란히 문묘에 배향되는 영광을 누렸다. 조선 후기 노론의 인물들은 모두 김장생이 84세의 나이로 세상을 뜬 후 그의 아들인 김집에게 대를 이어 사사했고, 그로 인해 사계의 학맥은 조선의 지배 이념이 된다. 부자가 나란히 문묘에 배향된 것은 다 이런 배경에 의해서였다. 그리고 그 중심에 주자 탈레반, 사계 예학의 사도師徒 바울, 송시열이 있었다.

암중모색의 집

巖中摸索

팔괘정, 우암고택, 암서재, 남간정사

　우암尤庵 송시열宋時烈(1607~1689)은 사계 김장생이 죽자 그의 아들인 신독재愼獨齋 김집金集에게 대를 이어서 수학한다. 그러나 어디까지나 막역한 벗인 송준길의 권유에 의한 것이지 송시열이 따로 신독재의 학문을 추종한 흔적은 보이지 않는다. 아마도 우암은 이미 김장생과 송익필 두 사람의 영향으로 자신의 학문적 연원을 끝낸 듯싶다. 사실 송시열이 김장생에게 수학한 기간도 말로는 10년에 상당한다고 하지만 송시열이 부친상을 마친 그의 나이 24세인 1630년부터 김장생이 죽은 1631년까지가 그가 김장생에게 배운 실질적인 기간이다. 10년이라고 알려진 세월에 비하면 실질적인 기간은 비록 심하게 짧았지만 이 기간에 그는 스승 김장생에게서 『심경心經』, 『근사록近思錄』, 『가례家禮』 등 집중적으로 사계 예학의 진수를 배웠다.

　김장생은 강경에 임이정을 지어 말년에 여기서 제자들을 가르쳤다. 그리고 거기서 동쪽으로 바로 바라보이는 언덕에는 송시열이 지은 팔괘정이 있다. 팔괘정과 임이정의 지리적 위치는 당시의 정치·사회적 구도와 절묘하게 맞물려 있다. 김장생의 선배 격인 남명 조식, 퇴계 이황 등 조선 성리학의 완성자들이 은거를 자처해 변두리로 숨어든 것에 비해 김장생을 비롯한 예학의 선봉들이 상업, 교통의 요충지에 그들의 발판을 마련한 것은 조선 중기의 시대적 변천 상황을 분명하게 드러내준다. 그 후에도 이중환이 송시열의 팔괘정에서 『택리지』를 저술한 것도 같은 이유로 봐야 한다.

이중환의 고향인 공주(장기면)는 삼남대로상의 교통의 요지로서 한양, 전주, 청주 방면의 육로와 금강수로가 만나는 교차지이면서, 충청감영이 입지하여 있던 도회지였다. 또 그가 벼슬살이를 했던 김천은 경상우도와 충청지역의 교통로가 수렴되는 교통, 상업의 요지였다. 이러한 성장 배경으로 이중환의 『택리지』가 쓰였음은 물론이다. 무엇보다도 『택리지』를 '이중환의 자서전이다'라고 말하는 이유가 여기에 있다. 그러나 『택리지』에서, 전라도와 평안도는 가보지 못하고 간접적인 정보에 접하였다고, 밝히고 있다. 그렇다면 그가 가보지 못했다는 전라도의 지리 정보는 어디서 얻었을까?

이중환은 『택리지』를 팔괘정에서 탈고했다. 팔괘정이 자리한 강경은 당시 상업, 교통의 요지로서 충청도와 전라도의 접경 지역이었고, 따라서 이중환은 강경의 장터와 객줏집에서 그가 가보지 못한 전라도에 관한 정보를 수집할 수 있었을 것이다. 이중환이 『택리지』를 탈고한 것도, 김장생이 조선 예학을 임이정에서 펼친 것도, 그리고 송시열이 팔괘정을 세우고 미래를 도모한 것도, 마치 제갈량이 형주에서 천하삼분지계를 구상했듯이 강경이라는 지리적 위치가 주는 이러한 장점 때문이었다.

우암 송시열의 이름은 『조선왕조실록』에 3천 번 이상이 나온다고 한다. 그만큼 송시열의 입장은 그가 살아 있을 때도 그랬고, 죽은 후에도 끝없는 논란의 대상이었다. 그만큼 우암 송시열이 살았던 시대는 격변의 시대였고, 혼돈의 시대였다. 그리고 지금 이 혼돈의 시대에 송시열의 집은 우리에게 어떤 얘기를 들려줄 것인가? 송시열의 궤적을 좇는 이번 여행 역시 순조롭게 흐르지는 않았다. 나는 송시열의 연보를 오리무중으로 헤매며 찾았다. 그가 맨 나중에 살던 곳부터 시작해 그의 젊은 시절의 집들을 찾는 순서로 헤맸다. 화양동 계곡은 안개가 자욱이 끼어 있던 초겨울에 찾았고, 대전의 남간정사는 한여름에, 그리고 강경의 팔괘정은 그 이듬해 초봄이었다. 그러니까 오리무중五里霧中의 짙은 안개 속에서 화양동 계곡을 찾아갔고, 오리녹음중五里綠陰中에 남간정사를 찾았고, 오리화중五里花中에 팔괘정을 찾은 셈이다. 왜 옛사람들은 십 리에 두껍게 낀 안개라고 하지 않고 오 리에 걸쳐서 두껍게 낀 안개라고 했을까? 과장을 경계했던 것일까? 아무튼 오 리에 걸쳐 나를 에워싸고 있던 안개와 녹음과 꽃의 짙음 속에서 내가 송시열을 찾았듯이 송시열 역시 그의 시대를 그렇게 헤쳐 나오고 있었다.

임이정臨履亭과 팔괘정八卦亭

팔괘정은 여러모로 사계 김장생의 임이정과 닮은꼴을 하고 있다. 서향하고 있는 것도 그렇고, 정면 3칸, 측면 두 칸을 정확히 따르고 있는 것도 그렇고, 세 칸 중에 두 칸을 널찍하게 마루로 삼고 한 칸을 벽으로 막아 온돌을 들인 것도 똑같다. 그러나 이 '똑같다'라는 말은 조선 건축에 있어서 그리 부정적으로 작용하는 것이 아니다. 거듭 말하지만 조선 건축은 똑같다. 조선집은 어떻게 생겼느냐가 아니라 어디에 위치하고 있느냐 하는 것이 중요함은 누구이 설명해온 바다. 조선 건축은 지형과 지세를 포함한 지리적 차원에서 얘기되어야 하는 거시적인 안목을 필요로 한다.

그렇다면 김장생의 임이정과 송시열의 팔괘정은 어떻게 다를까? 두말할 것도 없이 자리가 다르다. 이 당연함이 조선 건축의 차이를 만든다. 임이정이 삼면이(한 면은 당연히 집이 기대고 앉은 배경이다) 탁 트인 정상에 위치하고 있다면, 팔괘정은 교묘하게 숨어 있다. 팔괘정의 마당에서는 금강도 보이지 않는다. 울창한 숲으로 가려져 있기 때문이다. 그리고 북쪽은 커다란 바위로 가려져 있다. 동쪽은 집의 배경이다. 송시열은 스승인 김장생이 임이정을 짓고 강학을 하는 곳 옆에, 스승에 대한 사모의 정으로 임이정이 지척으로 바라보이는, 장대한 바위 옆에 팔괘정을 지었다. 사실 송시열이 스승인 김장생에게서 수학한 실질적인 기간은 고작 1년 남짓이다. 그 기간으로 보면 아무리 스승에 대한 존숭의 마음이 깊다 하여도 스승의 집 옆에 자신의 집을 짓고 가르침을 받고자 한 것은 아무리 품 넓게 생각해도 자연스럽지 못하다. 더군다나 스승은 아흔을 바라보는 나이여서 언제 돌아갈지 모르는 상태였다. 그렇다면 송시열은 왜 한사코 임이정 옆에 자신의 거처를 정한 것일까?

거기에는 두 가지 이유가 있었을 것이다. 송시열은 나중에 대동법 실시를 두고 갈라진 서인의 두 파 중에 산당에 속한다. 대동법 시행을 촉구한 김육의 집이 한강漢江 이북에 있어서 이들을 한당漢堂이라고 불렀고, 산당山堂은 주로 연산, 회덕에 근거지를 두고 있는 사람들을 일컫는 말이었다. 대동법은 나라에 바치는 공물, 즉 지방의 특산물을 쌀로 통일한 납세제도였다. 서인 중에서도 한당과 산당이 갈라지게 된 것은 김육이 효종 2년인 1651년에 대동법의 세목을 바꾼 게 원인이었지만 대동법은 이미 선조 때부터 실시되었던 조세제도였다. 그런데 대동법이 전국적으로 실시되는 데 백 년이란 시간이 걸린 것은 새로운 토지세인 대동세를 부담하게 된 양반 지주와 중간이득을 취할 수 없게 된 방납인防納人(공물을 대납하고 그 이자를 노리는 중간상인)들의 반대가 심했기 때문이었다. 그러나 대동법 실시 후에도 별공別貢과 진상進上은 그대로 존속하였으므로 결과적으로 백성에게 이중 부담을 지우는 경우가 생겼다. 그러나 호戶당 징수가 결結당 징수로 되었기 때문에 부호의 부담은 늘고 가난한 농민의 부담은 줄어드는 긍정적인 효과도 있었고, 나라의 세수입도 크게 늘어났다. 송시열이 속한 산당은 이러한 대동법에 반대했다. 아무래도 서울에 기반을 둔 관료들보다는 토지에 깊이 뿌리박고 있는 토호 세력인 자신의 처지에서는 조세 부담을 더 지게 되는 대동법이 달가울 리 없었을 것이다. 물론 서인 세력 중에서도 한당과 산당의 분파는 팔괘정을 짓기 훨씬 후의 일이다. 그러나 여기서 산당 세력들의 면모를 보면 저절로 고개가 끄덕여질 것이다. 주로 연산, 회덕에 자리 잡은 이들로 송시열의 절친한 벗인 송준길宋浚吉을 비롯해, 이유태李惟泰, 유계兪棨, 김경여金景餘, 윤선거尹宣擧, 윤문거尹文擧, 김익희金益熙 등이 그들이었다. 윤선거와 송시열은 나중에 제1차 예송논쟁에서 입장 차이를 보이며 노론과 소론으로 갈라지게 되지만, 어쨌든 송시열이 김장생에게서 배우던 시절에는 이들은 동문수학하던 사이였다. 송시열은 이들 중에서도 가장 강한 리더십을 보이는 발군의 인물이었다. 그가 무리 중의 리더여서 그랬는지, 아니면 리더가 되기 위해 그랬는지 모르겠지만 송시열은 이이, 김장생, 김집의 학통을 잇는 정통의 계승자가 되기를 원했다. 향후 정치적 입지를 위해서라도 송시열에게 있어 '김장생의 적통'이라는 이름은 필수 조건에 해당했을 것이다. 팔괘정은 스승에 대한 존숭의 의지로 지어졌다기보다는, 조선 예학의 적통을 자신이 잇겠다는 송시열의 단호한 의지의 표시였다.

그리고 다른 이유는 앞서도 얘기했듯이 강경이라는 지리적 입지에 있었다. 지금이야 인터넷 하나로도 세상 각지에서 일어나는 일을 안방에 앉아서 다 듣고 볼 수 있지만 당시에는 소문으로, 더 정확히는 직접 확인하는 게 가장 정확했을 것이다. 스승에 대한 사모의 정이야 그렇다 치고 강경은 금강이 흐르는 중요한 조운의 중심지였고, 정보의 집산지였다. 송시열은 여기서 스승의 학문 이외에도 당시의 시류와 자기 학문의 현실 대응력을 키워갔을 것이다.

그리고 송시열은 정자의 이름에서 이 모든 욕망을 대변해놓고 있다. 팔괘정 바로 옆에는 거대한 바위가 자리 잡고 있다. 거기에는 송시열이 직접 썼다는 글씨가 있다. '청초암靑草岩'과 '몽괘벽夢掛壁'이라는 글씨이다. 여기서 다시 팔괘정이라는 정자의 이름에 주목해보자.

팔괘는 알다시피 동북아시아의 우주론을 대표하는 『주역』의 기본 괘이다. 만물을 상징하며 64괘는 8괘를 기본으로 펼쳐진다. 그러니까 송시열은 자신의 정자를 우주 만물이 함축되어 있는 배꼽omphalos으로 보았던 것이다. 팔괘정이 우주의 배꼽이라는 것을 염두에 두고 바위 위의 글씨로 옮겨 가보자.

먼저 몽괘벽. 『주역』에서 몽괘는 신생의, 생명이 태어난 지 얼마 되지 않은 어린 시기를 뜻한다. '몽蒙'은 물건이 처음 세상에 나와 어려서 몽매함을 개발시키지 못한 상태를 말한다. 그래서 어리고 어리석다는 뜻으로 해석한다. '몽괘'에서의 몽蒙은 정신이 밝지 못하다는 뜻이다. 아직은 몽매함과 어둠 속에 있지만 형통함의 기미를 내포하고 꿈틀거리고 있다. '몽괘'에서 가장 길한 것은 동몽童蒙의 상이다. 동몽이란 몽매하지만 어린이처럼 진실되고 천진한 마음을 가진 사람을 말한다. 어린아이는 대개 어른이 옳은 말을 하면 의심하지 않고 따르는데, 바로 이 점이 스스로를 발전시킬 수 있어 길한 것으로 본다. 그러면 '청초암'이라는 글씨는 저절로 해석된다. 청초는 그야말로 봄을 상징한다. 모든 만물이 이제 막 새로 시작하는 때인 것이다. 어린아이와 같이, 어린아이의 풋풋함으로 모든 가능성이 존재하는 상태인 것이다. 그렇다면 송시열은 스승의 가르침을 받기 위해 여기에 온 것이고, 스스로 어린아이와 같은 마음으로 이제 막 자신을 위한 포석을 두려 하고 있는 것이다. 팔괘정은 이이, 김장생, 김집으로 이어지는 조선 예학의 적통으로서의 자신과 한 시대가, 바야흐로 자신의 몫으로 올 시대의 사명을 기꺼이 받고자 준비하는, 한 인간의 설렘이 숨 쉬고 있는 집이다. 그리고 그 각오를 송시열은 거대한 바위에 깊이 새겨두었다. 그리고 얼마 후, 몽괘와 청초의 마음으로 송시열이 추호도 의심하지 않고 따랐던 스승 김장생이 1631년(인조 9년) 세상을 떠났다. 그러나 송시열은 겉으로만 김장생을 따랐지, 언제나 송시열이 어린아이처럼 따랐던 스승은 오직 한 명, 주자朱子뿐이었다는 사실을 우리는 잊지 말아야 한다.

17세기 동북아시아의 혼돈과 송시열

스승이 떠난 후 송시열은 송준길의 권유로 스승의 아들인 김집에게 배움을 청한다. 그리고 1633년(인조 11년) 생원시에 장원급제하여 최명길崔鳴吉의 천거로 경릉참봉敬陵參奉이 되었으나 곧 사직했다. 그리고 1635년 봉림대군鳳林大君(효종孝宗)의 사부師傅가 되었다(효종은 송시열과 윤선도 두 스승에게 배웠다). 당시의 동북아시아의 국제 정세는 격변을 겪고 있었다. 북쪽의 여진족은 후금을 세워 명나라를 멸망시키고 조선을 침략하여 형제지국의 맹약을 받아냈다. 그리고 남쪽의 왜는 도요토미 히데요시가 죽음으로써 히데요시의 아들인 히데요리파와 임진왜란에 참가하지 않아 막강한 군사력을 그대로 유지하고 있었던 도쿠가와 이에야스의 세력으로 갈라졌다. 두 세력은 결국 세키가하라 전투에서 부딪쳐 도쿠가와 이에야스 세력의 승리로 끝나고, 에도 막부의 시대가 열리게 된다. 그리고 조선도 외양으로는 큰 변화가 없는 듯했지만 이미 조선왕조는 무너진 상태였다. 임진왜란 이후 왕권은 서서히 망해가고 있었고, 사림의 시대가 오고 있었다. 그 결정적인 계기가 후금의 2차 침입이었다.

  1636년 4월 후금의 태종은 황제를 칭하고 국호를 청淸이라고 고쳤다. 청 태종은 연호를 숭덕崇德으로 개원하고 태종은 관온인성황제寬溫仁聖

'몽패'에서의 몽蒙은 정신이 밝지 못하다는 뜻으로, 부족하고 어림을 말하며 공부의 결의를 다지는 포석이다.

皇帝라는 존호를 받았는데, 이때 즉위식에 참가한 조선 사신인 나덕헌羅德憲과 이곽李廓이 신하국으로서 갖추어야 할 배신陪臣의 예를 거부했다. 정황이야 모르는바 아니지만, 즉위식에 간 사신으로서 이건 말이 안 되는 무식하고, 무모한 짓이었다. 당연히 이에, 청 태종은 조선이 왕자를 보내어 사죄하지 않으면 대군大軍을 몰고 나가 침략하겠다고 협박했다.

결국 청 태종은 1636년 12월에 직접 조선 침략을 감행했다. 임진왜란과 정유재란으로 더 이상 싸울 힘도 남아 있지 않은 허약할 대로 허약한 조선이 화를 자초한 것이다. 결국 조선 정부는 강화도로 피난길을 택한다. 전통적으로 북방의 유목민들은 수전에 약할 것이라는 얄팍한 계산이었다. 봉림대군과 비빈妃嬪들이 미리 강화도로 들어갔고 윤선거와 송시열의 종형인 송시영 같은 양반 가문들도 강화도로 피신했다. 문제는 정작 인조가 강화도로 피신하지 못했다는 점이다. 인조는 강화도로 몽진하려다 길이 끊기는 바람에 할 수 없이 남한산성으로 진로를 바꾸었다. 봉림대군의 사부였던 송시열은 봉림대군과 행보를 맞추지 않고 인조와 같이 남한산성으로 갔다. 윤선도가 해남에서 의병 선단을 이끌고 강화도로 가다가 인조가 남한산성으로 향했다는 말을 듣고 회항한 것도 이즈음의 일이다. 피난민들이 강화도와 남한산성으로 나뉘면서 왕실과 많은 양반 가족들이 이산가족이 되었다. 송시열의 종형인 송시영이 강화도에서 자결하고 나중에 송시열과 크게 대립하게 되는 윤증 집안도 마찬가지였다.

윤증의 아버지인 윤선거는 강화도에, 할아버지인 윤황은 인조와 함께 남한산성에 고립되었다. 윤선거는 친구 권순장, 김익겸과 함께 청군이 상륙하면 의병을 일으켜 순절殉節하기로 약속했다. 그러나 김포를 거쳐 상류한 청군이 삽시간에 밀려들면서 조선군은 대응 한번 제대로 못하고 맥없이 무너지고 말았다. 이때 청군이 밀려들면 죽기로 약속했던 권순장과 김익겸은 김상용이 분신하자 약속대로 따라서 죽었고, 윤선거의 부인도 스스로 목숨을 끊었다. 그러나 정작 같이 죽기로 한 윤선거는 부인도 자결하는 마당에 죽지 않고 살아남았다. 윤선거는 봉림대군의 명으로 침원군琛原君 이세완과 함께 강화도를 탈출했던 것이다. 그 와중에 송시열의 종형인 송시영도 목숨을 끊었다. 나중에 송시열은 살아남은 윤선거를 경멸한 만큼, 종형의 죽음을 자랑스러워 했다. 이 종형에 대한 자부심과 살아남은 윤선거에 대한 경멸이 훗날 송시열의 노론과 (윤선거의 아들인) 윤증의 소론 사이에 의리론을 두고 벌어지는 '회니시비懷泥是非'의 발단이 된다.

결국 삼전도의 치욕을 겪고 1637년 청나라와 화의가 맺어지자 송시열은 낙향하여 충북 영동의 황간에서 은거에 들어간다. 당시 일본은 쇼군 이에미츠의 독재가 시작되었고, 포르투갈에 대항하여 쇄국정책이 잇달아 발표되었으며, 대규모 농민 봉기인 시마바라의 난이 진압되고 있었다. 중국에는 아직도 명이 그 명맥을 간신히 유지하고 있었고, 청은 바야흐로 중국 정복을 목전에 두고 있었다.

주자근본주의자

성리학은 주자朱熹(호는 회암晦庵)가 홀로 만든 학문이 아니다. 주돈이, 장재, 정호·정이 형제가 있었고, 양시, 호굉, 육구연 등 쟁쟁한 학자들이 주희와 함께 포진하고 있음을 잊지 말아야 한다. 주희 스스로도 정호·정이 형제를 높이 평가하며 "공맹이 죽고 천 년이나 도학이 전해지지 못했는데, 두 선생이 도학을 제창하고 밝혔으니 장하다고 할 만 하다"고 밝히고 있다. 주희는 이들과 교류하면서, 혹은 상당한 영향 아래 자신의 학문을 정립했다. 여기에서 주희가 말하는 '도학'이란 개념은 성인의 도를 전하는 학문이란 뜻이고, 당연히 성인이란 공자와 맹자를 말하는 것임은 두 말할 필요도 없다. 송시열은 이런 주자의 입장을 충실히 따랐고, 그것은 또 그가 스승인 김장생에게서 받은 가르침이기도 했다.

> "만일 주자朱子가 없었다면 요堯, 순舜, 주공周公의 도가 어두워졌을 것이다. 비록 정호와 정이 형제가 있었지만, 그들의 경전 해석은 의심스러운 곳이 많고 또 따르기 어려운 곳도 있다. 이이는 평소 '내가 다행히 주자 뒤에 태어나서 학문이 거의 어긋나지 않았다'라고 말하였다."[18]

그러니까 송시열은 공자, 맹자, 주희로 이어지는 법통과 이이, 김장생, 김집으로 이어지는 16세기 조선 성리학의 정통을 고집했던 것이고, 그로 인하여 스스로 조선 성리학의 정통성을 잇는 적통이 되었다. 이는 비단 학문적 입장에서만 국한된 것이 아니다. 정치적인 입장에서도 송시열은 스승의 가르침대로 충실히 주자의 입장을 따른다. 주희는 반대파와도 같이 정국을 운영할 수 있다는 정호의 견해와 달리, 시비가 분명한 경우에는 반대파와 함께할 수 없다는 단호한 입장을 보였다. 김장생은 이러한 주희의 입장을 옳다고 여겼고, 송시열 역시 스승의 견해와 같이한다. 우암 송시열의 학문적, 정치적 행보는 이러한 주자주의에서 이해해야 한다.

> "그러나 (정호의 방식은) 사람마다 행할 수 있는 도가 아니므로 주자가 '향초와 악초, 숯과 얼음은 한 그릇에 같이 담을 수 없다'고 한 말보다는 못하다. 이 때문에 김장생은 '주자의 정론이 이미 있으니, 주렴계周濂溪, 정자程子, 장재張載 등의 말이 주자와 같지 않아도 반드시 주자의 말을 따를 것이요, 그들의 말을 따르지 않겠다'라고 하였다. 나는 성인이 다시 태어나도 이 말을 바꾸지 않을 것이다."[19]

여기서 송시열이 말하는 '성인'은 바로 공자孔子다. 그러니까 공자가 다시 태어난다 하더라도 공자와 주희의 말이 다를 때는, 자신은 주자의 말을 따르겠다는 것이다. 주자의 성리학은 당연히 공자의 유학을 보완하며 성립했다. 성리학은 유학에서 간과되었던 우주 창조의 원리를 보완하고, 유학 중에서도 인간학의 문제를 집중적으로 연구했던 유학의 분파에 지나지 않는다. 주자의 이론 말고도, 유학에는 양명학이 있고, 소옹의 상수학 등이 존재한다. 조선 성리학의 정통을 유난스럽게 고집하던 그가 유학의 시조인 공자의 도를 따르지 않겠다는 말은 무엇인가? 한마디로 공자 중심의 유학을 해체하고 주자 중심의 주자학을 독립시키겠다는 말과 다르지 않다. 그러나 이렇게 과감하게 공자를 (물론 의미론적인 맥락이긴 하지만) 부정하면서도, 또 한편으론 공자, 주자로 이어지는 법통의 정통성을 주장하는 것은 분명한 모순이다. 윤휴를 비판하면서 송시열은 "하늘이 공자를 이어서 주자를 낳은 것은 실로 만세의 도통道統을 위해서라고 나는 생각한다. 주자 이후로 어느 한 이치도 드러나지 않은 것이 없으며, 어느 한 책도 밝혀지지 않은 것이 없다"고 얘기한다. 이 문장은 다음 장에서 자세히 얘기되겠지만 이 한 구절이 바로 송시열의 생각이다. 인용한 문장은 사실 한 가지 생각으로 이어진 문장이 아니다. 송시열에게 중요한 것은 바로 뒤의 문장, "주자 이후로 어느 한 이치도 드러나지 않은 것이 없으며, 어느 한 책도 밝혀지지 않은 것이 없다" 하는, 그것이다. 그 앞의 공자 운운은 사실 이 말을 하기 위해 빌려 온 말에 지나지 않는다. 송시열이 자기의 시대를 헤쳐나가기 위해 잡은, 놓칠 수 없는 지푸라기, 그것이 바로 주자였다.[20]

우암고택과 소제호

자기가 사는 시대를 스스로 이름 붙인 시대는 서양의 르네상스 시기가 유일할 것이다. 르네상스인들은 자신의 시대를 당대에 규정하면서 자본주의의 맹아를 준비했다. 아마도 우리 역사에 있어 당대를 당대인이 규정한 예는 송시열이 유일할 것이다. 어느 시대인들 당대를 위기로 파악하지 않으랴마는, 송시열처럼 철저하게 대안을 마련하고 오류를 무릅쓰면서까지 자기 시대를 헤쳐나간 지식인은 많지 않다. 우리가 송시열을 마냥 미워할 수 없는 부분이 여기에 있다. 그의 모순된 행동, 편벽한 일 처리, 권력을 이용한 패도 등과 같은 부정적인 부분에도 불구하고 그는 자신의 신념을 놓지 않은 불굴의 인간이었다. 그런 인물들에게 우리는 욕은 할 수 있어도 무시하지는 못한다.

　송시열에 대한 인물평도 간단하지 않다. 반대파는 사심 많은 용렬한 인간으로 묘사하고 있고, 지지파는 단호하며 공명정대한 인물이었다고 얘기하고 있다. 국보 239호로 지정되어 지금 국립중앙박물관에 보관되어 있는 송시열의 초상은 그의 성격이 어떠했는지 짐작하게 해준다. 축 처진 귀, 눈썹과 아래쪽으로 먼 데 자리 잡은 쭉 찢어진 눈, 툭 튀어나온 광대뼈, 붉은 입술 같은 모습에서 우리는 그의 과격한 성품을 읽을 수 있다. 머리에는 검은색 건을 쓰고 유학자들이 입는 창의를 걸치고 오른쪽을 바라보고 있다. 흔히 이 그림이 송시열의 몸집을 과장되게 그렸다고 하지만 그는 실제로 6척 장신의 거구였다고 한다. 그가 지은 집을 미루어 짐작해도 그는 왜소한 사람은 아니었던 듯하다. 방이 크거나 집의 부재가 활달해서 그런 것은 아니다. 그의 집은 늘 호방한 자리를 타고 앉아 있다. 암서재 같은 경우에는 물가의 바위에 강의 상류와 하류를 다 조감할 수 있게 자리 잡고 있고, 비교적 푹 꺼진 계곡에 자리 잡은 남간정사는 작은 시내의 중간에 걸쳐서 지어졌다. 물론 몸집이 큰 사람이 호방한 성품을 지니는 것은 아니지만 그런 활달한 자리를 좋아하는 사람은 아마 몸집도 크고 성품도 강해야 어울릴 것 같다는 생각은 든다. 임진왜란 전후 세대의 혼란기에 태어나서 다시 병자호란을 겪은 송시열이 자기 시대를 어떻게 생각했는지, 아직도 레드 콤플렉스를 겪고 있는 우리 사회에 미루어 짐작할 만하다. 우암의 초상화에는 우암 자신이 지은 시가 적혀 있다.

　　고라니와 사슴의 무리, 쑥대로 이은 집

인적은 끊기고 창은 밝으니, 배고픔을 참고 책을 읽는다

麋鹿之群 蓬華之廬

窓明人靜 忍饑看書

  그 거구가, 그 과격한 성품이 어떻게 배고픔을 참았을까? 1649년 치욕의 임금 인조가 죽고 효종이 보위에 오르자 송시열은 별로 높지 않은 관직인 장령掌令에 등용되었다. 그러다 왕세자의 학문을 담당하는 기관인 세자시강원에서 진선進善을 거쳐 집의執義가 되었으니 초기의 벼슬 운은 별로 없었나 보다. 당시에는 같은 서인이라 하더라도 인조반정에 적극 가담한 공서파功西派와 인조반정에 간여하지 않았던 청서파淸西派로 그 세력이 양분되어 있었다. 송시열은 인조반정에 가담하지 않은 청서파에 속해 있었는데 하필 공서파의 김자점金自點이 영의정이 되자 그 과격한 성품에 그나마 사직하고 낙향했다. 다시 이듬해 송준길의 탄핵으로 김자점이 파직된 뒤 진선에 재임명되었으나 1651년 그가 지은 『장릉지문長陵誌文』이 또 문제가 되었다. 파직당한 김자점이 조정에 앙심을 품고 청나라 연호를 쓰지 않았다고 청나라에 밀고하는 일이 발생한 것이다. 참 딱한 일이, 예나 지금이나 어쩌면 이렇게 변하지도 않고 꾸준히 일어나느냐는 것이다. 송시열은 어쩔 수 없이 청의 압력을 받아 사직하고 다시 낙향했다. 이때 낙향했던 곳이 대전의 회덕에 있던 그의 세거였다. 그러나 몇 년 후 그는 소제동에 집을 짓고 이사한다. 아마 송시열이 지었던 집 중에는 유일하게 남은 살림집이 아닌가 생각된다. 1951년 파직을 당하고, 1953

년에 집을 지어 이사했으니 아마 낙향할 때부터 소제동 터를 보아두었을 것이다. 대전시 소제동에는 송시열이 살았던 집이 보존되어 있다. 그러나 훼손이 심하고, 아마도 이 집을 여기다 지은 이유가 되었을 인근의 소제호蘇提湖의 위치가 불분명하여, 미루어 짐작할 수도 없게 되어버렸다.

소제호는 현재 남아 있는 일제 강점기 때의 지도로 보건대 동서의 폭이 약 3백 미터이며 남북의 최대 폭이 약 450여 미터에 달했다. 우암은 이 소제못 동쪽 제방에 자신의 살림집 자리를 잡았다. 솔랑산 기슭이 제방과 만나는 자리였다. 그 둘레만도 무려 2만 평이 넘었다는 소제못을 전경으로 살림집을 짓고 지금은 남간정사로 자리를 옮긴 기국정杞菊亭을 지었다. 기국정 맞은편에는 박팽년의 삼매당이 있었다고 한다. 역시 공자, 주자의 학문을 추앙하여 마을 이름마저 해좌궐리海左闕里라 붙이고 그 흥취에 못 이겨 삼매당 8경을 다음과 같이 꼽는다.

계악에 자는 구름, 용산의 저녁노을
소제에서는 연을 캐고, 금평에서는 이랑을 엎네
석촌에 밥 짓는 연기와 갑천에서 일렁이는 고기 잡는 횃불
화암의 새벽 종소리, 금암의 저녁 피리 소리

鷄岳宿雲龍山落照
蘇提採蓮檎坪挿秧
石村炊烟甲川漁火
花菴曉鐘琴巖晚笛

남간정사는 구릉지에서 산으로 이어지는 변곡점에 입지하고 있기 때문에
기단은 자연적으로 생긴 지반 위에 돌을 깔아 다져 만든 자연 기단이다.

당시의 소제호의 전경이 한눈에 그려진다. 그 아름다운 자연에 박팽년은 삼매당을 더했고, 송시열은 거기에 자신의 살림집과 기국정을 더했다. 기국정杞菊亭은 송시열이 소제방죽을 쌓고 연못가에 세운 작은 정자다. 방죽에는 연꽃이 심어졌고 주변에는 구기자와 국화가 무성하였다. 연蓮은 군자君子를 뜻하고 국화菊花는 은일隱逸을 뜻하며 구기자杞는 친족의 단란함을 의미한다. 이런 뜻으로 기국정이라 불렀다. 남간정사로 옮겨진 기국정은 기와집이지만 원래는 초가집이었다. 작은 초가집과 연꽃과 국화와 구기자나무가 어우러진 당시의 소제호는 무척이나 아름다웠을 것이다. 현재 계룡공고의 동남쪽으로 뻗은 산줄기 끝자락에 있는 자동차 정비소가 기국정의 옛 자리로 추정된다.

그러나 1907년 일제는 우암고택 뒤편에 대전신궁을 세우고, 대규모 치수 사업을 감행해 1927년에 소제호를 메워버렸다. 그리고 생활 하천인 대동천의 수로를 변경해 원래 소제호가 있던 한가운데로 흐르게 하고, 도로(현 계족로)를 냈다. 소제호는 그 이름이 중국의 소주蘇州의 빼어난 호수와 견줄 만하다는 뜻으로 붙여진 이름이다. 그러나 일제의 식민지형 도시계획에 의해 이 빼어난 풍광은 그 자취를 짐작조차 할 수 없게 만들었다. 지금 소제호를 남북으로 흐르는 대동천이 소제호를 메운 자리이며 철갑교에서 남북으로 보이는 동서교와 가제교가 소제호의 남북 방죽이었던 걸로 잠시나마 그 옛날 소제호의 규모를 짐작할 수 있을 뿐이다.

그런데 일제는 왜 이런 말도 안 되는 도시계획을 했던 것일까? 만약 소제호 같은 풍경이 일본에 있었다 해도 그랬을까? 아기자기하고 옹기종기한 풍경을 꼼꼼히 만들어나갈 줄 아는 일본인들이 식민지에서 이런 무차

별한 도시계획을 한 이유는 딱 하나밖에 없다. 일제는 대전의 기운이 생동하는 지점으로 소제마을을 꼽았다. 소제호가 있었던 이 마을은 풍수지리상 연화형의 길지라고 한다. 그 자리에 신사를 세운 것이 그것을 증명한다. 일제는 우리에게 소위 근대의 풍경이란 걸 가져다주었는지는 모른다. 그러나 삶을 파괴하는 풍경이 무슨 소용이 있겠는가?

조선의 선택—왕권 중심의 체제냐? 사대부 중심의 체제냐?

윤선도와 더불어 송시열은 조선 시대를 통틀어 가장 심한 건축 중독자 중 한 명이다. 그 조영 기법도 파격적이다. 그 둘은 또 동시대를 살았다. 이 시기에 사대부들이 이런 왕성한 건축 사업을 했다는 것은 무슨 의미일까? 이황이 뒷간을 내면서까지 지키려고 했던 조선 선비의 검박한 생활 양식이 17세기에 들어서면서 무너지는 것일까? 이것은 또한 왕권에 비해 신하들의 권력이 커지는 당시 사회의 한 단면을 보여주는 예라고도 생각된다. 송시열은 소제호에 살림집을 짓는 동시에 소제동 옆의 흥농촌에 서재인 능인암能仁庵을 또 지었다. 낙향하여 무료한 시간이기도 했지만 송시열이 누구인가? 풍수의 대가다. 그의 건축 수법이 파격적이라고 앞서 얘기했지만 그 파격은 땅을 읽는 파격에서 나온다. 아무도 감히, 설마, 하는, 집을 지을 수 없는 자리에 그가 집을 지으면 "아, 그렇구나" 하는 감탄사가 절로 터져 나온다. 그것은 풍수에 대해 해박한 사람도 마찬가지다. 송시열의 풍수는 그만큼 또 파격적이다. 풍수를 보는 파격과 스스로에 대한 지나칠 정도의 믿음, 그것이 송시열의 건축이다.

송시열은 1651년 낙향하여 살림집과 기국정, 능인암을 짓고 드디어 1658년 혼자 북벌계획을 짜고 있던 효종에 의해 북벌 프로젝트의 동반자로 부름을 받는다. 1659년 기해년 3월 11일. 그 유명한 기해독대, 효종과 송시열 단 두 사람만의 만남이 이루어졌다. 사관과 환관마저 물리치고 만난 기해독대에서 효종과 우암은 북벌의 큰 그림에는 합의한다. 그러나 북벌의 방법에 있어 두 사람은 처음부터 뚜렷한 차이가 있었다. 효종의 북벌은 말 그대로 군사력을 강화해 청을 치자는 얘기였다. 그러나 우암의 북벌은 한마디로 '내수외양', 즉 안을 튼튼히 해서 밖을 치자는 얘기다. 얼핏 공통분모가 있을 것 같지만 그렇지 않다. 『송자대전』에 보면 송시열의 '내수외양'에서 먼저 강조된 것은 삼강오륜을 통해 사회 기강을 바로잡는다는 것이다. 먼저 안의 윤리 도덕을 건설하여 예학을 바로 세워 이 혼란한 17세기를 평온하게 한 다음 북벌을 해야 한다는 것이다. 그러니까 송시열의 요지는 주자의 철학으로 안의 혼란을 평안하게 한다는 것에 있는 것이지, 북벌은 그러고 난 다음의—그렇게 되면 좋고, 안 되면 말고, 하는 식이었다. 그러나 효종의 북벌은 전면전을 준비하는 것이었다.

그 방법도 실제적이었다. 먼저 병자호란까지 사용해오던 짧은 화살이 긴 화살로 교체되었고, 화살촉도 예리해지고, 허리를 세우고 쏘는 종래의 활쏘기를 버리고 허리를 낮추고 활을 쏘는 청나라 기사법을 택한다. 적의 활을 피하기 쉽기 때문이다. 효종이 가장 관심을 기울인 것은 당대 신식무기였던 총포류이다. 효종이 총포류에 기울인 관심만으로도 우리는 그가 얼마나 북벌을 간절히 바랐던가 짐작할 수 있다. 왜냐하면 활을 쏘는 궁수를 양성하려면 10년 이상의 세월이 필요하지만 총포수를 양성하는 데는 열흘 정도면 충분하기 때문이었다. 그만큼 효종은 마음이 바빴다. 그 결과 연간 2~3천 정의 총포가 만들어졌다. 당연히 돈이 들어갔고, 여기에 반대하는 상소가 끊이지 않았다. 효종이 송시열을 부른 것은 이 반대를 무마하기 위해서였다. 잘못하면 왕권이 흔들릴 수 있는 위기였다. 그러나 송시열은 군사적 북벌에 반대했거나 적어도 회의적이었다.

그리고 기해독대가 있은 지 두 달 만에 어의 신가귀의 침을 맞고 효종이 죽었다. 그리고 문제는 엉뚱한 곳에서 불거져 나왔다. 효종의 상을 당해 효종의 어머니인 자의대비 조씨가 상복을 몇 년 입어야 하는가? 하는 것이었다. 효종의 어머니 자의대비 조씨는 인조의 계비였다. 당시 조선의 예법에 따르면 아들의 상에 부모가 상복을 입는 기간은 장자면 3년, 차자면 1년이었다. 알다시피 인조는 소현세자가 죽자, 소현세자의 아들이 아닌 자신의 둘째 아들인 봉림대군(효종)을 세자로 책봉한다.

서인의 영수인 송시열의 입장은 효종이 왕위를 계승했지만 둘째이므로 그 어머니인 자의대비 조씨는 1년복을 입어야 한다는 것이다. 그러나 남인 허목의 입장은 달랐다. 효종이 비록 둘째지만 왕위를 계승하였고 제왕가에서는 무엇보다도 왕위를 계승했다는 것이 중요하므로 마땅히 장자 대접을 하여 3년복을 입어야 한다는 것이다. 결국 효종을 장자로 보느냐, 차자로 보느냐가 이 사단의 관건이었다.

일반적으로 사가私家는 『주자가례』에 따라 사례四禮(관혼상제)를 행하고 있었고, 왕가王家는 성종대에 제정된 『국조오례의』를 기준으로 했다. 그런데 『국조오례의』에는 효종처럼 차자次子로서 왕위에 올랐다가 죽었을 경우 어머니가 어떤 상복喪服을 입어야 하는지에 관해 규정이 없었다. 『국조오례의』에 없는 경우를 두고 논쟁이 시작되었다. 윤휴尹鑴는 장자가 죽으면 적처嫡妻 소생 제2자를 장자로 세운다는 『의례儀禮』[21]의 말을 인용하여 효종은 비록 둘째 아들이나 적자嫡子로서 왕위를 계승했기 때문에 차장자설次長子說에 입각하여 3년상을 치러야 한다고 주장했고, 송시열宋時烈은 『의례』의 사종지설四種之說(왕위를 계승했어도 3년상을 치를 수 없는 이유) 중 체이부정體而不正(적자이지만 장자가 아닌 경우)에 입각하여 효종은 인조의 차자이므로 1년상이 옳다고 반박했다. 이런 상황에서 영의정 정태화鄭太和 등의 대신들은(시왕지제時王之制, 『국조오례의』에 있는 '어미는 아들의 복에 1년을 입는다')에 따라 기년복을 채택했다. 그래서 끝나는가 싶었던 예송이 이듬해 남인인 허목許穆의 상소로 다시 일어나게 되었다. 허목은 윤휴의 차장자설에 입각한 3년상을 찬성하면서 첩의 자식으로 왕위에 오른 경우만 체이부정에 해당된다며, 자기주장을 관철시키기 위해 상복도喪服圖까지 첨부시켜 송시열과 송준길을 공격했다. 여기까지만 보면 한심한 싸움이 아닐 수 없다. 어미가 상복을 3년 입든 1년 입든 공자의 말대로 그 진정을 잃지 않으면 된다. 그러나 핵심은 다른 데 있었다.

송시열이 효종을 차자로 보고 1년상을 주장한 것은 왕가에도 사가의 규범을 그대로 적용하여 사대부 중심의 사회체제를 천명해야겠다는 뜻이고, 허목이 효종을 장자로 보고 3년상을 주장한 것은 왕가의 규범을 따로 인정하여 왕권 중심의 사회체제를 확립해야 한다는 것이었다. 예학은 당대의 무너진 신분 질서를 바로잡기 위해 송시열 개인이 택한 이념이 아니라 조선 사회 전체의 함의였다. 그러나 같은 북벌을 두고 효종과 송시열이 달랐듯이 예학의 근본적인 개념을 두고 남인과 서인의 입장이 달랐던 것이다. 남인의 영수 허목은 왕가의 예와 사대부의 예는 다르다는 입장을 취했고, 송시열은 천하동례天下同禮, 왕이나 사대부나 같다는 입장이었다. 당연히 송시열의 이런 입장은 또 파격적인 것이었고, 정치적으로 위험한 발언이었으며, 그래서 비난의 대상이 되었다. 남인인 윤선도는 상소에서 만약 효종이 장자가 아니라면 가짜 세자, 대리 왕자라는 말인가? 하며, 기염을 토한다. 같은 건축 중독자들끼리지만 당대를 해부하는 입장은 달랐다. 결국 제1차 예송논쟁은 『국조오례의』에 장자는 1년복을 입게 한 규정에 의거하는 것으로 결말지어졌다. 결과적으로는 서인의 승리였지만, 종법 질서를 두고 사회체제를 변혁하고자 하는 쪽과 유지하고자 하는 쪽의 입장의 차이가 부딪쳐 얻어낸 승리라기보다는, 성문법이 들어준 승리였으므로 오히려 후일 다시 불붙을 수 있는 불씨를 감추어두게 된다.[22] 우여곡절 끝에 제1차 예송논쟁은 남인들이 정계에서 대거 축출당하며 우암 송시열의 천하가 된다.

바위 위의 집 — 암서재 岩棲齋

기해예송의 승리로 서인들은 기고만장했다. 1660년 나이 54세에 송시열은 우찬성에 올랐다. 그러나 좋은 일에는 항상 마가 끼는 법인지 이번에는 효종의 장지를 잘못 옮겼다는 비난을 받고 기해예송의 영웅 송시열은 우암은 남간정사와 더불어 바위 위에 암서재를 짓는다.
후학을 양성하고 다시 벼슬길에 오르기를 기다리는 암중모색의 집이다.

어이없이 낙향한다. 효종의 장지를 어쨌기에 우암 같은 인물이 일거에 떨어져 나갔을까?

효종대왕의 장사를 지낼 때 송시열은 국상國喪의 자문을 맡았다. 자타가 인정하는 예학의 거두 아닌가? 그런데 예의 절차를 행하는 송시열은 그야말로 마구잡이였다. 관이 시신보다 작아 뜯고 다시 늘리는 어이없는 사태가 발생했다. 임금이 머무는 곳은 그곳이 어디든 궁이다. 그래서 임금의 관을 재궁梓宮이라 한다. 그런데 죽은 임금의 궁을 작게 지어 얼기설기 덧대는 궁여지책이 동원된 것이다. 윤선도는 이를 두고 맹렬히 공격했다. 처음 효종의 장지를 결정한 인물이 바로 윤선도였다. 그는 효종의 장지로 수원부 청사 뒤 산등성이를 명당이라고 지목했고, 다른 지관들도 그곳이 길지라고 호응했다. 그러나 송시열이 반대했다. 수원부 뒤를 장지로 정하면 수원부를 옮겨야 하므로 군사들과 백성들의 고통이 클 것이라는 게 이유였다. 나름대로 타당한 이유였다. 결국 윤선도의 의견은 묵살되고, 송시열의 의견이 받아들여졌다. 그러나 몇 년 후 송시열의 결정이 잘못되었다는 상소가 올라오고 송시열은 다시 소제동으로 돌아온다. 그러다 1666년 화양동 계곡에 작은 강학 공간을 하나 마련하는데, 이 집이 암서재이다. 팔괘정에서 암중모색하던 청년은 이제 환갑이 되었다. 아마도 국립중앙박물관에 소장된 초상화의 모습이 지금 화양동 계곡을 거니는 송시열의 모습이 아닐까?

그러니까 죽은 왕의 집터를 잘못 잡는 바람에 정계에서 쫓겨나 지은 자신의 집이 암서재다. 나는 암서재 건너편의 즐비한 음식점에서 암서재를 보고 있다. 그리고 암서재를 지워본다. 이제 나는 암서재가 지어지기 전의 화양동 계곡에 와 있다. 그리고 집을 지을 장소를 돌아보고 있는 중이다. 두 번, 세 번 생각해본다. 확실히 이 계곡에는 집을 짓고 살 만한 터가 없다. 경치는 아름답지만 물살도 빠르고, 속리산 줄기에서 뻗은 도명산의 산세도 가파르다. 만약 그래도 이곳에 집을 짓는다면 경천벽이 바라다보이는 부근이 아닐까? 그러나 나라면 거기도 아니고, 이 계곡에는 집을 지을 생각을 못했을 것이다. 그런데 송시열은 어떻게 금사담의 저 바위에 집을 지을 생각을 했을까? 정말 천문지리에 달통했다는 그의 박학이 허명이었을까? 윤선도가 효종의 장지로 잡은 수원부 뒤쪽의 터는 나중에 사도세자의 능이 된다. 정조는 백성들의 이주 비용을 내탕금으로 마련했고, 그 후 수원은 행정, 군사의 중심지가 되었다. 송시열이 뭔가 잘못 본 것일까? 그렇지는 않은 것 같다. 송시열은 윤선도가 잡은 터가 꼭 나쁘다고 하지는 않았다. 그가 반대한 것은 거기에 터를 잡을 경우 백성과 군사들의 출혈이 너무 많다는 이유에서였다. 풍수지리보다 행정적인 절차를 간소하게 하면서 국상을 처리하는 것을 더 중시했던 것이다. 과연 기호학파의 수장답게 현실적인 측면을 더 중시한 것이다. 풍수지리의 논리에 따라 터를 잡는 것은 충실한 지관의 일이다. 적어도 학자라면 풍수지리의 논리에 자신의 철학을 실을 줄 알아야 한다. 그런 점에서 나는 송시열이 풍수지리에 어두웠다는 말은 틀린 말이라고 생각한다. 풍수지리는 단지 하나의 가설일 뿐이다. 반드시 거기에 얽매일 필요가 없다. 암서재의 터가 아무리 풍수적으로 좋지 않다 해도 거기에 집을 짓고 살고자 하는 의지가 중요한 것이다.

송시열은 리理가 발동한다는 이황의 '호발설'을 비판하는 이이의 견해를 김장생을 통해 계승하고 있다. 송시열이 김장생을 통해 이이의 주장으로부터 계승하는 관점은 곧, 성리학에서 형이상形而上의 리理는 형이하形而下의 기氣가 어떤 모습으로 존재하도록 하는 이유이지, 운동의 물리적 원인이 아니라는 것이다. 송시열의 이런 성리학적 인식은 그가 생각하는 풍수에도 잘 나타나 있다. 송시열이 지은 집은 소제호의 살림집을 제외한 모든 집들이 다 바위를 타고 앉아 있다. 팔패정도 거대한 바위 옆에 있고, 암서재는 아예 바위 꼭대기에 있다. 남간정사 역시 바위틈을 흐르는 작은 계곡에 걸쳐서 지어졌다. 살림집이 바위를 타고 앉아 있다는 것은 너무나 비상식적인 일이므로 우암고택을 논의에서 제외하면 송시열이 지은 모든 집은 바위가 중요한 건축적 동기를 이룬다. 송시열에게 있어 바위는 어떤 의미인가? 송시열은 바위를 통해 무엇을 표상하고 싶었을까?

송시열의 성리학적 주제는 '직直', 한 자로 요약할 수 있다. '직' 개념의 사상적 연원은 송익필에게 있고, 김장생에서 송시열로 이어지는, 유가의 삶의 태도를 말한다. 또한 '직'은 '절의節義'의 실천적 태도이며 '절의'는 곧 의리義理이고, 맹자로부터 강조되는 '존왕尊王'의 전통에 의한 개념이다. 송시열이 평생을 두고 실천하고자 했던 '직'은 '의리론'이라는 실천적 측면에서 남명과 퇴계의 갈라짐의 이유였고, 경상좌도와 경상우도로 나뉘는 남명학파와 퇴계학파의 이론적 차이이기도 했다. 송시열은 '절의'를 통해 조선 성리학의 전통을 이해하고, '존왕'의 관점에서 주자 성리학의 시대적 의미를 파악한다.[23] '존왕'의 이념에 기반으로 한 '절의'의 정신은 조선 성리학의 근본 이념이다. 그가 정몽주를 조선 성리학의 출발점으로 삼는 것도 이러한 이유에서이다. 고려왕조에 대한 정몽주의 일편단심이야말로 송시열에게는 일생의 모범으로 비춰졌던 것이다. '의리론'이라는 성리학의 실천적 과제를 두고 나뉘는 조선 성리학의 전통을 송시열은 고스란히 이어나가 '직'이라는 보다 구체적인 단어를 찾아냈다. 그리고 이 '직'의 표상으로 바위라는 실체가 그의 집에 등장하게 되는 것이다. 송시열에게 있어 바위는 절의의 상징이었다. 송시열이 집을 지을 때마다 찾았던 바위의 기개는 풍수지리보다 더 중요한 개념이었다. 그것은 바로 송시열식의 풍수였고, 송시열의 철학이었다.

> 냇가 바위벽을 열어
> 그 사이에 서재를 지었네
> 고요히 앉아 경전의 가르침을 탐구하니
> 한 치라도 더위잡고 올라보려네

> 溪邊石崖闢
> 作齋於其間
> 靜坐尋經訓
> 分寸欲躋攀

"냇가 바위벽을 열어 그 사이에 서재를 지었다"라는 시구가 말해주듯이 송시열은 금사담을 바위에 둘러싸인 암굴 같은 곳으로 파악했다. 계곡의 길에서 봤을 때는 그런 느낌이 흐리지만 정작 암서재에서 바라보면 금사담은 우암의 말처럼 온통 바위투성이이다. 그가 이 터를 잡기까지 얼마나 공을 들였는지 짐작이 간다. 암서재는 단출한 집이다. 전형적인 세 칸 집에 한 칸은 마루고, 두 칸은 구들을 들였다. 암서재는 바위 위에 걸터앉아 있을 뿐만 아니라 계곡 건너편에 하늘을 찌를 듯 솟아 있는 기암괴석인 첨성대를 바라보고 있다. 바위 위에 앉아서 바위를 바라보고 있다. 기해예송의 승리자이면서도 정계에서 축출당한 채 송시열은 암서재에 앉아 무슨 생각을 했을까? 송시열은 아마 세상이 그리 만만치 않음을 실감했을 것이다. 그런 그에게 높은 바위가 곳곳에 서 있는 화양동 계곡은 더없는 모색의 공간이었을 것이다. 금사담 계곡의 바닥, 암서재가 앉은 바위벽, 그리고 첨성대 할 것 없이 하늘만 빼놓고는 모두 바위투성이인 자리이다. 그는 여기서 주자의 시대를 다시 상기했을 것이다. 그리고 거기에 자신의 시대를 겹쳐보았을 것이다. 그리고 그는 화양동 계곡 금사담에서 주자의 이상을 재현한다. 말이 주자의 이상이지 화양동 계곡은 모화주의의 극치를 이룬다. 이제까지 수천 년 동안 두어진 바둑 중에 같은 대국은 하나도 없다고 한다. 사방 열아홉 줄의 한정된 면 안에서의 대국도 그런데 하물며 역사에서랴. 송시열의 오류는 주자와 자신의 시대를 완전히 같은 것으로 파악하여 주자 이외의 다른 학설을 인정하려 하지 않았을 뿐 아니라 아예 사장시켜버리는 어리석음을 범했다는 데 있다. 그 결과 조선은 이후 극단적인 사대주의의 길을 걷는다. 화양동 계곡은 이 사대주의의 면면을 곳곳에서 보여준다. 그리고 그 일그러진 모습은 지금의 우리에게도 여전하다.

화양동의 오해들

화양동 계곡은 그 빼어난 산수로 이미 조선 초기부터 많은 문인들의 사랑을 받아왔다. 화양동 華陽洞이라는 이름은 본래 지금의 금사담 근처를 가리키는 극히 협소한 장소의 이름이었다. 계곡의 바위 사이를 휘돌아 가는 물길의 모습이 꼭 한자의 '파巴' 자를 닮아 '파곶'이라고 불리는 이곳과 함께 금사담은 화양동 부근의 2대 절승지였다. 이 일대의 지명은 원래 황양동 黃楊洞이었다. 일반적으로 회양나무라고 불리는 황양나무 黃楊木가 많은 곳이라서 얻은 지명이다. 화양동의 지명을 연원하는 여러 가지 설이 있지만, 이 황양나무의 속칭이 화양목 華陽木이라서 화양동이 되었다는 설은 그중 근거가 없는 설이다. 화양목이라는 나무는 존재하지도 않는다. 주로 여인들이 쓰는 빗이나 도장의 재료로 많이 쓰이는 회양목이 정확한 이름이다. 그런데도 아직 1807년에 송주상 宋周相이 간행한 『화양지 華陽誌』, 『지명연혁 地名沿革』의 기록을 그대로 인용하여 화양동의 유래를 황양목이 많아서라고 하는 사람들이 많다. 차라리 황양동이 화양동이 된 사연은 이춘영 李春英(1563~1606)이 사물의 이름으로 지명을 삼는 것은 좋지 않다고 하여 중화 中華의 '화華' 자를 따서 화양동 華陽洞이라고 지었다는 게 오히려 설득력이 있다.

다른 연원은 중국의 고사에서 지명을 차용했다는 설이다. 『서경 書經』에 나오는, 주의 무왕이 은나라를 정벌하고 다시는 전쟁이 일어나지 않게 하겠다는 뜻으로 군마는 모두 화산 華山의 남쪽 之陽으로 돌려보내고 소는 도림 桃林의 들녘에 풀어놓았다는 말에서 '화華' 자와 '양陽' 자를 따왔다는 것이다. 이것은 충분히 설득력이 있다고 생각한다. 화양구곡과 같은 선경에 와서 그런 고사성어를 떠올리며 누군들 평화로운 세상을 꿈꾸지 않겠는가? 또 하나의 설은 사람에 얽힌 얘기다. 화양동에서 동쪽으로 그리 멀지 않은 곳에 선유동이 있다. 이중환의 『택리지』에 금강산 이남에서는 화양동과 선유동을 꼽았을 정도로 산수가 좋은 곳이다. 그런데 이 선유동에 걸출한 인물 하나가 살았다. 이녕李寧(1514~1570)이라는 인물이 바로 그다. 이황, 성혼 등 당대의 거유들과 교제했던 은둔거사였다. 한 번도 벼슬길에 나아간 적 없는 그는 당시에 청빈낙도의 상징처럼 여겨졌던 인물이었나 보다. 사람들은 그와의 교제가 곧 자신의 청렴도를 보장하는 듯이 앞다투어 그를 만나려 했을 정도였다. 그런 이녕이 쓰고 다니던 관이 화피관樺皮冠(화산의 모양을 본떠 만든 관이라는 뜻으로 뜻이 높고 덕이 남다르다는 의미)이다. 화양동의 이름은 바로 이녕이 머리에 쓰고 다니던 관 이름에서 나왔고, 그의 삶을 찬미하는 뜻으로 화양동의 이름을 지었다는 것이다.

첫 번째 설은 이미 부정했고, 당대 선비들이 우러러 마지않는 삶을 과감히 살았던 한 인물에 대한 존숭으로 지은 이름이라는 설은 현대라면 모를까 옛 지명에는 흔치 않은 일이라서 주저된다. 내 생각에는 아무래도 화양동의 정취로 보아서 화산지양華山之陽의 고사에서 황양동이 화양동으로 바뀐 게 가장 설득력 있어 보인다. 그리고 나서야, 이 좋은 경치에 회양목이라는 사물 이름이 어울리기나 하나, 바꾸자, 하는 동기가 성립한다.

화양동에 대한 또 다른 오해는 화양구곡의 이름들을 누가 지었느냐 하는 것이다. 흔히 송시열이 주자의 무이구곡을 본떠 지은 것으로 되어 있지만 사실과 다르다. 이상주 박사의 설에 따르면 화양구곡을 설정한 사람은 송시열이 죽은 뒤 그의 제자인 권상하와 민진원이 바위에 명칭을 새기면서 최종 완성되었다. 어떻게 된 이야기일까? 얘기인즉슨 이렇다. 우암尤庵 송시열은 그의 호에서 알 수 있듯이 주자의 호 회암晦庵에서 '암庵' 자를 따올 정도로 주자의 철학을 흠모했다. 장지를 잘못 잡아 5년여의 낙향 생활을 하는 동안 송시열은 화양동 계곡의 정취에 반했을 것이다. 그래서 이왕 이렇게 된 거 주자가 그랬듯이 나도 여기서 당분간 글이나 읽고 찾아오는 제자들을 맞으면서 향후의 정세에 대비해야겠다고 생각했을 것이다. 그래서 그는 암서재를 짓는다. 그러다 송시열이 죽자 그의 제자인 권상하가 평소 스승이 평생을 두고 앙모하던 주자의 무이구곡을 본따 하류에서 상류로 올라가며 구곡을 설정하고 민진원이 바위에 새긴다. 스승은 주자를 그리워했고, 제자들은 스승을 주자에 견주어 사모했다. 이렇게 된 일이 송시열이 화양구곡에 이름을 붙인 것으로 잘못 와전된 것이다. 그렇다면 송시열이 천문을 관측하기 위해 올랐다는 암서재 앞의 첨성대는 어떻게 된 것일까? 당연히 첨성대라는 이름도 권상하가 지은 것이다. 이상주 박사에 의하면 첨성대는 흔히 알려져 있듯이 별을 관측하기 위한 곳이 아니라, 임금의 덕화의 중요성을 자연물에 표상화한 것이라고 한다. 이상주 박사는 우암이 지은 「청주공북루기」, 「화양지」, 박노중의 시 「차덕산구곡원운」 등의 문헌을 근거로 든다. 그러나 화양동은 그야말로 깊은 계곡이고, 지상으로는 차가운 물소리가 밤새도록 흐르고 밤에는 하늘 가득 별이 흐른다. 이곳에 사는 동안 송시열이 한 번쯤은 제자들과 같이 이론적인 궁구가 아닌 실제로 별을 관측하러 첨성대나 그 위쪽을 오

우암의 제자 민진원이 쓴 것으로 알려져 있는 화양구곡의 파곳.

르지 않았을까? 그리고 권상하는 스승과의 그 한때를 추억하며 스승과 오르던 바위에 첨성대라는 이름을 붙인 건 아닐까? 우암이 소유한 선기옥형璿璣玉衡이 천문관측용이 아니라 제자들에게 『서경』의 기형률려璣衡律呂(구슬로 장식한 혼천의)를 교육하기 위해 소지하고 있던 학습 보조 기구라는 이상주 박사의 주장은 더욱 그런 생각을 가중시킨다. 더욱이 읍궁암이란 이름도 송시열이 효종을 위해 통곡했던 기억을 떠올리며 지은 이름이 아닌가? 그냥, 막연한 추측이다.

첨성대는 그렇다 쳐도 화양동의 구곡의 이름이 바뀌어 있는 것은 좀 어리둥절하다. 우리가 알기로는 하류에서부터 경천벽(제1곡), 운영담(제2곡), 읍궁암(제3곡), 금사담(제4곡), 첨성대(제5곡), 능운대(제6곡), 와룡암(제7곡), 학소대(제8곡), 파곶(제9곡)으로 상류로 와 선유동으로 이어진다. 그런데 화양지에는 제5곡이 능운대, 제6곡이 첨성대로 나와 있다. 왜 갑자기 하류에서 상류로의 순서를 첨성대와 능운대에서 뒤바꾸었을까?

화양동 계곡의 묘미는 계곡에 두 개의 다리가 있어 전체적인 동선이 계곡 이쪽과 저쪽을 넘나들며 경치를 감상할 수 있다는 것이다. 일부러 그렇게 만든 게 틀림없을 정도로 감상의 포인트가 입체적으로 잘 정돈된 길이 아닐 수 없다. 화양동 계곡의 오브제는 두 가지다. 하나는 수직의 바위들이요, 다른 하나는 수평의 바위들이다. 경천벽, 첨성대, 능운대, 학소대, 네 곳은 수직의 오브제이고, 운영담, 읍궁암, 금사담, 와룡암, 파곶, 다섯 곳은 수평의 오브제이다. 수평의 오브제 다섯 곳 중에서 운영담은 수평적 오브제가 수직의 이미지를 담고 있고, 파곶은 수평적 운동성을 강하게 드러내는 곳이다. 권상하가 이 흥미진진한 요소들을 놓칠 리 없었을 것이라고 나는 생각한다. 그러나 첨성대와 능운대는 유독 수직적 이미지가 강하게 겹쳐 있다. 첨성대를 지나 화양3교를 건너면 바로 건너편이 능운대다. 더군다나 화양동의 모든 수직적 오브제는 계곡 건너편에서 감상이 가능하도록 길을 만들었는데, 첨성대만이 길 쪽에 자리 잡고 있다. 그리고 능운대는 이름처럼 그리 장엄하지 않다. 잘못하면 지나치기 쉽다. 그래서 계곡의 모래밭을 배경으로 볼 때 그 존재감이 가장 잘 드러난다. 그리고 그 뒤로 첨성대의 봉우리가 연결된다. 다리를 건너 능운대를 본 다음 첨성대를 보는 것이다. 권상하가 능운대와 첨성대의 순서를 바꾼 것에는 능운대로부터 솟아오르는 첨성대의 연상 이미지를 고려한 것일 수 있다. 조선화에서는 이런 소점의 이동이 빈번하게 일어난다. 능운대와 첨성대가 제5곡과 제6곡으로 정해진 것도 같은 이유로 해석된다.

그러나 만일 첨성대만 따로 감상한다면 그 자리는 암서재다. 암서재에서 첨성대를 바라보면 그야말로 별들이 오종종하게 모여서 바위를 이루고 있다는 생각을 떨쳐버릴 수 없을 정도로 강렬하다. 암서재가 왜 그 자리에 있는지 첨성대가 말해주고 있다.

풍운의 세월

송시열이 암서재를 지은 것이 1666년 8월. 2년 남짓 암서재와 화양동 계곡을 즐기다 1668년 우의정이 되어 다시 상경하였다. 그러나 좌의정 허적許積과의 불화로 사직했다가 1671년 다시 우의정이 되고 이듬해 좌의

정이 되었다. 말년의 벼슬길이 그런대로 순조롭다 싶은 순간 1674년 효종의 비妃인 인선왕후仁宣王后가 별세했다. 또다시 자의대비의 복상문제가 중심으로 떠올랐다. 자의대비로 보자면 이번엔 며느리가 죽은 것이다. 자의대비는 인조의 재취이다. 첫 부인이 죽자 인조는 자의대비, 즉 장렬왕후 조씨와 재혼했던 것이다. 효종 2년에 존호를 받아 '자의대비'라고 불렸다. 워낙 어린 나이에 인조와 결혼해서 이 꼴 저 꼴 안 본 꼴이 없는 기구한 여인이다. 표면상 1차, 2차 예송논쟁의 논쟁을 불러왔고, 아들과 며느리의 죽음을 고스란히 지켜본 비운의 여인이다. 자의대비가 이런 험한 꼴을 다 지켜보게 된 건 순전히 그녀의 나이 때문이었다. 자의대비가 인조와 결혼할 때 그녀의 나이는 고작 14세였다(인조의 나이는 43세). 법적인 아들 효종보다 다섯 살이나 어렸다. 워낙 어린 나이에 궁에 들어와 당시 인조의 총애를 받던 조귀인에게 갖은 수모를 다 겪었고, 인조의 사랑조차 받지 못했으며 자식도 없었다. 그러나 어머니보다 다섯 살이나 많은 아들인 효종은 어린 어머니 자의대비를 극진히 모셨다. 자식은 부모를 보고 배운다고 했던가? 효종이 죽자 그 아들인 현종도 자의대비를 부모가 했듯이 한결같이 모셨다. 남편에게 버림받고 첩에게 구박당했지만, 자기가 낳지도 않은 아들과 손자에게 지극한 효도를 받은 셈이다. 다섯 살이나 많은 아들 효종이 죽자 제1차 예송논쟁이 일어났고, 이번엔 며느리가 죽었다. 다시 살아 있는 시어머니인 자의대비의 복상문제가 거론되었다.

서인은 대공설大功說(9개월)을 주장했다. 이유는 대비의 복이 선왕 때와 같을 수 없다는 것이었다. 당시 송시열은 재상 자리에서 물러나 있었다. 따라서 당연히 예송논쟁의 서인 대표는 재상인 김수홍, 김수항 형제였다. 그런데 영남 유생인 도신都愼이라는 자가 상소를 올렸다. "장자와 장부長婦의 복을 다 기년으로 한다는 것은 『국조오례의國朝五禮儀』에 분명한데, 효종의 상에는 대왕대비에게 기년의 장자복을 입게 하고, 이제 와서는 국제國制의 중서부衆庶婦의 복인 대공으로 한다니 모순이다." 그러니까 1차 예송 때 남인이 주장한 3년상은 국법을 초월한 왕가의 규범이었다. 현종은 상소를 받고 생각했다. 아버지가 돌아가셨을 때 서인은 국법에 의거해 자의대비의 상복을 1년으로 하자고 주장했다. 그런데 이제 맏며느리인 인선왕후가 죽자 국법에 의거한 것이 아닌 중서부, 즉 일반 서민들의 관례에 따라 9개월간 상복을 입자는 것이다. 서인들이 주장하는 대공설에는 뭔가 일관성이 없었다. 이에 현종은 재상인 김수홍 등을 불러 그 까닭을 물었다. 다행인지 불행인지 대공설을 주장한 송시열은 조정에 없었고, 김수홍 등 서인들이 우물쭈물 대답을 못하자 현종은 크게 노하여 김수홍을 귀양 보내고 복제를 남인의 주장대로 기년으로 개정하였다. 이것이 제2차 예송인 갑인예송이다. 1차 예송 때 패배하여 물러난 남인들이 2차 예송의 승리로 대거 정계에 진출한다. 남인의 대표 허적許積이 영의정에 올랐다. 비록 2차 예송에는 발을 빼고 있었지만, 허적이 송시열을 가만둘 리 없었다. 1674년 현종이 죽고 숙종이 왕위에 올랐다. 남인들은 다시 기해예송 때 기년설을 채택하게 한 죄로 기어이 송시열을 덕원으로 유배 보냈다. 그해가 1675년이었다.

그 후로도 이리저리 유배지를 옮겨 다니는 중 1680년 4월 정원로鄭元老의 고변으로 허적의 서자인 허견許堅의 역모가 적발되었다. 이른바 '삼복의 변三福之變'이다. 인조의 손자이며 숙종의 5촌인 복창군福昌君,

복선군福善君, 복평군福平君 3형제가 허견과 결탁했다는 것이다. 그 내용은 허견이 복선군을 보고 "주상(숙종)께서 몸이 약하고, 형제도 아들도 없는데 만일 불행한 일이 생기는 날에는 대감이 왕위를 이을 후계자가 될 것이오. 이때 만일 서인들이 임성군臨城君을 추대한다면 대감을 위해서 병력으로 뒷받침하겠소" 하였다는 것이다. 이에 연루된 남인들이 모두 잡혀 와 고문 끝에 처형되었고, 허견, 복창군, 복선군 등은 귀양 갔다가 다시 잡혀 와 죽고, 허견의 아버지 허적은 처음에는 그 사실을 몰랐다고 하여 죽음을 면하였으나, 뒤에 악랄한 자식을 엄호하였다 하여 죽임을 당하였다. 이것이 '경신대출척庚申大黜陟'이다. 이 사건으로 남인은 완전히 몰락하고, 서인들의 독주가 이어지면서 붕당 시대가 막을 내리고 서인 일당전제의 시대가 열린다. 경신대출척은 경신년에 남인들이 대거 정계에서 쫓겨났다는 것이다. 그것을 서인 위주로 말하면 서인들이 대거 정계에 복귀했다는 뜻으로 경신환국庚申換局이라고 한다. 당연히 송시열도 환국하여 중추부영사中樞府領事로 기용되었다가, 남인의 끝을 보았기 때문인지 경신환국 두 해 뒤인 1683년 정계에서 은퇴한다. 풍운의 삶이 저물고 있었다.

계류 위의 집 ─ 남간정사

이제 골치를 썩이던 남인들이 물러가자 서인들은 막강한 권력을 쥐게 되었고, 그 막강한 권력으로 남인을 어떻게 처벌할 것인지를 두고 파가 갈 화양구곡 가운데 제2곡인 물에 구름이 비친다는 운영담이다.

리게 된다. 송시열은 성격대로, 남인에 대한 과격한 처벌을 주장한 김석주, 김익훈 등을 지지했다. 그런데 이런 과격한 행위를 비난하는 소리가 높았다. 그중에서도 제자였던 윤증尹拯과의 감정 대립이 악화되어 마침내 서인은 윤증 등 소장파를 중심으로 한 소론少論과 송시열을 영수로 한 노장파인 노론老論으로 다시 분열된다. 그러나 이 분열은 이미 송시열이 소제호에 살림집을 짓던 무렵부터 싹터온 학문적 입장 차이에 대한 문제였다. 조선의 정치적 사건은 항상 학문적 논쟁과 연관되어 있다. 이것을 간과하고 단지 사건만 놓고 보면 조선의 학자들은 지엽적인 문제로 머리에 피 터지는 싸움만 일삼는 쓸데없는 인물들로 비춰지기 십상이다.

회니시비의 발단은 1681년 윤증의 「신유의서 辛酉擬書」로부터 촉발되었다. 송시열에게 보낸 이 편지에서 윤증은 스승 송시열의 행동과 사상을 낱낱이 비판했다. 송시열의 독선적인 주자학과 숭명의리론崇明義理論의 허구를 호되게 비판했고, 송시열의 이념과 행동이 결국 '허명虛名'이며, '이행利行'이라 했다. 이는 송시열의 주자근본주의에 회의를 가지고 있던 젊은 학자들의 열렬한 지지를 받는다. 그로부터 시작된 스승 송시열과 제자 윤증 사이에 벌어진 논쟁을 우리는 각각 당사자들이 살았던 동리의 이름을 따 회懷니尼시비라고 부른다. 송시열이 살았던 동리가 소제호 주변의 회덕懷德이었고, 윤증은 거기서 얼마 멀지 않은 논산 부근의 니산尼山에서 살았던 까닭이다. 1683년 벼슬에서 물러나 봉조하奉朝賀(조선 시대 전직 고위 관리를 위해 품계에 따라 일정한 녹봉을 주도록 만든 벼슬로서 일종의 명예직)가 되어 낙향했다. 이제 이 조선 후기의 풍운아도 77세의 나이에 접어들었다.

그러나 세월은 그에게 있어 아무것도 아니었다. 언제나 정적에 대해서 시퍼렇게 서 있던 날도 전혀 무뎌지지 않았고, 주자 철학에 대한 흔들리지 않는 믿음도 그대로였다. 게다가 건축 중독 증세도 그대로였다. 그는 낙향하자마자 소제호에서 그리 멀지 않은 홍농촌興農村의 능인암能仁庵 아래에 남간정사를 신축한다. '정사亭舍'라는 것은 원래 인도어의 '비하라Vihara', 즉 승려들이 수행하던 동굴이나 나무 밑을 가리키는 말이다. 이것을 중국어로 번역하여 '정사'가 되었는데, 일테면 공부방이라는 뜻이다. 77세에 공부방을 짓고 이름은 역시 주자의 시 중 「운곡남간雲谷南澗」이란 시구에서 따왔다. 양지 바른 개울이란 뜻이다. '남간정사'란 글씨는 곡운정사谷雲精舍를 지었던 김수증金壽增이 썼다. 건물은 남향으로 배치되었고 정면 네 칸, 측면 두 칸, 팔작지붕에 다섯 량樑(대청에 누워 천장을 바라보면 알기 쉽다. 가장 긴 변으로 지나간 부재의 수를 세면된다) 집 구조로 되어 있다.

송시열의 건축은 계속 파격이다. 우리나라의 건축은 장마철의 집중호우와 습기를 막기 위해 땅 위에서 일정한 높이의 기단을 쌓고 그 위에다 주추를 놓고, 온돌의 구조상 집의 바닥을 들어서 짓는다. 살림집이 아닌 건물에는 기단이 없는 게 보통이다. 그러니까 조선의 집은 어느 정도 (그 밑으로 지나다니지 못하는) 누樓의 형식을 취하고 있다고 해도 틀린 말은 아니다. 금강 이남의 집에서는 이 누의 형식과 살림집의 기단 형식이 자유자재로 섞여 있다. 또 금강 이북의 정자에서 방을 들이는 예가 없지는 않지만 극히 드물다. 그러나 금강 이남에서는 정자에 방을 들이는 경우가 흔하다. 그만큼 겨울이 북쪽 지방에 비해 심하게 춥지 않기 때문일 것이다. 송시열의 남간정사가 파격인 이유는 단지 바위를 흐르는 계류 위에 앉아 있기 때문은 아니다. 계류 자체를 기단 삼았기 때문에 파격이고, 흐르는 물 위에 대청마루를 둠으로 해서 여름철의 더위를 효과적으로 피할 수 있는 파격적인 배치 때문에 그렇다. 흐르는 물 위에 대청을 두면 여름에 시원하겠다는 생각은 누구나 할 수 있다. 그러나 그 위에 집을 지을 생각은 아무나 할 수 없는 결단이다.

 송시열은 대청마루 밑으로 간수澗水가 흘러나오도록 계획하고 앞에는 연못을 팠다. 간수가 흐르는 암반을 다듬어 주추를 세우고 수로 위에 8각 초석을 약 90센티미터 높이로 세웠다. 그리고 그 위에 기둥을 얹어놓았다. 그러다보니 남간정사는 자연히 이 가운데 기둥으로 양분된다. 호방한 기법이지만 나는 이것이 좀 아쉽다. 연못을 정면으로 대청이 탁 트여 보이지 못하고 양분되고 있기 때문이다. 차라리 계류의 폭대로 기둥을 둘로 나누어 세 칸이나 다섯 칸 집이 되었으면 더 좋을 뻔했다. 이 집을 지었던 소목도 나와 같은 불만이었을까? 전체적인 구조는 바꿀 수 없어도 소소한 것들에서 이런 대칭을 파괴하고자 했던 흔적이 눈에 띈다. 대청의 불발기 창에는 두 개의 팔각 창살이 있는데 하나는 살을 가로세로로 짠 '정井'자 살이고, 다른 하나는 뉘어서 경사로 짠 교살로 되어 있는 점이다. 똑같은 크기의 살창을 서로 다른 모양으로 만든 것이다. 온돌방에서 외부로 통하는 창호는 모두 띠살문으로 외여닫이 내지는 쌍여닫이로 되어 있지만 북측의 것은 작은 들창문으로 되어 있다. 겨울철의 찬바람을 막으려는 의도이다. 비록 계류로부터 집을 들어주는 기둥 때문에 집이 심각하게 좌우대칭으로 되어버렸다는 인상을 지울 수는 없지만, 그러나 기능상으로는 아무 문제가 없다. 계류의 바닥으로부터 자연히 대청마루가 높이 뜨게 되어 삼복더위에도 마루 밑을 흘러내리는 물줄기와 계곡의 바람이 땀을 식혀주게 된다. 이것은 단순한 풍치도 아니고 단순히 과학만도 아니다. 풍치와 과학이 어우러져 만들어낸 통합적 인식의 소산이다.

　남간정사는 구릉지에서 산으로 이어지는 변곡점에 입지하고 있기 때문에, 앞서 얘기했듯이 기단은 자연적으로 생긴 지반 위에 돌을 깔아 다져 만든 자연 기단이다. 대청마루를 제외하고 다른 부분은 모두 흙으로 다져서 초석을 얹어놓았다. 이 건물의 출입은 정면이 아니라 뒤로 출입하도록 되어 있다. 이렇게 뒤로 출입하는 건물은 그리 흔치 않다. 그러나 이 흔치 않음이 남간정사에서는 얼마나 당연한 것인가? 오히려 남간정사는 정면에서 출입하기가 불가능하다. 앞에는 연못이고, 그 위쪽은 계류에 의해서 앞마당이 두 동강이 나 있다. 자연히 출입은 집의 옆쪽에서 이루어질 수밖에 없다. 그래서 남간정사의 담도 계류 때문에 서로 이어지지 않는다. 이 분리를 다시 집이 연결해주고 있다.

　남간정사의 동쪽에는 소제호가 메워지면서 이주한 기국정이 있다. 연못을 싸고 있는 담과 솟을삼문도 나중에 생긴 것이다. 연못에는 남간정사가 걸터앉고 있는 바위가 동쪽에서 서쪽으로 너럭을 이루고 있다. 아마 조성 당시 연못을 서쪽으로 더 파서 돌을 쌓았을 것이다. 연못에 바위를 들이는 방법도 중국과 조선이 다르다. 중국은 정원에 태호석이라는 기괴하게 생긴 석회석을 즐비하게 쌓아 길이 태호석을 통과하기도 하고 태호석 자체가 길을 이루기도 한다. 그러나 조선의 정원에는 자연 그대로의 바위를 이용한다. 때로는 너럭바위고, 때로는 서석지瑞

石池처럼 화강석을 드문드문 배치하기도 한다. 일본 정원은 돌 하나가 그대로 오브제를 이루며 정원에 박혀 있다. 중국이 돌을 중첩하고, 일본이 돌 하나의 의미를 찾는다면 조선은 자연 그대로의 바위를 이용한다. 많은 경우 바위가 없는 정원도 많다. 왜냐하면 조선의 정원은 만든다는 행위보다는 찾는다고 표현하는 쪽이 더 정확하기 때문이다. 조선의 지형은 산지가 많아 변화가 많다. 풍부한 강수량에 온화한 기후는 일부러 정원을 조성하지 않아도 될 정도로 수려한 산세를 이룬다. 굳이 정원을 만들기보다는 좋은 자연 속에 정자 하나를 더하면 그대로 즐길 만한 풍치가 저절로 이루어진다.

남간정사의 정원도 그렇게 찾아졌다. 그리고 연못 가운데 섬을 만들고 나무를 심어놓았다. 신선이 산다는 봉래산을 상징하는 전통 조경의 정형적인 형태다. 주리론과 주기론자들의 집은 확연히 구분되는 점이 있다. 영남의 주리론자들은 보다 넓은 산세에서 시작해 점점 좁혀서 집 자리를 찾는다. 그에 반해 기호의 주기론자들은 집이 들어설 자리의 풍광을 중요시한다. 어떻게 보면 둘 다 비슷한 맥락에 놓여 있는 것처럼 보인다. 둘 다 풍수라는 넓은 안목에서 시작하고, 주위의 풍광을 따지는 것이 그렇다. 그러나 회재와 퇴계의 집에서 보듯이 먼 산세를 더 중요시하는 것은 영남학파이고, 우암의 집이 보여주듯이 보다 인접한 산세를 중요시하는 것이 기호학파이다. 이것을 나는 주리적 안목과 주기적 안목의 차이라고 생각한다.

우암은 남간정사를 지은 후에도 회덕과 화양동을 오가며 자연의 풍광을 즐기고, 동시에 공부하기를 게을리하지 않았다. 그의 말년이 이렇게 평화롭게 끝났으면 얼마나 좋았을까? 그러나 1689년 왕세자가 책봉되자 이를 시기상조라 하여 반대하는 상소를 했다가 제주도에 유배당한다. 83세의 나이에 유배를 당했으니 죽으라는 소리와 같았다. 그러나 우암은 제주도에 유배 가서도 83세의 고령에도 아랑곳하지 않고, 자신의 신념을 돌에 새겼다. 지금 오현단에 있는 바위벽에 새겨진 글씨 '증주벽립曾朱壁立(증자와 주자가 벽에 서 있다)'이 그것이다. 그러나 운이 다했던 것일까? 아니면 너무 오래 살았던 것일까? 우암은 국문을 받기 위해 서울로 오던 도중 정읍井邑에서 사사賜死되었다. 우암의 친구였고, 나중에는 서로 반목하다 사약을 받고 죽은 윤휴는 죽으면서 이렇게 볼멧다고 한다. "뜻이 다르면 쓰지 않으면 그만이지 죽일 것까지야 없지 않은가?" 그런 볼멘소리를 할 정도로 조선의 역사에서 유학자를 죽이는 일은 극히 드물었다. 더구나 조선 시대에는 대신은 역적이 아니면 사형당한 전례가 없었다. 우암은 사형을 당했을뿐더러 그것도 국문을 받을 예정이었음에도 서울로 오는 도중에 사약을 받았다. 서인의 세상에서 숙종은 우암을 제거하여 다시금 왕권을 강화해볼 요량이었을까? 알 수 없다.

송시열의 죽음에는 완전히 상반된 두 이야기가 전한다. 흔히 방송극에서 보면 사약을 마시자마자 피를 토하고 죽는데 실제는 그렇지 않다. 약 기운이 전신에 골고루 퍼져야 죽는다. 그래서 당시에는 죄인에게 사약을 마시게 하고 방에 들어가 눕게 한 다음 군불을 땠다. 그러면 약 기운이 온몸에 고루 퍼져 나중에 죽게 되는 것이다. 그런데 송시열은 아무리 군불을 때고 누워 있어도 죽지 않았다고 한다. 기다리다 못한 우암은 문을 벌컥 열고, 밖에 있던 금부도사에게 약 한 사발을 더 청해 마시고 죽었다고 한다. 죽은 줄 알고 있던 사람이 갑자기 방문을 젖히고 약 한 사발을 더 청했으니 형리들이 얼마나 놀랐겠는가? 그가 기골이 장대했다는 사실로 미루어 아주 거짓된 얘기는 아닌 것 같다. 또 다른 이야기는 그와는 정반대다. 나량좌羅良佐의 『명촌잡록明村雜錄』에는, 사약을 받던 날 송시열은 효종과 명성왕후의 어찰을 빌려 목숨을 구걸했다고 한다. 그러나 받아들여지지 않자 다리를 뻗고 바로 드러누워버려, 끝까지 마시지 않고 누워 있었다. 할 수 없이 손으로 입을 벌리고 약을 부었는데, 한 그릇 반이 지나지 못해 죽었다고 한다. 한 이야기는 대범하게, 또 한 이야기에서는 목숨을 구걸하는 소인배로 우암 송시열을 기록하고 있다. 죽음 앞에서 누구도 초연을 강요할 수는 없다. 분명한 것은, 송시열은 조선 후기의 정신을 만든 위대한 기획자였다는 것이다. 풍운의 삶이었다.

윤증고택

다각적 추론의 집

밖은 뙤약볕이다. 비로소 성하盛夏를 지났다. 절기는 그 무거운 습기를 털어냈고, 바야흐로 초추初秋의 양광陽光이다. 외국에서 한 6개월간 머물다 10월쯤 귀국한 적이 있었다. 나는 그때 하마터면 택시 안에서 울 뻔했다. 그 푸르고 맑은 하늘, 먼 한강의 버드나무 숲들의 잎사귀 하나하나 다 만질 수 있을 것 같은 명징한 시계, 뽀송뽀송한 공기, 저절로 입이 벌어지면서 새삼 한국의 풍광에 도취되었다. 지금 명재明齋 윤증尹拯(1629~1714)의 고택을 찾아가는 길도 또, 그런 화창한 가을이다. 차창 밖에서 들어오는 햇빛은 아직 따갑다. 그러나 이 얼마나 기분 좋은 따가움인가? 이런 걸 따사롭다고 하는 것이다. 따사로운 햇빛을 받으며 나는 논산으로 간다. 대대로 논산, 대전 지역은 기호학파의 고장이다. 영남학파가 낙동강 주변에서 주로 자신들의 학맥을 이어나갔다면 기호학파는 주로 대전, 논산 지역을 거점으로 삼았다. 당연히 여기서 한 가지 궁금증이 일어난다. '영남嶺南' 학파 할 때 '영남嶺南'이라면 영嶺의 남쪽이란 말이다. 또

'기호畿湖' 학파라면 기畿와 호湖 유역을 얘기한다. 그렇다면 여기서 말하는 '영嶺'은 어디를 말하는 영이며, 기畿와 호湖는 또 어디를 말하는 것일까?

조선의 지리 구분

먼저 우리가 지역 구분을 할 때 행정구역 말고 쓰는 이름들을 거론해보자. 호남, 호서, 기호, 영남, 삼남, 대충 어디를 거론하는지는 알겠는데, 이름에서 말하는 뚜렷한 경계가 되는 기준은 어디인지 명확하지 않다. 더욱이 호서란 말은 잘 쓰지도 않는 말이다. 그나마 충남 천안에 호서대학교가 생기면서 그래도 '호서'라는 말이 좀 익숙해졌다. 지금은 모두 행정구역상의 도 이름을 불러서 지역을 나타내니 자연히 호서니, 호남이니, 영서니 하는 것들은 우리 언어생활에서 꽤 소원해졌다. 그러나 이런 이름들과 지리를 연결하면서 국토를 연결해보면 재미있고 새로운 사실을 알게 된다. 오히려 행정구역상의 이름보다 더 많은 정보를 주기 때문이다.

먼저 호남과 호서를 가르는 호湖가 어딘지 살펴보자. 중국에도 호남성이 있고 호북성이 있다. 그 경계가 되는 호수는 동정호다. 동정호 이남을 호남, 동정호 이북을 호북이라고 한다. 우리도 분명히 호수가 그 경계가 되는 게 틀림없다. 흔히 '호남湖南'은 전라남도, 전라북도 양 도를 합쳐서 부르는 말로 알려져 있고, '호서湖西'는 충청남도, 충청북도 양 도를 합쳐서 부르는 말로 알려져 있다. 이때 호남과 호서를 가르는 기준은 호수가 아니라 금강이다. 금강의 옛 이름이 호강湖江이기 때문이다. 그러나 이 구분은 좀 이상하다. 호강, 즉 금강을 기준으로 호남, 호서를 구분하게 되면 전라도 외에 충청남도의 공주, 부여, 논산, 금산과 충북의 옥천, 대전이 호남 지방에 포함된다. 그런데 지금도 그렇고 옛날에도 이들 지방은 호남에 포함되지 않았다. 또, 금강을 기준으로 한다면 호서 지방은 충남의 서천, 부여, 보령, 청양, 홍성 정도로 제한된다.

그래서 찾아보니 또 다른 설이 있다. 벽골제의 남쪽을 호남湖南이라 하고 벽골제의 서쪽을 호서湖西 지방이라 한다는 설이다. 그러니까 이때의 호남, 호서의 '호湖'는 금강이 아니라 벽골제가 되는 것이다. 금강을 기준으로 호남, 호서를 구분하는 것도 문제가 있지만 벽골제를 기준으로 하는 것도 문제가 있다. 벽골제碧骨堤는 전북 김제에 있다. 그래서 벽골제 이남을 호남 지방이라 한다면 벽골제 북쪽의 군산, 익산, 완주가 빠져나간다. 그러나 벽골제 이서를 호서 지방이라 한다면 호서는 김제, 부안, 고창 등 전라북도 서해안 일부 지방을 지칭하는 말이 되는데 이것은 너무 협소하다.

금강도 그렇고, 벽골제도 명쾌한 기준이 못 된다. 그러나, 그도 그럴 것이 호남湖南, 호서湖西를 가르는 기준은, 중국의 호남, 호북처럼 동정호 하나로 갈라지는 게 아니라 그 기준이 각각 다르기 때문이다. 즉 호남湖南의 호湖는 벽골제를, 호서湖西의 호湖는 제천의 의림지義林池를 가리킨다. 나라 말씀도 그렇고, 지역을 나누는 기준도 중국과 다르다. 마찬가지로 영남嶺南, 영동嶺東, 영서嶺西의 '영嶺'이 가리키는 지명도 각각 다르다. 영남의 영嶺은 조령鳥嶺을, 영동과 영서의 영嶺은 대관령大關嶺을 말한다. 그런데도 여전히 호남은 빠진 지역이 있다. 벽골제 남쪽이라 하더라도 군산, 익산, 완주가 제외된다. 이것은 어떻게 설명해야 할까? 사실은 벽골제 남쪽이라고 할 때 남쪽은 벽골제를 기준으로 하는 지명이 아니다. 그것은 우리가 가지고 있는 독특한 점적인 지리 개념에서 오는 모호한 구분이다. 그래서 벽골제 이남이라는 분명한 경계가 있는 것이 아니라 벽골제 남쪽 인근을 통칭하는 말이다. 대관령 동쪽을 가리키는 영동도 실제로는 영북으로 다시 나뉜다. 흔히 영동 지역 하면 강릉을 가리키지만 양양, 속초는 대관령으로 막혀 있지도 않은데 영북으로 얘기된다. 양양, 속초가 영북이면, 강릉은 영남이 되어야 한다. 그런데 동해안 지방에 영남은 없다. 경상좌도와 경상우도가 낙동강을 깔고 머리를 서울 쪽으로 누워야 좌와 우가 구분되듯이 호남이란 명칭도 벽골제 인근이라고 생각하면 된다. 기호학파라고 할 때의 기호 지방도 한양을 중심으로 한 사방 백리 지역을 가리키는 경기 지역과 의림지, 벽골제까지를 포함한 지리 개념이다. 그러나 이것도 역시 제한적인 영역 개념보다는 경기와 의림지 인근의 지역이라고 이해해야 한다.

　외국인이 한국에 와서 겪는 가장 어려운 것 중에 하나가 우리의 지리 개념이라고 한다. 가로를 기준으로 선적인 길 찾기를 하는 서양인들에게는 어디서부터 어디까지인지 구분이 잘 안 되는 우리의 점적인 지리 개념이 도통 이해가 안 되는 것이다. '홍대 앞'이라고 하면 외국인은 금방 어디서부터 어디까지인가를 생각하지만 우리는 그냥 모호한 채로 이해하기 때문이다. 호서, 호남, 경기 등의 옛 지리 개념을 두고 말이 많았지만 이 지리적 인식은 오늘날의 우리에게도 이렇게 고스란히 남아 있다. 참 신기하고 반갑다.

몇 해 전 초여름 고택을 70여 년 동안 지켜온 종부도 곳간을 지키는 고양이도 오수를 즐기고 있었다.
70여 년 동안 수많은 과객을 맞으면서도 선조들의 뜻을 받아 섭섭하게 대한 적이 없었던 그가 아파서 병원에 있다.

노블리스 오블리제

서울에서 논산까지, 이번 여행은 조선의 기호지방을 북에서 남으로 주욱 달려온 셈이다. 노성면 교촌리. 이정표를 따라 걸음을 옮기니 동네와 그리 멀지 않은 곳에 숨은 듯하면서도 탁 트인 평지를 끌고 있는 윤증고택이 보인다. 단, 한 번도 벼슬을 하지 않은, 그러나 재야에서 서인 소론의 입장을 이끈 명재明齋 윤증尹拯이 지은 집이다.

윤증의 집안은 조선 성리학의 명문가이다. 할아버지인 윤황尹煌은 우계牛溪 성혼成渾의 사위였고, 아버지 미촌美村 윤선거尹宣擧는 김집의 문인으로 일찍이 송시열, 윤휴, 박세채 등 당대의 명유들과 함께 교유하였다. 그런 만큼 그의 학문은 아버지를 사부로 시작하여 유계兪棨, 송준길宋浚吉, 송시열의 소위 3대 사문師門에 들어가 주자학을 기본으로 하는 당대의 정통 유학을 수학했다. 성혼으로부터 이어지는 조선 성리학의 정통을 잇는 가계 덕분이기도 했겠지만 그의 학문적 성취는 송시열 문하에서도 단연 발군이었다. 어느 것 하나 꿀릴 것 없는 정통 성리학을 이은 가문과 뛰어난 재능이 그의 자존감이 되었던 것일까? 끝없이 유일遺逸(선조 때부터 이어진 관행으로 숨어 있는 어진 선비들을 추천받아 벼슬을 주는 관례)로 천거되고, 공조좌랑, 세자시강원진강, 대사헌, 이조참판, 이조판서, 심지어는 숙종이 직접 우의정을 준다고 해도 받지 않았다. 숙종은 윤증을 한 번도 만나지 못했다. 신하의 얼굴 한번 보지 않고 정승 자리를 맡긴 예는 윤증이 처음이자 마지막이었다고 할 정도였다. 그러나 윤증이 벼슬을 거부하고 끝까지 처사의 삶을 살았던 것은 현실을 도외시한 도사적 풍미가 있어서는 아니었다. 그도 일생에 딱 한 번 벼슬을 하기 위해 서울로 가려고 한 적이 있었다. 그러나 윤증에게는 조건이 있었다. 송시열, 김석주金錫胄, 김만기金萬基, 민정중의 세도가 바뀌어야 하고, 서인과 남인의 원한이 풀어져야만 출사할 수 있다는 게 그 조건이었다. 당시는 영남의 남인들이 경신대출척 이후 서인들에게 심각한 차별을 받고 있던 상황이었다. 55세 때인 숙종 9년(1683), 그에게 내려진 벼슬은 정3품 호조참의였다. 명재는 벼슬을 받기 위해 한양으로 올라가던 도중 동문수학한 사이인 나량좌羅良佐의 집이 있는 과천에 들렀다. 윤증은 과천에서 당대의 논객이라 할 수 있는 박세채朴世采를 만나 자신의 조건에 대해 밤새도록 토론했다. 그리고 자신의 전제 조건이 실현 불가능하다는 사실을 확인하자 결연하게 벼슬을 포기하고, 길을 돌려 유봉의 고향으로 돌아온다. 그러나 그렇다고 해서 윤증이 완전히 정치에 손을 놓고 있었던 것은 아니다. 조선의 선비에게는 상소라는 제도가 있었다. 윤증은 향리에서 제자를 키우는 동시에 상소를 통해 끝없이 현실을 개혁하고자 노력했다. 그의 정견은 정치적인 중요 사안이 생길 때마다 상소로 나타났고, 필요할 때는 정치 실무자나 교류하던 학인과의 서신 등을 통해 노소분당을 이끌었고, 이후의 당쟁에 큰 영향을 끼쳤다. 윤증의 이러한 노력이 노론 독주 시대에 노론의 일방적인 정국 전횡을 견제하는 역할을 담당했음은 물론이다.

　송시열도 오래 살았지만 송시열의 정적인 윤증도 오래 살았다. 윤증 고택은 윤증이 81세에 지은 집이다. 재야 정치가의 집답게 사랑방이 작은사랑과 큰사랑으로 나누어져 있고, 대청도 제사 때의 대인원을 소화해내기 충분할 만큼 넓다. 81세의 윤증은 정치적으로 학문적으로 일가를 이룬 시기였다. 이 집에는 그런 일가를 이룬 이의 차분한 경륜을 느끼게 한다. 그러면서도 윤씨 일가가 대대로 지켜온 가풍의 향기가 집안 곳곳에 스며 있다. 우리가 이제까지 살펴본 여느 성리학자의 집과도 그 품격이 남다르다. 윤증고택에서 멀지 않은 곳에 있는 병사리의 종학당宗學堂은 윤증의 작은아버지가 되는 동토童土 윤순거尹舜擧(1596~1668)가 문중의 힘을 모아 1618년에 세웠다. 윤증도 이곳에서 주로 강학했다. 윤증 자신은 벼슬을 하지 않았지만 이 종학당에서 배운 제자들 중 문과에만 42명이 급제했다. 당시의 사학 명문인 셈이다. 더군다나 중인 신분의 제자도 받아들였으니 당시에는 파격적인 일이었다. 정치에서 소외된 남인을 포용하려 했던 그의 정치적 태도가 그대로 배우고 가르치는 태도에도 연결된다.

그런 윤씨 일가의 가풍은 마을 주민들을 대하는 태도에도 잘 나타나 있다. 한번은 양잠에 필요한 뽕잎을 양반인 윤씨들이 수탈을 해서 주민들의 원성을 산 일이 일어났다. 나중에 이를 알게 된 윤증은 "우리 가문이 선대 이래로 이곳 노성리에 와서 살게 된 지 백 년이 넘도록 남에게 원망을 듣지 않았다. 남에게 조금도 피해를 주지 않았기 때문이다. 윤씨 집안에선 원망의 원인인 양잠을 지금부터 일체 금지하라"고 명했다. 이런 가풍은 선대에서부터 이어져오던 것이었다. 종학당을 설립했던 윤순거는 선산이 있는 주변 동네 사람들의 소작료를 면제해주고 인근에 윤씨들이 입주하지 못하도록 했다. 주민들에게 폐가 될 수 있을지도 모르기 때문이었다. 그리고 동민의 경조사, 또는 흉년이나 재난을 당할 때는 종중의 창고를 열어 보조해야 함을 가법으로 삼았다. 윤증이 평소 기거하던 집은 지금의 고택이 아니라 유봉의 초가삼간이었다. 윤증은 거기서 보리밥에 소금과 고춧가루만으로 식사를 했다. 인근의 관리들이 찾아와 밥을 먹고 나서는 동구 밖에서 모두 토할 정도로 거친 음식이었다고 한다.

윤증의 초상을 보면 과연 그의 이런 일관성 있는 의지가 길게 쭉 찢어진 눈매에서 잘 드러난다. 송시열을 상대로 당대를 경영했던 거유의 눈이다. 그러나 이 초상화도 화가가 문틈으로 보고 그려야 했다고 한다. 왜냐하면 초상화를 그리는 것도 사치스러운 일이라고 생각하여 그리지 못하게 했기 때문이다. 지금 우리가 윤증고택이라고 부르는 집도 사실은 윤증이 살았던 집이 아니다. 윤증의 첫째 아들인 윤행교尹行敎가 살았던 집이다. 윤증의 말년에 둘째인 윤충교尹忠敎가 장손이자 형님인 행교를 위해 1709년에 지어준 집이니까 엄밀히 말하자면 윤증고택이 아닌 윤행교 고택이라고 해야 맞다. 그러나 아버지가 초가삼간에 사는데 자식들이 어떻게 이런 좋은 집을 짓고 살 수 있겠는가? 거기엔 아마도 윤증의 고집과 그 고집을 우회해보려는 자식들의 효성스러운 꼼수(?)가 있지 않았겠는가? 그 수가 맞아 들어가 말년에 윤증은 유봉의 집과 이 집을 오가며 살았다. 그러니 윤증고택이란 이름도 틀린 것은 아니다(그러나 보통 그 집의 이름은 사랑채의 이름이다. 이 집 사랑채에는 '리은시사離隱時舍'라는 편액이 걸려 있다. 그러면 '리은시사'라고 불러야 마땅하지 않나 생각해본다).

윤증이 평생 벼슬을 하지 않고도 당대의 거물인 송시열과 맞수를 이룰 수 있었던 것은 검박한 삶을 살며 향리의 인심을 얻을 수 있었던 윤씨 집안의 이런 도덕성 때문이었다.

명재 일가는 대대로 이웃의 원망 살 일을 하지 않았으며,
흉년이 들어 어려울 때는 이웃에게 곳간을 열었다.

사문난적斯文亂賊, 주자근본주의의 완성과 반주자학적 인식의 생성

한 사회의 주류적 가치가 있다면 반드시 거기에 저항하는 비주류가 존재하기 마련이다. 송시열 중심의 주자학적 사회체제를 향해 통합을 이루어가던 시기인 17세기 조선에는 그것과 다른 쪽에서 다른 생각을 하고 있는 성리학자들이 동시에 생겨나고 있었다. 아이러니하게도 그 반주자학적 세력들은 송시열이 이끌던 당파인 서인의 소장파 학자들이었다. 경신대출척으로 남인들을 완전히 몰아낸 이후 서인들은 서서히 균열을 보이기 시작했다. 균열은 언제나 완전히 굳어진 다음에 생기는 법이다. 남인들을 정계에서 완전히 몰아낸 이후 송시열은 남인들에게 잔인한 정치적 보복을 가하기 시작한다. 표면상으로 서인 당파 내에서 균열이 가게 되는 것은 바로 이 정치적 보복을 두고 좀 더 온건한 소론과 강경한 입장인 노론으로 갈라지게 된다. 그러나 그것은 여러 번 되뇌었듯이 하나의 정치적 국면에 지나지 않는다. 표면상으로 소론과 노론의 분열은 소론을 대표하는 젊은 윤증과 노론을 대표하는 늙은 송시열의 대립에 있다. 서인 내부의 젊은 학자들이 송시열의 독재에 반기를 든 것이다. 그것은 서인 당론에 대한 독재에 반기를 든 것과 동시에 학문적 입장에 대해서도 갈라진다는 뜻이다. 그러면 송시열의 주자근본주의에 대항했던 젊은 학자들의 학문적 입장은 무엇이었을까? 그것이 바로 사문난적斯文亂賊의 논란을 낳았던 양명학陽明學이다.

사문난적, 말 그대로 '이 학문의 난적亂賊들'이라는 것이다. 여기서 '이 학문斯文'이라는 것은 바로 유학을 의미한다. 적어도 우암 송시열 이

전까지는 그랬다. 이 사문난적이란 말을 가장 적극적으로 쓴 최초의 인물이 맹자孟子(BC 372~289?)였다. 그는 공자의 도가 아니라고 생각되는 모든 학설을 이단으로 여겨 철저하게 배척했고, 공자와 다른 설을 말하는 자가 있으면 단호히 붓을 들어 그를 탄핵했다. 가히 공자교단의 사도 바울이었다. 특히 양주나 묵적의 학설은 공격의 주된 대상이 되었다. 맹자는 그의 인의설은 묵가墨家의 겸애설兼愛說이나 양주楊朱의 위아설爲我說과는 분명히 다름을 밝히고 그들을 사설이라고 비판하였다. 맹자는 "내 부모를 공경하고 그 마음을 남의 부모에게까지 미루어가며, 우리 아이를 자애하고 그 마음을 남의 아이에게까지 미루어간다"라는, 방법적 차별애差別愛야말로 가장 윤리적이고 현실적인 방법이라고 생각했다. 그에 반해 모든 사람을 평등하게 대하는 묵자의 겸애설은 "아비도 없고無父", 자기중심적인 양주의 위아주의는 "군주도 없는無君" 반윤리적 궤변이라고 비판하였다. 맹자의 사문난적은 양주와 묵적을 가리켰다. 그러나 송시열의 사문난적은 주자 이외의 모든 학설이었다. 심지어 송시열은 공자보다도 주자의 설을 더 존중했고, 맹자가 특히 양주와 묵적을 지적했듯이 송시열은 양명학陽明學과 불학佛學(불교)을 사문의 난적으로 삼았다.

 불학과 양명학 중에서도 양명학은 특히 송시열 일파의 주된 공격 대상이 되었다. 왜냐하면 양명학은 성리학과 달리 리理를 도덕원리로 이해하고 있기 때문이다. 그래서 "모든 사물에는 일정한 리理가 있다"는 주희의 명제에 반해 왕명학은 "마음이 바로 리理이다"고 주장한다. 이에 대해 조선의 유림은 불학의 참선과 같다고 반박하지만 양명학은 "사려하지 않고도 아는 것이 양지良知이며, 배우지 않고도 할 수 있는 것이 양능良能이다"는 맹자의 설에 그 근본을 두고 있다. 주희와 양명학의 시조인 육구연 陸九淵(1139~1192)은 1175년 실제로 만나 논쟁을 펼쳤다. 소위 '아호鵝 湖의 모임'이라고 부르는 이 유명한 회동에서 육구연은 주희가 말하는 경전의 학습보다는 마음을 되찾고 마음을 보존하는 공부 방법을 주장한 다. 왕명학을 달리 '심학心學'이라고 부르는 까닭이 여기에서 비롯된다. 말하자면 육구연의 예증은 요순시대 이전에는 책이 없었는데 요순은 성 인이 되었다. 이것이 무엇을 말함인가. 공부 방법은 무수한 경전을 읽으 며 리理를 궁구하는 것이 아니라 마음을 바로 하는 것이다, 란 논지였다. 이야기가 격렬해지려는 순간에 모임을 주최한 측에서 말려 자세한 논쟁 은 이루어지지 않았지만 육구연은 주희와 다른 분명하고, 쉬운 공부법을 제시한 것만은 틀림없었다. 요는 일자무식인 사람이라 하더라도 당당하 게 사람 노릇을 할 수 있다는 거였다.

그 후 약 4백 년 후에 왕수인王守仁(1472~1529)은 주희 철학에 대한 반 동으로, 단 한 권의 저서도 남기지 않고 죽은 육구연의 사상을 집대성하 여 이론화한다. 집이 회계산會稽山 양명동陽明洞에 있어서 스스로 양명 자陽明子라고 부른 이름에서 양명학陽明學이라는 새로운 학문의 이름이 나왔다. 이 양명학이 조선에 들어온 것은 선조 무렵인 것으로 짐작된다. 선조 때만 하더라도 퇴계 이황의 주밀한 양명학 비판이 있었지만, 양명학 을 연구한 학자들이 선조에게 난리 후의 정세를 양명학으로 극복할 것을 권할 정도로 핍박의 단계는 아니었다. 그러다가 조선의 유학이 퇴계를 중 심으로 하는 영남학파, 남명을 중심으로 하는 의리학파, 이이를 중심으로 하는 기호학파로 분리, 발전된 후 주자학을 관학으로 삼고자 했던 현실적 문제와 맞물려 양명학은 퇴계의 논리를 그대로 계승한 학자들에 의해 배척당하기 시작하다가 나중에는 급기야 탄압까지 받기에 이른다. 그도 그럴 것이 벼슬길에 나가기 위해서는 당연히 경전 중심의 주자학을 배우는 게 유리한 상황에서 누가 학문적 입장을 고수하며 양명학에게 따뜻한 시선을 보내겠는가? 입시를 위한 공부 외에는 공부가 아닌 지금 우리의 현실도 그때와 별반 다를 게 없다 생각하니 참, 유구한 고소가 떠오른다. 그러나 어느 시대라도 반동은 존재한다. 양명학이 가장 극심한 탄압을 받던 시기인 송시열의 시대에 양명학은 서인에게 배척받던 남인 계열에서, 그리고 송시열과 입장을 달리하는 서인 계열에서도 서서히 연구되기 시작하고 급기야는 서인 내부의 분열을 일으키게 된다.

탈脫주자학의 가문

윤증고택은 윤씨 가문의 내력과 따로 떨어뜨려 이야기할 수 없다. 그렇듯이 윤증이라는 인물도 윤씨 문중의 선조들, 그리고 그들과 교유했던 인물들과 떨어뜨려 생각할 수 없다. 앞서 얘기했듯이 윤증은 송시열의 제자다. 자연히 서인에 속해 있었고, 아버지 윤선거는 송시열과 학문적으로, 정치적으로 (표면상으로는) 동지였다. 역시 거듭하는 얘기지만 윤증은 송시열에게 나아가 배우기 전에 이미 학문적인 기초는 아버지 윤선거에 의해 잡혀 있는 상태였다. 그럼에도 윤선거가 아들인 윤증을, 별로 탐탁지 않은 친구인 송시열에게 보내 수학하게 한 것은 아들의 정치적 입지를 고려해서 송시열의 후광을 입혀주려는 의도가 컸을 것으로 짐작된다.

윤선거는 평생 송시열에게 묘한 이중적 태도를 견지했다. 송시열이 가진 주자근본주의에 염증을 내면서도 정치적으로는 동지였다. 그러나 이 동지적 관계는 서로 마지못해 끊지 못하는 무늬만 동지인 관계였다. 윤선거로서는 송시열의 정치적 입지가 필요했고, 송시열에게는 윤씨 집안의 학문적 배경이 필요했다. 사실 송시열에게 있어서 윤선거는, 윤선거가 강화도에서 자결하지 않고(윤선거의 아내, 그러니까 윤증의 어머니는 강화도에서 자결했다) 탈출했을 때부터 이미 마음속에서 내친 인사였다. 종형인 송시영도 자결한 마당에 윤선거가 강화도에서 살아남았다는 것은 송시열로서는 있을 수 없는 일이 벌어진 것과 같았다. 그러나 여전히 송시열에게 있어 윤선거는 함부로 할 수 있는 상대가 아니었다. 그런 불만은 학문적으로도 쌓여갔다. 윤선거는 송시열의 도그마에 염증이 난 상태였고, 송시열은 윤선거의 확고하지 못한 학문적 태도가 못내 미덥지 못했다. 왜냐하면 윤선거는 남인인 윤휴와도 사귀었고, 심지어는 주자의 해석과 다른 그의 이론을 두둔하기까지 했기 때문이었다. 강화도에서 자결을 맹세했으면서도 죽지 않았고, 더군다나 윤휴와 사귄다는 것은 송시열에게 있어서는 자신에 대한, 그리고 주자학에 대한 도전과 다름없었다. 17세기 후반에 있어서 윤휴, 윤선거, 송시열, 윤증의 관계는 임진왜란과 병자호란을 거치면서 예학 중심으로 재편되는 조선 성리학의 변동에 중요한 위치를 차지한다. 그러면 그 원인이 되는 윤휴는 어떤 인물인가?

윤휴尹鑴(1617~1680)는 서경덕의 문인이었던 아버지 윤효전과 노장에 깊은 이해가 있었던 우계 성혼의 제자였다. 그뿐만이 아니라 양명학을 소개한 이수광의 둘째 아들인 이민구李敏求에게도 사사했다. 그러니까 윤휴의 스승들은 모두 조선의 정통 성리학자들과는 거리가 있는 인물들이었다. 당연히 이들에게서 배운 윤휴는 주자 일변도의 경전 해석을 못마땅하게 생각했다. 처음에는 송시열도 윤휴의 학문적 깊이에 감탄해 마지않았다. 윤선거가

"윤휴는 어린 시절부터 스스로 깨달아 학문에 뜻을 두어 마음을 세우고 행실을 닦는데 고인古人에 집착하지 않고, 독서讀書 강의에서 주설註說에 구애되지 않았으며, 언론과 식견이 실로 다른 사람들보다 뛰어난 데가 있었다. 장단점을 서로 보완하는 데는 속유俗儒에 비할 바가 아니라 하여 깊이 사귀었다."

고, 윤휴와 교우하게 된 이유를 밝혔고, 송시열도

"백호(윤휴)는 학문이 높아 다른 사람들이 따를 수 없으며 전인前人들이 미처 생각하지도 못한 것을 추구하고 새로운 이치를 발견해낸다."

고, 극찬했다. 그러나 윤선거가 고인의 뜻에 구애되지 않는 윤휴를 좋아했다면, 송시열은 정통한 성리학적 견해를 펴는 윤휴를 좋아했다. 그 차이는 곧 윤휴가 『중용中庸』과 『대학大學』 등의 경전經傳에 대해 주희와는 다른 해석을 내놓으면서 서서히 벌어지게 된다. 윤휴는 주자뿐만이 아니라 대선배인 이이와 퇴계도 비판했다. 그는 대선배들의 '리선기후설

理先氣後設'이나 '리통기국설理通氣局設'을 모두 비판하며 서경덕 이후 사라진 '기일원론氣一元論'을 내세웠다. 그러나 여기까지는 괜찮았다. 송시열에게 있어 중요한 것은 주자의 학설이지, 퇴계나 이이의 학설이 중요한 것은 아니었기 때문이다. 주자가 쓴 『논어집주』가 중요한 것이지 『논어』가 중요한 것이 아니었기 때문이다. 그러나 윤휴가 주자의 『중용주』를 고치고 나왔다.

> "기氣가 처음 생기는 것을 태극이라 하고 음양이 나뉘는 것을 양의兩儀라 하며 기가 합해서 형태를 이룬 것을 사상四象(태양·태음·소양·소음)이라 한다. 태극이 생기면 음양과 양의를 주관하고, 나뉘면 태양太陽, 소음小陰, 소양小陽, 태음太陰이 된다. 사상四象은 합해지면 음양과 체용體用을 겸하니 태극은 기氣이다."

이 해석은 곧 송시열을 자극했다. 주자는 만물의 근원적 존재인 "태극은 리理이다"고 말했던 것이다. 그런데 윤휴가 "태극은 기氣이다"고 했으니 이는 송시열의 주자학을 전면에서 부인하는 것이었다. 송시열이 가만 있을 리 없었다. 그의 분노는 곧 활화산처럼 폭발했다. 『송자대전』에 이 정황이 잘 나와 있다.

> "윤휴가 『중용주』를 고치자 송시열이 가서 엄히 책망하니, 윤휴가 '경전經傳의 오묘한 뜻을 주자만이 알고 어찌 우리들은 모른단 말이냐'라고 말하므로 송시열은 노하여 돌아왔다. 또 편지로 그를 책망하여 뉘우

사랑채 아랫목과 뒤 장지를 드나드는 문은 조선 시대 시스템 도어이다.
미닫이로 가던 것이 양쪽 끝으로 가서는 여닫이로 열리도록 만들어져 활짝 열린다.

치기를 바랐으나 윤휴가 끝내 승복하지 않으므로 송시열은 드디어 그를 끊어버렸다."

그런가 하면, 『숙종실록』에는 이렇게 윤휴를 비난하고 있다.

"(윤휴는) 항상 스스로 말하기를, '자사子思의 뜻을 주자가 혼자 알았는데, 내가 혼자 모르겠는가?' 하였으니, 이는 진실로 사문斯文의 반적叛賊이다."

황산의 모임

모든 서인들이 윤휴를 비난했다. 감히 주자를 건드리다니. 그 말은 곧 감히 송시열을 건드렸다는 말과 같은 말이었다. 그러나 윤선거는 윤휴의 해석을 지지했다. 송시열은 윤선거의 이러한 태도를 엎친 데 덮친 격으로 보았다. 드디어 윤휴의 해석을 두고 송시열과 윤선거가 붙는다. 효종 4년인 1653년 7월, 그해 7월은 윤달이었다. 충청도 강경의 황산서원黃山書院, 그러니까 지금 김장생의 임이정이 있는 바로 아래에 자리하고 있는 현 죽림서원에 서인 학자들이 모였다. 이날의 하이라이트는 송시열과 윤선거의 오랜 살얼음판을 확인하는 자리이기도 했다. 물론 윤휴의 반주자 학설이 그날의 안줏거리였다. 송시열이 먼저 말했다.

"하늘이 공자를 이어 주자를 냈음은 진실로 만세의 도통을 위한 것이다. 주자가 난 이후로 현저해지지 않은 이치가 하나도 없고 밝아지지 않은 글이 하나도 없는데 윤휴가 감히 자기 소견을 내세워 마음대로 억설臆說한다."

그러자 윤선거가 당신이 그런 얘기를 할 줄 알았다는 듯 쓴 미소를 띠고, 이제는 정말 올 데까지 왔다는 듯 정색하며 말을 받는다.

"의리는 천하의 공적인 것인데, 지금 희중希仲(윤휴의 자)에게 감히 말하지 못하게 하려는 것은 무슨 일인가? 중국의 여러 학자들도 경전에 주석을 달지 않았는가? 그런데 왜 윤휴만 안 된다는 것인가?"

송시열은 이자가 정말 이젠 막가는구나 생각했다. 윤선거의 말은 무너져가는 조선 사회를 주자의 사상으로 바로잡으려고 했던 지금까지 자신의 노력을 자칫 한순간에 물거품으로 만들 수 있는 중요한 반론이었다. 송시열로서는 가슴 아픈 일점을 당했지만 피해 갈 수 없었다.

"물론 그렇지만, 윤휴처럼 주자의 장구章句를 치워버리고 스스로 새로 주석을 내어, 마치 서로 승부를 겨루어 앞서려고 한 것 같았겠는가?"

송시열은 이쯤 하면 윤선거가 스스로 꼬리를 내릴 것이라고 생각했다. 왜냐하면 그가 강화도에서 살아 나온 이래 자신들의 관계는 딱 거기서 더 나아가지 않는 것으로 묵언의 합의가 이루어진 상태였으니까. 그런데 윤선거가 먼저 합의를 깨고 나왔다.

"이는 희중이 너무 고명한 탓이다."

송시열의 입장에서 보면 이 말은 윤휴가 주자와 동급 내지 그 이상이라는 말이 된다. 윤씨 집안이 아무리 성리학계의 명문이지만 여기에 이르러서는 더 이상 송시열도 물러설 수 없었다.

"공은 주자는 고명하지 못하고 윤휴가 도리어 더 낫다고 여기는 것인가? 또한 윤휴 같은 참람한 사문난적을 고명하다고 한다면, 왕망, 동탁,

조조, 유유 같은 역적들도 모두 고명한 탓이겠는가? 윤휴는 진실로 사문난적으로서 모든 혈기 있는 사람들이라면 누구나 마땅히 죄를 성토해야 한다. 춘추의 법이 난신과 적자를 다스릴 적에는 반드시 먼저 그의 편당을 다스리게 되어 있으니 왕자王者가 나타나게 된다면 공이 마땅히 윤휴보다 먼저 법을 받게 될 것이다."

송시열은 그 거구의 몸을 부르르 떨며 서슬을 드러냈다. 윤선거는 생각했다. 주자와 다른 의견을 제시한다면 그자가 바로 사문난적이라니, 송시열에게 주자는 학문이 아니라 이미 종교였구나. 그렇다면 자신과 송시열은 더할 얘기가 없는 거나 마찬가지였다. 종교에 빠진 맹신자와 무슨 철학을 얘기한다는 말인가? 윤선거는 입을 다물었다. 여기서 잘못 말했다가는 사문의 난적으로 몰려 윤씨 집안은 한순간에 전체 서인들에게 따돌림을 당할 처지였다. 윤선거가 난감해하는 모습을 보자 송시열은 생각했다. 아직 윤씨 집안을 버리기에는 쓸모가 너무 많다. 그렇다면 정면 승부하여 그로 하여금 도망갈 구실을 주는 편이 나을 것이다. 정공으로 물으면 윤선거도 분명히 한 발 물러설 것이다. 송시열은 한결 누그러진 음성으로 표정을 풀고 윤선거에게 물었다.

"이렇게 한가하게 다툴 필요 없으니 시험 삼아 한마디로 결정하는 것이 좋겠네."

윤선거는 드디어 이자가 나를 궁지로 모는구나 생각했다. 어떻게 할 것인가? 학문적 신념을 지킬 것인가, 정치적 이해를 따질 것인가? 그러나 생각을 이어나가기에는 송시열의 질문이 너무 빨랐다.

"공이 시험 삼아 말해보게. 주자가 옳은가 윤휴가 옳은가, 또 주자가 그

른가 윤휴가 그른가?"

 송시열의 한결 누그러진 음성에는 내가 길을 터줄 때 얼른 거기로 도망가라는, 너는 어차피 그 길을 택할 것 아니냐는 말 뒤의 다른 말이 있었다. 윤선거는 골똘히 생각했다. 참으로 어리석고 유치한 질문이었다. 엄마가 좋냐, 아빠가 좋냐, 고 묻는 것과 무엇이 다르단 말인가? 윤선거는 송시열의 빨리 말하라고 다그치는 표정과는 사뭇 다르게 천천히 입을 열었다.

 "흑백으로 논하면 희중은 흑이고 음양으로 논하면 희중은 음이네."

 윤휴에 대해서는 흑이고 음이라는 말로 부정적으로 답했지만 질문 자체를 흑백논리라고 규정하는 절묘한 답이었다. 이제 송시열은 어떻게 나올 것인가? 자신의 질문을 흑백논리라고 규정한 답을 공격할 것인가? 아니면 윤휴를 부정적으로 말한 답을 칭찬할 것인가? 역시 송시열은 노련한 정치인이었다. 송시열은 윤선거의 대답을 주자근본주의를 만인에게 천명함과 동시에 윤휴를 그의 지지자의 손으로 처단할 수 있는 기회로 잡아갔다.

 "공이 이제야 비로소 크게 깨달았네그려. 이는 사문의 다행이자 친구 간의 다행이네."

 윤선거는 크게 낙담했다. 송시열의 독주를 이대로 두고 볼 수밖에 없단 말인가. 황산의 모임은 송시열의 결론으로 다시 화기애애해졌지만 윤선거는 그 자리에 더 있을 이유도, 있고 싶지도 않았다. 윤선거는 일이 있어 먼저 가겠다고 말하고는 황산의 모임을 떠났다. 호강(금강)의 물이 은빛으로 몸을 바꾸고, 녹음이 점점 짙어가는 윤7월의 해가 이즈티하드 ijtihad(다각적 추론)의 길을 짧은 그림자로 막고 있었다.

회니시비 懷泥是非

'황산의 모임'으로 조선 성리학은 이즈티하드의 길을 닫고, 타클리드 taqlid(맹신)의 길로 나간다. 윤증은 '황산의 모임'이 있던 해 스물다섯 살이었다. 아직 스승인 송시열에게 배우고 있던 때인지는 자세히 모르겠지만 아버지와 스승의 대결 구도를 외면할 수 없었을 것이다. 윤휴를 잡아먹지 못해 안달하는 스승의 억지가 제자에게도 좋게 보였을 리는 없다. 그리고 다른 젊은 학자들에게도 그렇게 보였을 것이다. 윤증은 어느새 주자근본주의에 반감을 품고 있는 소장학자들의 중심이 되어간다.

그러다 1669년 아버지 윤선거가 세상을 뜬다. 당연히 윤휴가 문상을 왔고, 상주인 윤증 역시 당연히 문상을 받는다. 그러나 송시열에게는 이 또한 눈에 밟히는 일이었다. 살아 있는 동안 그 아버지는 사문난적을 비호하더니, 그 아들은 사문난적의 문상을 받고 있는 것이다. 더군다나 윤선거는 죽기 직전 송시열의 주자학 일변도의 사상 편향과 편협한 정국 운영을 비판하는 「기유의서 己酉擬書」를 남겼다. 그러나 내색할 수는 없는 일이었다. 언로는 열어두어야 한다. 송시열은 꾹 참았다.

그리고 기어코 일이 나고야 말았다. 윤증은 아버지의 묘갈명 墓碣名을 송시열에게 부탁했다. 송시열은 마다하지 않았다. 제자의 부탁이요, 친구의 묘비에 쓰는 글이 아닌가? 그러나 또 한편으로는 윤선거가 없는 윤씨 집안의 (탈주자적인) 학문적 가풍을 단호하게 끊어야 할 때가 되었다고 생각했다. 송시열은 윤선거의 묘비명에 윤선거를 야유하는 글을 적었다. 윤증은 기가 막혔다. 그리고 당연히 송시열에게 시정을 요구했다. 쓰기 싫으면 안 쓰면 되는 것이지 굳이 쓰면서 죽은 사람을 욕보일 필요는 없는 것이었다. 그러나 송시열은 한 자, 한 획도 바꿀 수 없다며 막무가내였다. 이 일로 윤증과 송시열의 사제 간의 의리는 끊어지고 말았다. 윤씨 집안과 송시열 사이의 아슬아슬한 살얼음이 깨지고 만 것이다.

그리고 '삼복의 변'이 일어났다. 이 일로 남인들은 영원히 정계에서 축출당한다. 그러나 이상한 것은 남인들이 정계에서 물러난 것은 그렇다 쳐도, 그리고 주모자와 주모자의 아버지인 허적이 죽은 것은 그렇다 쳐도, 아무리 그래도, 윤휴가 죽은 것은 좀 이상했다. 윤휴는 주모자는 더더욱 아니었고, 연루된 바도 없었다. 그런데 윤휴는 정계에서 밀려나는 데 그친 것이 아니라 죽임을 당했다. 당연히 여기에는 윤휴의 일대 정적인 송시열의 음모가 개입되어 있었다. 윤휴는 사약을 마시며 이렇게 말했다고 한다.

"생각이 다르면 쓰지 않으면 그뿐이지, 조정에서 어찌 유학자를 죽이는가?"

평생을 초야에 묻히며 학문에만 전념하다가 벼슬살이를 한 지 6년 만에 윤휴는 비참한 최후를 맞았다. 윤휴의 죽음은 서인, 남인을 비롯한 많은 유학자들에게도 충격이었다. "조정에서 어찌 유학자를 죽이는가?" 이 질문이 처한 상황은 곧 자신들에게도 올 수 있기 때문이었다. '삼복의 변'으로 남인들이 대거 실각하고 윤휴가 죽고, 서인들이 대거 등용되었다. 그러나 '경신환국'으로 불리는 서인들의 승리에는 많은 문제가 있었다. 그리고 송시열은 항상 그 문제의 중심에 있었다. 윤증은 이 중심에 이의를 제기했다.

윤증은 윤휴가 죽은 이듬해인 1681년에 송시열에게 한 편의 도전장을 보낸다. 그것이 바로 「신유의서辛酉擬書」이다. 윤증은 이 글에서, 자신의 학문적 연원은 송시열에게서 배웠던 사승 관계가 아니라, 송시열에게서 주자의 글만 받았을 뿐이며, 사계 김장생과 신독재 김집 부자가 서로 학문을 정해주었듯이 자신도 부친인 미촌 윤선거로부터 사사를 받은 가전적 전통을 갖고 있다고 밝혔다. 그리고 나서 송시열에 대해 의리쌍행義利雙行이라 비판하고, 송시열의 주자학적 종본주의와 이에 근거한 존화대의尊華大義 및 숭명벌청崇明伐淸의 북벌론을 정면으로 반박한다. 송시열로서는 이제 겨우 힘든 적들을 둘이나 보내서 안심하고 있던 차에 뜻하지 않게 제자로부터 또 일격을 맞은 것이다.

이때부터 본격적으로 펼쳐지는 윤증과 송시열의 싸움을 회니시비懷尼是非라 한다. 송시열이 살았던 회덕懷德과 윤증이 살았던 니산尼山의 지명을 따서 붙인 이름이다. 윤증이 과감하게 송시열에 대해 포문을 열자 그동안 송시열의 종본주의에 염증을 느끼고 있던 서인 소장학자들이 대거 윤증의 논리에 동조한다. 이로써 서인은 송시열의 노론과 윤증의 소론으로 분리되면서 조선의 정계를 양분한다.

양란兩亂(임진왜란·병자호란)은 사대부 지배 체제의 파탄을 의미했다. 지배층은 국가의 위기에 무능하기 짝이 없었고, 이는 선조의 피난 행렬에 돌을 던질 정도로 피지배 계급의 불만은 사회 전반에 팽배해 있었다. 바야흐로 지배 체제의 변화가 여실히 요구되고 있던 시기였다. 17세기 조선 사회에서 송시열과 윤증의 대립은 정치적으로는 숭명의리 외교와 대청실리 외교의 대립이었고, 학문적으로는 변화된 사회, 경제, 문화적 현

'리은시사離隱時舍'란 용이 세상에 나올 때 그냥 나오는 것이 아니라 때를 기다려서 나옴을 말한다.

실을 주자의 이론을 통해 전前 사회로 되돌리려는 입장(송시열)과, 명분과 의리로는 더 이상 변화된 현실을 이끌 수 없다는 입장(윤증)의 대립이었다. 이 변화된 현실에 필요한 학문으로 윤증은 양명학을 택했다. 그가 양명학을 연구했다는 것은 정제두鄭齊斗와 교류한 왕복 서신에서도 잘 나타난다. "일자무식인 사람도 (마음공부를 통해) 사람 노릇을 잘할 수 있다"는 양명학으로 그는 현실에 도움이 되는 실질적인 학문을 추구했다.

그러나 그가 양명학에 관심을 두고 탐구한 것은 사실이지만 내 생각에 윤증은 양명학자라기보다는 탈주자학자라고 읽어야 옳다. 그가 추구한 것은 비단 양명학뿐만이 아니라 노자와 장자, 그리고 주자까지 두루 '지금, 여기'에 맞는 실용적인 학문이었다. 17세기 조선의 현실을 두고 송시열과 윤증은 이렇게 서로 다른 입장에서 부딪쳤다.

실용주의의 격

독락당은 화려하고, 도산서당은 고졸하다. 암서재는 결기가 흐르고, 산천재는 결기에 차 있으면서도 소박하다. 그러나 가장 편안한 집이 어디냐고 묻는다면 나는 주저 없이 윤증고택을 꼽을 것이다. 윤증고택은 쓸데없이 권위적이지도 않고, 풍수에 따르되 지나침이 없다. 흔히들 윤증고택을 'ㅁ'자 집이다, 'ㄷ'자 집이다, 말이 많은데 윤증고택은 '?' 집이다. 물음표의 위쪽은 안채고, 아래쪽 점은 사랑채다. 위쪽의 고리와 아래쪽 점 사이로 난 길을 따라 사당으로 간다. 이 집은 두루 편안하다. 안채의 대청

마루가 좀 웅장한 것은 종가이다보니 어쩔 수 없다. 1년에 제사만 해도 10여 차례이고 그때마다 모이는 인원도 50명이 넘는다. 부엌도 사랑채와 안채에 두루 서비스하도록 위치가 정확하다. 좀 더 본격적인 부엌은 역시 안채에 딸려 있다. 주부의 서비스 동선이 외부와 내부를 이으며 명확하다. 남자들의 공간인 사랑채도 담 밖으로 돌출해 있어 동네와 구획이 없는 정원으로 탁 트여 있다. 그래서 윤증고택의 담은 이 사랑채로 인해 없는 것과 마찬가지이다. 그 느슨한 경계를 보완하기 위해서 사람들이 흔히 얘기하는 '내외벽'이란 걸 대문에 두었다. 소위 안채를 방문자가 직접 들여다보지 못하도록 벽을 두고 이야기를 나누게 했다는 것이다. 물론 그런 기능도 했을 것이다. 또 한 가지 기능은 방풍실을 겸한다는 것이다. 윤증고택은 남쪽에서부터 보자면 서해로부터 강경과 논산에 이르는 광대한 평야가 니산尼山에서 끝이 나는 지점에 자리해 있다. 겨울에는 엄청난 바람이 이 산자락으로 불어닥칠 것이 분명하다. 그래서 윤증고택은 전체적으로 마을의 평균적인 지표면보다 높다. 서쪽에는 곳간, 남쪽에는 사랑채와 담을 두었으니 대문으로 들어오는 바람만 막는다면, 이 집은 겨울철에 낮은 남쪽 구조물 위로 들어오는 햇빛을 그대로 간직할 수 있는 구조다. 풍수지리를 이용한 환경적 설계다. 내외벽을 설치한 또 다른 이유는 풍수지리의 상징적 이유에서다. 윤증고택은 니산을 주봉으로 한다. 니산은 비구니의 머리를 닮았다 해서 다른 말로 옥녀봉으로 불린다. 그리고 불과 20미터 밖에 안산이 있다. 산이라고 불리기도 쑥스러울 정도로 아주 작은 산으로 거기에 윤증은 소나무를 심었다. 이 형국이 바로 그 유명한 옥녀 탄금형의 명당이라고 하는 것이다. 지리한 형국론이지만 현무봉玄武

峰에서 나온 옥녀가 일자문성一字文星의 안산을 거문고 삼아 연주하는 형국이라는 것이다. 윤증고택은 이 옥녀의 품과 거문고 사이에 있다. 그러니 자연히 품이 닫혀야 복이 나가지 않는다. 윤증고택의 내외벽은 내외벽으로서의 사회적 기능, 방풍벽으로서의 환경적 기능, 풍수학으로서의 상징적 기능을 다하고 있는 것이다.

또 하나 윤증고택을 얘기할 때마다 빼놓을 수 없는 기가 막힌 문이 하나 있다. 사랑방 아랫목에서 북쪽 뒷방으로 들어가는 샛장지가 그것이다. 이 만살창으로 만든 네 짝의 미닫이는 가운데 두 짝을 좌우로 밀어 끝의 문짝에서 겹친다. 여기까지야 여느 미닫이와 같다. 그런데 여기서 반전이 일어난다. 처음 윤증고택을 방문했을 때 젊은 종부께서 이 미닫이문을 여는 것을 시연하는 것을 보고 나는 깜짝 놀랐다. 가운데에서 미닫이로 열린 문이 양 끝에서 다시 여닫이로 활짝 열리는 것이 아닌가? 어떻게 된 일인가 하고 자세히 보았더니 끝의 문짝에 돌쩌귀가 달려 있다. 그리고 문틀의 4분의 1이 문짝과 함께 일체화되어 열릴 수 있는 구조로 되어 있었다. 그러니까 미닫이로 열리다가 다시 여닫이로 열릴 수 있었던 것이다. 문틀을 전체의 4분의 1만큼 양 끝에서 잘라놓았다. 감탄이 저절로 새어 나왔다. 이거 시스템 도어 아닌가? 전혀 과장 없이 조선 시대의 시스템 도어였다.

그런가 하면 전체적으로 기능에 철저한 배치를 하면서도 집에서 누릴 수 있는 멋 또한 빼놓지 않고 있다. 사랑채 앞의 기단 위에 자리한 축경縮景(경치를 축소해서 즐기는 방법)은 소위 석가산이라는 것으로 40~50센티의 돌로 금강산을 설정해놓았다. 그리고 거기서 더 아래쪽 정원에는 열두 개의 돌로 중국의 무산십이봉巫山十二峰을 만들었다. 그러니까 이 집에는 사랑채 문을 열면 금강산과 무산십이봉이 보이고 동쪽을 바라보면 진산인 계룡산이 보이는 것이다. 실용적인 기능을 떠나 무산, 금강산, 계룡산을 안고 있는 순수한 상징성도 놓치지 않고 있다. 윤증고택에는 이렇듯 실용적인 기능과 상징적인 기능이 모두 한데 어우러져 이 집의 격을 만들고 있다. 사소한 것 같지만 집을 지을 때 절대 간과해서는 안 되는 부분이다. 부분과 전체, 직관과 분석이 따라야 좋은 집이 된다. 그러나 그건 또 얼마나 어려운 일인가? 『삼국사기』「백제본기」 온조왕조 15년 기사에 이런 기록이 있다.

"봄 정월에 궁실을 새로 지었는데 검소하면서도 누추하지 않았으며, 화려하되 사치스럽지 않았다 十五年 春正月 作新宮室 儉而不陋 華而不侈."

검소하되 누추하지 않고, 화려하되 사치스럽지 않은 집. 내가 바라 마지않는 건축의 경지 아닌가? 리은시사(윤증고택)는 그런 집이다.

다각적 추론의 집

리은시사離隱時舍 — 사랑채 이름은 주로 무슨 재齋, 무슨 당堂이 주로 쓰인다. 사랑채의 당호에 '사舍'를 쓴 집은 그리 흔치 않다. 송시열이 지은 남간정사南澗精舍도 그렇고 율곡의 은병정사隱屏精舍도 살림채의 사랑채가 아니라 독립적인 강학 공간이다. 그런데 윤증은 '정사'도 아닌 '사'

자를 써서 자신의 사랑채 이름으로 삼았다. 윤증고택의 시스템 도어도 특별하지만 사랑채의 이름도 범상치 않다. '사' 자가 독립적으로 택호에 쓰인 경우는 거의 없기 때문이다. 이 '리은시사'란 당호를 두고도 해석이 분분하다. 그러나 우리도 윤증처럼 다각적인 추론을 통해 이 당호의 의미를 해석해볼 필요가 있다. 윤증과 같이 한번 해보자.

먼저, 이 당호의 의미가 꼭 하나일 필요는 없다고 가정하자. 그러면 이 집은 글자 그대로 해석하면 '때때로 숨은 곳에서 벗어나는 집'이 된다. 그러면 뜻이 좀 이상하다. 이 의미를 다시 생각해보자. 그렇다면 이 집은 은둔해서 조용히 세상을 관망하는 집이 아니라는 얘기다. 반대로 은둔처를 떠나 속세를 지향하는 집이라는 말이 된다. 적극적인 출세관을 담고 있다. 그런데 윤증은 한 번도 벼슬을 하지 않았다. 한 번도 벼슬을 하지 않은 사람이 세상을 향해 이런 적극적인 러브콜을 보낼 리 없다. 그렇다면 무슨 뜻일까? 그 답은 『주역』에 있다. 『주역』의 '중천건重天乾' 괘 구이九二의 효사에서 "현룡재전見龍在田 이견대인利見大人"이라는 말이 나온다. "용이 밭에 있으니 대인을 봄이 이롭다"는 뜻이다. 이게 무슨 말일까? 더 어려워진다. 그러나 이미 경학의 천재 왕필王弼(226~249)이 이 뜻을 풀이해놓았다. "잠겨 숨어 있던 곳에서 벗어 나오므로 '현룡'이라 하였고, 땅 위에 있으므로 '밭에 있다'고 하였다." 그래서 일단 '리은離隱'은 해결됐다. '잠겨 있던 곳에서 나오고, 숨어 있던 곳에서 벗어난다'라는 한자가 '출잠리은出潛離隱'이기 때문이다. 그러니까 '리은離隱'은 '숨어 있던 곳에서 벗어난다'라는 뜻이 된다. 그렇다면 이젠 뒤의 '시사時舍'가 문제다. 그러나 이 역시 같은 괘에서 설명이 나온다. "현룡재전見龍在田은 시

국산 콩으로 빚은 메주, 서산의 천일염, 고택의 샘물에 뜰 안 가득한 햇살이 더해져
3백 년 전통의 '전독간장'을 만든다.

사야時舍也"란 글귀다. 러우위리에樓宇烈는 왕필이 '사舍'를 '집'의 뜻으로가 아니라 '통通'과 같은 뜻으로 썼다고 보았다. 그래서 이 뜻은 "현룡재전은 통하는 때에 따른다"가 된다. 정리해보자. 윤증의 사랑채에 걸린 '리은시사離隱時舍'란 글귀는 『주역』에서 '현룡재전見龍在田'의 풀이가 된다. '용이 밭에 있다'는 뜻은 '숨은 곳에서 나오는 것離隱'이요, 또 '통하는 때에 따른다時舍'는 뜻이다. 용이 세상에 나올 때 그냥 나오는 것이 아니라 때를 기다려서 나온다는 것이다. 따라서 용의 출현은 정당하고, 적절한 것이 된다. 여기에서 다시 한 번 감탄하는 것은 끝에 '사舍'의 의미이다. 윤증은 『주역』의 의미에 거슬리지 않으면서 그것을 그대로 집 이름으로 쓰는 중의적인 해석을 더했다. '사舍'는 러우위리에의 말처럼 '통通'의 뜻도 가능하지만 역시 '집'이라는 의미가 더 넓게 쓰인다. 그러면서도 '통通' 역시 사방 십 리의 장소를 뜻하는 의미도 있으니 어느 것 하나에도 그 의미가 걸림이 없다. 참으로 깊이 생각한 끝에 지은 당호가 아닐 수 없다.

한 번도 벼슬길에 나가지 않은 윤증이지만 그는 이 니산에 앉아서 당대의 거유인 송시열을 맞아 소론의 논지를 이끌었다. 송시열이 사문난적의 칼날을 휘둘렀지만 그는 굴하지 않고 사문의 적 중에 하나인 양명학을 공부했고, 하곡 정제두와 같은 양명학자들과 교우했다. 결과적으로 이후의 실사구시의 학풍과 양명학자들을 송시열의 칼날에서 비호했던 것은 절대적으로 윤증의 공이다. 주자학이나 양명학, 어느 것에도 치우치지 않고, 서인이나 남인 할 것 없이 두루 교류하며, 주자근본주의의 시대에 다각적 추론의 장을 열어놓았던 윤증의 집은 비단 학문이나 정치에서뿐만이 아니라 민중의 삶에서도 그러했다. 흉년이 들면 마을에 공사를 일으켜 그 노임으로 쌀을 지급하고, 추수 때는 나락을 길가에 두어 배고픈 마을 사람들이 가져가도 모른 체했다. 그런 윤씨 가문의 가풍 때문에 이 집안은 동학혁명 때도 한국전쟁 때도 아무런 피해가 없었다고 한다.

니산尼山, 공자의 자가 중니仲尼고 이름이 구丘이니 니산의 본래 이름은 공자의 자와 이름을 합친 니구산尼丘山이다. 니산은 주변에 별다른 높이의 산이 없어, 쉽게 눈에 뜨인다. 윤증고택이 자리 잡은 혈 이름은 옥녀탄금형玉女彈琴形이다. 현무봉玄武峰에서 나온 옥녀가 일자문성一字文星의 안산을 거문고 삼아 연주하는 형국이라서 그렇게 부르는 모양이다. 그런 혈 이름에 어울리게 집은 밝고 깨끗하고 넓은 터에 자리 잡고 있다. 형국론으로 보면 이러쿵저러쿵 많은 말들을 할 수도 있겠지만 계룡산 줄기에서 발원한 산과 넓은 평야 지대, 그리고 금강으로 흘러드는 노성천의 줄기가 이 집의 터를 먼 데서부터 만들고 있다. 그러나 이 터에서 보면 그런 풍수는 보이지 않는다. 노성천의 줄기도 보이지 않고 너른 들도 보이지 않는다. 트여 있으나 편안하게 주변의 것들로 감싸여 있다. 주자근본주의의 시대에 탈주자학의 길을 걸었던 다각적 추론의 집. 이 집의 정신과 멀리하면서 조선은 서서히 패망의 길로 들어선다. 시절이 어수선하고 수상할수록 일없이 와보고 싶어지는 집이다.

이 집의 큰종부는 집에 대한 사랑이 각별하다. 몸이 아파 입원해 있으면서도 혼자 있을 집 생각에 안타까워 눈물을 흘렸다고 하니, 윤증고택이 오늘날 많은 사람들의 사랑을 받는 이유가 저절로 느껴진다. 그렇게 집은 건축가가 만드는 것이 아니라 거기서 살고 있는 사람들이 만든다. 건축을 완성하는 마지막 손길, 그것을 다시 떠올리게 하는 집이다.

주석

1. '사대부士大夫'라는 말이 의미하듯이 조선의 학자는 또한 관료이기도 했다. 사실 조선 시대에서 학자士와 관료(대부大夫)를 구분한다는 것은 불가능하다. 그러나 후기로 오면서 과거제도의 부패, 당쟁에 대한 염증으로 점점 학자의 입장을 고수하려는 움직임이 일어난다. '처사處士'라는 불교 용어가 학문에 몰두하는, 관료제에 뜻이 없는 학자를 지칭하게 되는 것도 이즈음의 일이다. 거칠게라도 사와 대부를 분리하여 생각한 것이 이 글의 전제이기도 하다.

2. 나는 이 점 때문에 이언적이 중국 풍수뿐만 아니라 자생 풍수도 배웠다고 생각한다. 만약 이 집을 빼고 여기의 지형을 생각해본다면, 산사태 나기 딱 좋은 자리다. 집을 지으면서 터를 다지고, 다시 집 안에서 축대를 높이고, 하는 수고를 한 이유가 여기에 있다. 좋지 않은 자리에 터를 잡은 이언적의 풍수는 분명 도선 이후 우리 자생 풍수의 자취임이 분명하다.

3. 무슨 연유로 이 땅을 골랐는지는 알 길 없지만, 이언적에게는 자생 풍수의 영향으로 땅을 극복하는 건축의 논리가 이미 설계 때부터 확연히 서 있었던 것 같다. 왜냐하면 마을 입구로 향해 돌출한 세 개의 박공은 향단이 자리한 능선과 그 뒤의 능선을 시각적으로 통합하면서 산세에 묻히지 않고 강하게 자신의 형태를 부각시키며 서 있기 때문이다. 만약 세 개의 박공이 돌출하지 않고 그냥 맞배면이 주욱 지나갔다면 이 집은 아마 능선에 턱 걸쳐서 산세와 조금도 어울리지 못했을 것이다.

4. 경부운하 계획의 뼈대는 낙동강과 한강을 가로막는 조령산맥에 터널을 뚫어 한강과 낙동강을 잇고, 그 물길을 통해 서울과 부산 사이의 화물을 주고받는다는 것이다. 그러나 경부운하 계획에는 누구나 쉽게 예상할 수 있는 무리수가 곳곳에 있다. 댐을 또 만들어야 하고, 곳곳에 갑문을 설치해야 한다. 골재를 채취해 공사비를 충당한다는 계획도 터무니없다. 왜냐하면 건설 경기를 정확히 예측할 수 없는 상황에서 8조6천7백억 원어치의 골재가 생산된다고 가정하면 그걸 소비하기 위해서도 (비약하면) 또 다른 토목 사업을 벌여야 한다. 게다가 골재 채취로 인한 환경 파괴로 발생하는 손실은 또 어떻게 할 것인가? 차라리 나는 그 돈과 정열로 철도를 생각해보자고 권하고 싶다. 통일 이후 시베리아 횡단철도와 연계하면 그야말로 경제, 문화, 사회적으로 철도 혁명이 올 것이다. 그렇게 되면 한국에서 유럽으로 20피트 컨테이너를 운송할 경우 철도가 해운보다 14~15일 단축되며 운송 요금도 1TEU(컨테이너 운송 비용)당 최대 2백 달러 저렴해져 한국 제품의 가격 경쟁력이 크게 높아진다. 물론 막대한 토지 보상 비용이 들지만, 지금 우리에게 왜 그런 무리한 운하가 필요한지도 치밀하게 검토해야 한다.

5 15세기 초에는 약 7만 석, 16세기 중엽에는 10만여 석, 기근이 심했던 17세기 중엽에는 4만여 석으로서 총 세액의 절반을 넘고 있었다.

6 세조 때 건조된 조선은 매 척에 큰 소나무 17~18조가 소요되는 대선으로서, 그 규모에 비해 매우 경쾌했고, 비상시에는 해전에 사용하게 했다. 이를 위해 선장船匠과 목공 등 3백 명이 동원되었다.

7 임진왜란 당시 많은 의병들이 활약한 것은 사실이지만 사실 의병의 역할은 그렇게 크지 않았다. 그것은 명군도 마찬가지였다. 이 오해를 통계로 바로잡아보자면 이렇다. 임진왜란 기간 중 벌어진 크고 작은 전투는 약 105회로, 이 중 조선군의 선제공격이 68회, 방어전이 37회로 조선군의 공격 횟수가 더 많다. 조선군의 전적은 105전 65승 40패로, 65승의 전적 중에는 조선 관군의 단독전이 38회로 압도적이고, 의병과의 합작전으로 관군이 주도한 싸움이 11회, 의병 단독전이 10회, 관군 합작하에 의병이 주도한 전투는 6회였다. 워낙 초반에 허둥지둥 밀려서 우리가 오해하고 있어서 그렇지 임진왜란은 압도적인 조선군의 승리였다.

8 나중에 예송논쟁에서 한판 승부를 펼치는 송시열이 1607년생이니 둘은 스무 살 차이가 난다. 요즘 흔히 아랫사람의 질타에 할 말이 없으면 "넌 위아래도 없냐?" 하고 말하지만 원래 동양의 지식사회의 전통에서는 위아래가 없다. 나이가 어려도 자신보다 학식이 깊다고 인정되면 스승으로 깍듯이 모셨고, 나이 차이가 많이 나도 뜻이 통하면 친구로 지냈다. 이름 말고 누구나 부를 수 있는 호는 그럴 경우 아주 적절한 호칭이 되었다. 스승도, 친구도, 윗사람도, 아랫사람도 호는 이런저런 격식 없이 누구나 부를 수 있다.

9 유배는 차마 사형에 처하지는 못하고 먼 곳으로 보내어 죽을 때까지 고향에 돌아오지 못하게 하는 형벌이다. 도형은 오늘날의 징역형에 해당하는 것으로 도형 기간 동안에 관아의 감옥에 구금하여 일정한 노역에 종사시키는 것이다. 장형과 태형은 곤장으로 볼기를 때리는 형벌로 곤장의 규격에 차이가 있었으며, 장형은 60~100대, 태형은 10~50대의 곤장을 가하였다. 주로 지방 관아에서 행해진 형벌은 장형과 태형이었다. 이는 달리 귀양, 도배徒配, 방放, 배配, 병예屛裔, 부처付處, 사徙, 사변徙邊, 안치安置, 적謫, 정속定屬, 충군充軍, 찬竄, 천사遷徙, 투비 등 다양하게 불리기도 한다. 또한, 유배는 부처付處, 환도還徒, 안치 등 세 가지로 분류되는데, 부처는 주로 관리들에게 내려진 형벌로 유배지 관내 수령에게 유배인 관리에 대한 재량권을 일임하는 것이다. 환도는 범죄인을 고향에서 천 리 이상 떨어진 곳으로 강제 이주시키는 것을 말한다. 안치는 다시 본향안치와 위리안치(가극안치加棘安置), 절도안치로 구분되는데, 본향안치는 죄인을 고향에 유배시키는 것으로 가장 가벼운 형벌이라 할 수 있다. 위리안치 혹은 가극안치는 집 주위에 울타리를 치고 탱자나무 등으로 가시덤불을 쌓고 그 안에 유배인을 유폐시켰다. 절도안치는 유배에서 가장 가혹한 조치로 중죄인을 원악元惡의 도서에 유폐시키는 형벌이었다.

10 사실 윤선도가 태어난 곳은 서울이니, 해남으로 간 것은 객지로 간 것과 마찬가지다. 그럼에도 귀향이라고 하는 것은 당시에는 태어난 곳보다는 세거지가 있는 본향이 더 자신의 뿌리를 만질 수 있는 곳이기 때문이었다. 지금 우리는 아버지, 어머니의 고향과는 담 쌓고 살지만 당시에 아버지의 고향은 바로 자신의 근원이었다. 진정한 고향이었던 것이다.

11 당시, 소현세자가 독살당해 죽었을 것이라는 의심이 궁궐 내에서 분분했다고 한다. 그러나 그의 아버지 인조는 소현세자의 죽음에 대해 아무런 확인도 하지 않았고, 담당 어의에게 그 어떤 책임도 추궁하지 않았다. 심지어 진상을 캐고 있던 세자빈 강씨도 죽음을 당했다. 그런 마당에 어느 누구도 소현세자의 죽음에 대해 의문을 제기할 수 있는 사람은 없었다. 인조는 아들의 죽음에 왜 그런 미온적인 태도를 보였던 것일까.

12 효종의 죽음도 의문에 싸여 있다. 효종의 머리에 종기가 생겼는데, 당시 어의였던 신가귀가 침을 놓고 고름을 짜자 그 자리에서 피를 서너 말이나 쏟고 죽었다고 한다. 이는 침이 동맥이나 정맥을 뚫었다는 말이다. 명색이 어의인데 돌팔이가 아닌 다음에야 도저히 벌어질 수 없는 상황이었다. 그러나 효종의 죽음은 신가귀가 서둘러 교수형에 처해짐으로써 영원한 미스터리가 되어버렸다.

13 종통을 종통과 적통으로 분리해 임금을 비하시키는 것.

14 『소학』은 중국 남송南宋 시대 주희朱熹의 감수 아래 그의 제자 유청지 등이 편찬한 책이다. 1187년 주희가 58세 되던 해에 완성하였다. 『소학』은 당시 송나라의 위기를 극복해보려는 뚜렷한 목적을 가지고 쓰여졌다. 금나라에 밀려남으로 쫓겨 온 송의 사정은 국가의 존망이 위태로운 지경으로 풍속이 어지러워지고 인재가 나오지 않고, 사람들은 한결같이 자기의 이해득실만 다투는 상황이었다. 결국 주희는 이러한 세태를 극복하기 위해서는 인간의 착한 본성을 회복하여 기본적인 윤리를 실천할 때 비로소 나라의 기강이 바로 선다고 보았다.

15 『조선 풍수학인의 생애와 논쟁』(김두규 지음, 궁리, 2000)

16 세연지에 있는 칠암 중 하나로, 『주역』의 건乾괘에 나오는 "혹약재연或躍在淵 무구無咎"란 글에서 따온 말이다. 이는 "혹 뛰어 연못에 있으면 허물이 없으리라"라는 뜻으로, 일설에는 혹약암이 마치 뛰어나가는 힘찬 황소의 모습 같다고 하여 붙인 이름이라고 하지만 이는 틀린 말이다. 윤선도는 '혹약암'이라는 이름에 자신의 처지를 담았다. 말인즉슨 『주역』에서는, 진퇴가 무상한 때이니 신중히 의심해보고, 너무 과감하지 않으므로 허물이 없다는 뜻이다.

17 박무영 번역을 옮겼지만, 박석무는 "여輿여, 겨울에 언 강을 건너는 것과 같고, 유猶여, 마치 사방이 이웃을 두려워하는 듯하다"로 번역하고 있다. 여輿나 유猶는 모두 겁이 많은 동물이라는 것이다.

18 "若無朱子, 則堯舜周公之道晦矣. 雖二程, 其所釋經傳, 多有可疑處, 又有難從處. 栗谷常曰, '余幸生朱子後, 學問庶幾不差矣.'"-『沙溪先生語錄』

19 "然人人非可行之道, 而終不若朱子薰? 氷炭不可同器之說也. 故沙溪每以爲, '旣有朱子定論, 則雖周程張之說, 不同於朱子者, 必不從彼而捨朱也.' 吾恐聖人復起, 不易斯言也." 『대전』, 부록 권18.

20 조선 인조 15년(1637)에 실시된 무과 시험에서는 합격자만 5천506명을 배출했다. 통상 무과 합격자가 30~50명 안쪽이었으니 파격적인 급제자 수였다. 조선은 그 전해에 발발한 호란에 대비하기 위해 합격자들을 급조해냈다. 그러다보니 급제자의 이름에서도 알 수 있듯이 다양한 계층에서 합격자가 나왔다. 이늦쇠, 김끝세, 안끝남 등. 전쟁이 조선의 완고한 신분 질서를 붕괴하고 있었던 것이다. 이것이 송시열이 파악한 당대의 위기였다. 효종과 독대하는 자리에서 효종은 주희의 주장을 그대로 옮겨 실천할 수 있을까 의심했다. 그러자 송시열은 다음과 같은 말로 자신의 주장을 재천명했다. "고대 성현의 말씀은 더러 시대 환경의 차이 때문에 실천할 수 없는 부분도 있습니다. 그러나 주자의 경우는 시대 환경도 비슷할 뿐만 아니라 처한 상황이 오늘날과 매우 흡사합니다. 따라서 신은 주자의 말들은 낱낱이 실행할 수 있다고 생각합니다."

21 주공周公이 지었다고 전하는 『의례儀禮』는 중국 고대 지배계급의 관혼상제와 국가 제례 및 종교 의례 등에 관해 기록한 책으로 『예기禮記』 및 『주례周禮』와 더불어 '동양의 3예禮'로 부르는 고전古典이다.

22 더군다나 기해예송의 시작은 『국조오례의』에 없는 경우라서 남인이나 서인이나 다 같이 『의례』를 참고했다. 그러나 이번엔 『의례』의 해석을 두고 싸우다가 결국 『국조오례의』의 규정을 따랐다. 서인이 승리했다고 했지만 그것은 어디까지나 1년복이라는 결론에서 승리한 것이지 논쟁에서 이긴 것은 아니었다.

23 이 '존왕尊王'의 개념은 왕을 무조건 따르는 '왕을 존숭' 해야 한다는 의미가 아니다. 유학, 특히 맹자에 있어서 '존왕尊王'은 '패도覇道'의 상대적 개념이다. 따라서 '존왕'은 그 상대적 개념에 의해 '정도正道'라고 이해해야 한다. 그래야 패도를 저지르는 왕은 더 이상 왕이 될 수 없는 맹자의 말이 성립되며, 송시열의 군왕에 대한 입장이 이해될 수 있다.

『주역 왕필주』 (임채우 옮김, 길, 2000)

『한국 건축의 재발견 1, 2, 3』 (김봉렬 지음, 이상건축, 1999)

『漢字, 백 가지 이야기』 (시라카와 시즈카 지음, 심경호 옮김, 황소자리, 2005)

『라이벌 한국사』 (김갑동 지음, 애플북스, 2007)

『조선의 유학』 (다카하시 도루 지음, 조남호 옮김, 소나무, 1999)

『조선 유학의 학파들』 (한국사상연구회 편저, 예문서원, 2004)

『조선 유학의 개념들』 (한국사상연구회 편저, 예문서원, 2002)

『논어의 문법적 이해』 (류종목 지음, 문학과지성사, 2000)

『한국의 정원』 (허균 지음, 다른세상, 2002)

『노자』 (왕방숭 지음, 천병돈 옮김, 작은이야기, 2007)

『하늘의 뜻을 묻다』 (이기동 지음, 열림원, 2005)

『송명 성리학』 (진래 지음, 안재호 옮김, 예문서원, 2002)

『논어강설』 (이기동 지음, 성균관대학교 출판부, 2003)

『동양철학의 유혹』 (신정근 지음, 이학사, 2002)

『장자』 (안동림 지음, 현암사, 1997)

『한중 실학사 연구』 (한국실학연구회 지음, 민음사, 1998)

『한국문화 사상대계』 (영남대 민족문화연구소 편저, 영남대학교 출판부, 2003)

『삶과 온생명』 (장회익 외, 솔, 1999)

『윤선도와 보길도』 (신영훈 지음, 조선일보사, 1999)

『한국의 전통조경』 (홍광표 지음, 동국대학교 출판부, 2001)

『명재 윤증의 학문연원과 가학』 (충남대학교 유학연구소 편저, 예문서원, 2006)

『사계 김장생의 예학사상』 (장세호 지음, 경인문화사, 2006)

『중국사회사상사』 (송영배 지음, 한길사, 1986)

『중국철학사 상·하』 (풍우란 지음, 박성규 옮김, 까치, 2004)

『사기열전』 (사마천 지음, 홍석보 옮김, 삼성출판사, 1989)

「宋翼弼의 詩世界와 靜의 意味」 (安炳鶴, 어문논집 35, 고려대학교 출판부, 1996)

「南冥 曺植과 南冥學派」 (李樹健, 民族文化論叢 2·3合輯, 1982)

「南冥의 佛敎觀」 (金敬洙, 남명학연구논총 제7집, 1999)

「茶山 丁若鏞의 學問論」 (鄭一均, 한국교육사학 권9, 1987)

「丁茶山의 '論語集註' 批判」 (金彦鍾)

「茶山 丁若鏞의 經學」 (金彦鍾)

「宋時烈의 性理學說 硏究」 (李俸珪, 1996)

「퇴계 이황의 건축관에 관한 연구」 (윤일이, 강훈)

「晦齋 李彦迪의 삶과 政治思想」 (李志慶, 2001)

「회재 이언적의 건축관에 관한 논문」 (윤일이)

「호남湖南, 호서湖西 어원 소고」 (李盛永, 2005)

찾아보기

ㄱ

건축의 소조성塑造性 68
건축의 조각성彫刻性 68
경신대출척庚申大黜陟 277, 295
계상서당溪上書堂 119
계정溪亭 17, 24, 26, 28, 29, 33~36, 38~40, 47, 69
고산별서 148, 150
관계 맺음 68
구봉龜峯 송익필宋翼弼 212, 213, 215, 224~226, 236, 266
근사록近思錄 215, 236
금란수琴蘭秀 123
기국정杞菊亭 253, 256, 258, 282
기대승 18, 92, 120
기해독대 258, 259
김봉렬 48, 50, 53, 54, 56, 57, 70
김안로 23, 52, 71

ㄴ

낙서재樂書齋 142, 155, 158, 164, 168, 169, 172
남간정사南澗精舍 238, 253~256, 262, 266, 280~283, 318
남명南冥 조식曺植 17, 18~20, 74, 82, 84, 86~89, 91~97, 100, 186, 208, 212, 237, 266, 301
남일당 한약방 217, 218
녹우당 146, 163
농운정사 116, 122
뇌룡정雷龍亭 92, 94
능인암能仁庵 257, 258, 280

ㄷ

다산초당茶山草堂 179, 198, 200, 201, 203
다산초당도 199, 200
도산서당 114, 116~120, 122~129, 172, 183, 185, 315
독락당獨樂堂 16, 17, 22, 24~27, 31~39, 52~54, 57, 59~61, 66~69, 71, 114, 124, 315
동재 78, 83, 94, 97
동천석실洞天石室 158, 164, 168, 169

ㄹ

러우위리에樓宇烈 322
르코르뷔지에 77

ㅁ

면앙정 52
명례방 148, 187
명재明齋 윤증尹拯 212, 246, 247, 279, 288, 294~299, 302, 303, 311~313, 315, 316, 318, 319, 322
무이정사武夷精舍 114

ㅂ

병산서원 만대루 232
보길도 136, 139, 140, 143, 144, 148, 150, 155, 156, 159, 168, 169, 172
보은산방 193, 196

ㅅ

사단칠정논쟁 18, 92, 124, 185
사의재四宜齋 192

산천재山天齋 75, 78, 83, 84, 86, 89, 90, 94, 96, 97
삼매당 253, 256
서경덕徐敬德 178, 204, 303, 305
세연정 140, 142, 143, 152, 164, 168, 169
세연지 168, 169, 326
송준길宋浚吉 166, 232, 236, 240, 243, 252, 260
신가귀 259, 326
신독재愼獨齋 김집金集 232, 233, 236, 313

ㅇ

아암兒庵 혜장惠藏 193, 196
암서재岩棲齋 121, 262~268, 271, 274, 315
양진암養眞庵 17, 24, 26, 29, 31, 33, 37, 118, 119
여유당與猶堂 173, 179, 182, 183, 185, 189, 191
역락서재 116, 122
예송논쟁 157, 209, 240, 260, 261, 268, 275, 276, 325, 327
완락재玩樂齋 125
왕수인王守仁 40, 115, 301
우암고택 256, 266
우향다옥 47
유정문幽貞門 110, 127
유형원柳馨遠 177
육구연陸九淵 247, 301
윤복尹復 144
윤선거尹宣擧 240, 246, 247, 294, 302~304, 307~311, 313
윤휴尹鑴 159, 212, 249, 260, 284, 294, 303~305, 307~313
은병정사隱屛精舍 114, 318
이범중李範中 46
이의신李懿信 163, 166

이중환 182, 237, 270
이향정二香亭 46, 47
인지헌仁智軒 26, 29, 31, 37, 59
임이정臨履亭 210, 214, 218, 226~232, 236~239, 307

ㅈ

장옥莊屋 118
절우사節友社 121, 124, 127
정우당淨友塘 121, 124, 127
조광조趙光祖 52, 157, 161, 162
종학당宗學堂 296
주돈이 29, 120, 130, 131, 247
지리산 74, 78, 83~88, 94~97
지산와사芝山蝸舍 118

ㅌ

타지마할 104
통합적 인식 96, 282

ㅍ

파곶 269, 272, 273
팔괘정八卦亭 227, 232, 237~242, 264, 266

ㅎ

하회마을 48
한서암寒棲庵 118, 119
향단香壇 27, 44, 48, 51, 53, 54, 56, 57, 59~71, 324
허균許筠 92, 175
허유許由 90, 100
형국론形局論 79, 149, 167, 168, 316
화담 89, 92
화양구곡華陽九曲 115, 270~272, 278
회니시비懷尼是非 247, 279, 313
회현방 186, 187

331

철학으로 읽는 옛집

초판 1쇄 발행 2011년 11월 28일
초판 2쇄 발행 2011년 12월 21일

지은이 함성호
사진 유동영
펴낸이 정중모
펴낸곳 도서출판 열림원

편집장 김도언 | 책임편집 이성근 | 디자인 주수현 | 홍보 장혜원
제작 윤준수 | 마케팅 남기성 | 관리 박정성 김은성 조범수

등록 1980년 5월 19일(제406-2003-026호)
주소 서울시 마포구 잔다리로 2길 7-0
전화 02-3144-3700 | 팩스 02-3144-0775
홈페이지 www.yolimwon.com | 이메일 norway@yolimwon.com
트위터 twitter.com/Yolimwon

ISBN 978-89-7063-705-1 03610

＊책값은 뒤표지에 있습니다.